일반 독자는 물론, 전문가와 법조계에서도 고대하던 책!

NFT, 메타버스 세계를 안전하게 여행하는 '법'

많은 법률가들이 오승종 교수님의 저서를 인용하여 의견서나 서면을 작성합니다. 공공영역에서도 오 교수님께 저작권 정책 및 입법에 관한 자문을 구합니다. 이 책은 저작권법 권위자인 저자가 일반 독자의 눈높이에 맞게 쉬운 용어를 사용하여 기초 개념과 주제별·사례별 유의사항을 설명해 NFT, 메타버스 또는 저작권법을 처음 접하는 분도 쉽게 이해할 수 있습니다.

또한 이 책에는 최신 저작권법 교과서에서 다루지 않은 내용도 담겨 있습니다. 그간 NFT, 메타버스 관련 저작권 강의나 자문을 하면서 산업계 실무자들의 질문을 바로 이해하지 못해 힘들었고, 실제 이슈에 대해 시원하게 답해 주는 책이 없어 답답했는데 이 책을 보고 머릿속이 차곡차곡 정리되었습니다. 제한된 시간 안에 NFT, 메타버스 관련 쟁점을 검토해야 하는 법률가들에게 아주 큰 도움이 될 것입니다.

— 성원영(변호사, 전 한국콘텐츠진흥원, 한국저작권보호원 팀장)

디지털 전환 시대에 꼭 필요한 책, 기다렸던 반가운 출간 소식!

이 책은 NFT, 메타버스라는 기술과 변화가 가져온 수많은 어려운 법적 쟁점과 법리를 일반인이 알기 쉽게 풀어 쓰면서도 필요한 전문지식을 꼼꼼히 전달하고 있어, 저자들의 탁월한 역량과 수고로움이 그대로 전해지는 책입니다. 유려한 문체와 알기 쉬운 예시 덕분에 일반인은 물론 관련 산업 실무자나 법률가, 학자들에게도 매우 유용한 서적이라 할 수 있습니다. 디지털 변환 시대에 새롭게 등장하는 NFT, 메타버스의 개념과 그 배경에서 파생되는 지적재산권과 관련된 여러 문제를 어렵게만 생각하고 밀쳐 둔 독자에게는 고대했던 반가운 출간 소식이 될 것입니다.

— 문선영(숙명여자대학교 법과대학 교수, 변호사)

높은 신뢰성을 바탕으로 전문지식을 전달하는 책!

지난 3여 년간 우리 사회를 지배한 코로나19 상황은 어느 시대보다 사회적 불안감을 높여 놓았지만, 그러한 상황 속에서도 기술과 문화의 변화가 크게 이루어졌습니다. 그중에 비대면 산업의 부상과 함께 더욱 가속화된 NFT, 메타버스 개념과 관련된 비즈니스 쪽이 가장 두드러집니다. NFT, 메타버스 등의 이해를 돕는 소개서와 입문서가 쏟아져 나오는 가운데, 이 책은 급변하는 다양한 변화를 이해하는 데 반드시 필요하다고 생각합니다.

저자들은 다양한 계층의 독자들이 NFT, 메타버스와 관련된 지적재산권을 쉽고 빠르게 이해할 수 있도록 최신 사례들을 예로 들어 설명합니다. 더욱이 교육 경험을 갖추고 대학 강의에서 이미 검증받은 전문가가 집필한 책이라 NFT, 메타버스에 관심이 많은 MZ 세대와 관련 업종의 종사자들에게도 깊이 신뢰받을 것으로 기대합니다.

— 김용화(숙명여자대학교 법과대학 교수)

NFT와 메타버스로 사업, 연구, 개발하려는 사람들이 꼭 읽어야 할 바이블

대체 불가능 토큰(NFT), 메타버스가 관련 산업뿐만 일반적인 화두로 제시되면서 기본 개념과 관련 산업에 적용할 방법 등을 모두가 고민해 왔습니다. NFT와 메타버스 사용자로서, 또한 이러한 개념을 이용해 사업이나 개발을 해보고 싶은 사람으로서 어떤 것을 준비해야 할지 막막했습니다. 여기 그 개념과 현장에서 궁금해하는 내용을 Q&A로 담은 책이 나왔습니다. 실제 NFT와 메타버스를 이용해서 관련 사업, 연구, 개발을 하고 싶은 사람들에게 안내해 주는 지침서가 될 것입니다.

저자는 지적재산권에 대한 해박한 지식과 실무 경험으로 관련 업계 종사자에게 존경을 받았습니다. 그동안 법원, 학교, 실무에서 판사로, 교수로, 저작권위원회 위원장으로 근무하면서 쟁점과 실무를 정확하게 짚어 내고 길을 제시해 주셨습니다. 이번에는 NFT와 메타버스라는 다소 생소하지만 익숙한 영역에서 차근차근 세심하게 안내해 주는 바이블과 같은 책을 선물로 준비한 느낌이 듭니다. 모두가 기다려 온, 꼭 읽어 봐야 할 책입니다.

— 황은호(한국음악실연자연합회 기획국장)

**NFT, 메타버스 사업을 할 때
법적 리스크를 고려하지 않는 건 매우 위험합니다**

NFT와 메타버스는 깊이와 넓이를 측량하기 어려운 광대한 바다 같은 시장입니다. 지금 NFT는 미술 분야에서, 메타버스는 게임 분야에서 주목받고 있지만, 머지않아 콘텐츠 업계를 넘어서서 정치, 경제, 사회, 문화를 비롯한 모든 분야에서 잠재적 가능성이 현실화될 것입니다.

그러나 안타깝게도 현장에서는 법률적인 이해가 뒷받침되지 못한 상황이라 이런저런 혼란과 법적 분쟁이 발생하고 있습니다. 법적 분쟁은 경험해 보면 아시겠지만, 지극히 소모적입니다. 또한 법적 분쟁에 휘말리다 보면 정작 본래의 사업에 집중할 수 없다는 점이 더 큰 문제입니다. 좋은 아이템을 가지고 시작한 사업 또는 잘나가던 사업이 단 한 번의 법적 분쟁으로 발전의 동력을 잃고 추락하는 사례를 많이 보았습니다. 따라서 법적 리스크를 고려하지 않고 사업을 하는 것은 매우 위험하다는 것을 강조하고 싶습니다.

이 책은 NFT, 메타버스와 관련된 법적 쟁점을 본격적으로 다룹니다. 저자인 오승종 교수는 경력에서 알 수 있는 것처럼 저작권을 비롯한 지적재산권 분야에서 우리나라 최고 권위자이며, 김연수 박사는 NFT, 메타버스 관련 박사학위를 취득한 몇 안 되는 신진 학자입니다.

이 책은 단순한 법률 이론서가 아니라 다양한 사례와 가이드라인, 해결방안을 제시하는 실무 서적입니다. 이 책을 통하여 NFT, 메타버스와 관련해 발생할 수 있는 법적 리스크를 사전에 회피하는 것은 물론, 드러난 문제점을 해결하는 기준을 찾을 수 있을 것입니다. 필독서로 추천합니다.

— 최성호(법무법인 비트 대표 변호사)

저작권 기초부터 법률 상담 사례 94건까지!

NFT 메타버스 저작권 문제 해결

된다!

㈜ 미래저작권연구소
변호사 오승종, 법학박사 김연수 지음

NFT 판매자, 구매자, 거래소 · 메타버스 전시 / 교육

판사 출신 변호사와 법학박사가 알려 주는
NFT, 메타버스 시대의 법률 가이드

이지스퍼블리싱

능력과 가치를 높이고 싶다면
된다! 시리즈를 만나 보세요.
당신이 성장하도록 돕겠습니다.

된다!
NFT 메타버스 저작권 문제 해결

초판 발행 • 2022년 5월 20일

지은이 • 오승종, 김연수
펴낸이 • 이지연
펴낸곳 • 이지스퍼블리싱(주)
출판사 등록번호 • 제313-2010-123호
주소 • 서울시 마포구 잔다리로 109 이지스 빌딩 4층
대표전화 • 02-325-1722 | **팩스** • 02-326-1723
홈페이지 • www.easyspub.co.kr | **페이스북** • www.facebook.com/easyspub
Do it! 스터디룸 카페 • cafe.naver.com/doitstudyroom | **인스타그램** • instagram.com/easyspub_it

기획 및 책임편집 • 이수진 | **편집진행 및 교정교열** • 이명애 | **삽화** • 김학수
표지 디자인 • 정우영 | **본문 디자인** • 트인글터 | **인쇄** • 보광문화사
마케팅 • 박정현, 한송이, 이나리 | **독자지원** • 오경신
영업 및 교재 문의 • 이주동, 김요한(support@easyspub.co.kr)

ISBN 979-11-6303-360-8 03360
가격 18,000원

NFT, 메타버스 시대

지적 자산을 지키는 '저작권법'은 선택이 아닌 필수!

NFT, 메타버스 세계를 안전하게 여행하는 '법'

누군가는 NFT, 메타버스가 새로운 미래의 먹거리라고 합니다. 해외 어떤 예술가는 자신의 작품을 NFT화하여 막대한 수익을 창출했다고 하며, 어느 유명한 인터넷 플랫폼 기업은 메타버스를 접목하여 사업 규모를 확대했다고 합니다. 반면 누군가는 NFT, 메타버스는 그저 기존에 있던 기술과 크게 다를 게 없다고 심드렁한 시선을 보냅니다.

NFT, 메타버스를 둘러싼 다양한 시도와 견해가 생기는 가운데 한 가지 분명한 사실은 새롭게 시도한 생산·거래·이용 활동이 우리 사회에 건강하게 자리 잡을 수 있도록 미리 현실을 살피고 법적인 터전을 마련해야 한다는 점입니다.

NFT는 아직 다른 콘텐츠 사업 분야에 비해 사례가 많지 않고, 메타버스의 경우 산업계의 표준화된 개념과 분류 기준이 없어서 법적 쟁점과 필요한 규율 사항을 사전에 모두 예측하기란 어렵습니다. 하지만 온고지신(溫故知新)이란 말이 있듯이, 기존의 기술 사례를 바탕으로 한 법적인 조사·연구가 NFT, 메타버스의 현재와 미래의 법적 쟁점에 대한 중요 법리들과 규율 가이드라인을 마련하는 데 분명 훌륭한 토양이 될 것입니다.

이 책은 NFT와 메타버스에 대한 기술이나 문화 상식에서 더 나아가, 일반 독자들에게 더욱 직접적이고 실질적인 도움이 되는 법적인 내용을 담았습니다. 이 책이 NFT, 메타버스라는 미지의 터전에서 잘 적응하고 '법'이라는 등불을 이용해 안전하게 활용할 수 있도록 도와주는 안내서가 되길 바랍니다.

저작권법 기초부터 최신 입법 동향까지!

이 책은 크게 세 마당으로 구성됩니다. **첫째마당**은 NFT, 메타버스와 관련하여 반드시 알아야 할 저작권법의 핵심 내용을 간추려 소개했습니다. 지적재산권의 핵심과 저작권의 뜻과 유형, 저작권법 기본 용어, 저작권법과 함께 알아야 하는 권리(초상권, 퍼블리시티권)와 법(부정경쟁방지법, 상표법, 디자인보호법)을 담았습니다.

둘째마당은 NFT의 법률 문제 해결을 다룹니다. NFT는 새로 생겨난 개념인 만큼 아직 명확한 기준이 세워지지 않아 여러 가지 법률 문제를 안고 있습니다. 이러한 문제를 푸는 데 필요한 법률과 이를 토대로 구성한 지침을 비롯해 Q&A 문답을 제공합니다. 특히 NFT 관련 시사 뉴스와 사례를 법적으로 분석해 보고 NFT 판매자, 구매자, 거래소별 주의점 정리와 함께 판매 및 거래 이용약관의 예시도 함께 다루어 책의 활용도를 높였습니다.

셋째마당은 메타버스의 법률 문제, 그리고 기타 알아두면 좋을 관련 법의 최신 입법 동향을 담았습니다.* 메타버스의 개념을 간략히 소개하며, 전시·공연, 교육, 게임·기타 플랫폼 분야별 Q&A 사례를 담았습니다. 메타버스 개발자, 사업자, 이용자 등의 소속에 따라 유의할 점도 정리해서 미래에 일어날 수 있는 어려움을 방지하고자 했습니다.

마지막으로 메타버스 관련 최신 법 동향으로 인앱결제강제를 방지하는 개정법안과 NFT·메타버스 진흥 정책 및 입법 시도 소식도 정리했습니다.

이 책을 통해 NFT, 메타버스 관련 산업 종사자분들은 물론, 일반 이용자도 필요한 법 지식을 미리 숙지하여 NFT와 메타버스를 즐겁고 안전하게 향유하기를 바랍니다.

감사의 말

이 책이 출간되기까지 많은 도움을 주신 이지스퍼블리싱 출판사, 연구 활동에 많은 배움과 귀감(龜鑑)이 되어 준 지적재산법 연구에 종사하는 여러 교수님·연구자·실무자님들, 저자들의 학문적 고향인 홍익대학교 법과대학과 숙명여자대학교 법과대학 교수님들, 항상 응원과 격려를 아끼지 않는 저자의 가족과 식구들, 그리고 모든 일의 시작과 끝을 주관하시는 하나님 아버지께 깊은 감사를 드립니다.

> ― 깊도다 하나님의 지혜와 지식의 풍성함이여, 그의 판단은 헤아리지
>   못할 것이며 그의 길은 찾지 못할 것이로다(로마서 11:33) ―
>
> 오승종, 김연수

---

* 메타버스 일반인 독자를 위하여 가상 문답과 유의점을 마련하는 데 참고한 공저자의 연구논문과 타 학술논문 자료는 이 책 맨 뒤의 참고문헌에 있습니다.

이 책은 지적재산권의 개념을 설명한 후 NFT와 메타버스에서 알아야 하는 내용을 다룹니다. 첫째마당을 가볍게 읽은 후, 여러분에게 필요한 내용을 찾아서 보세요!

첫째마당 NFT와 메타버스 시대의 법률 나침반, 지적재산권

[1장]   지적재산권의 핵심 파악하기
        지적재산권, 저작물

[2장]   저작권법 기본 용어 이해하기
        저작자, 저작권, 저작물 이용 방법

NFT 판매자, 구매자, 거래소 세 가지로 분류해 설명해요!

둘째마당 NFT의 법률 문제

[3장]   법률적 관점에서 본 NFT

[4장]   NFT에서 발생할 수 있는 법적 문제

[5장]   NFT와 관련된 가상의 질문 답변 42가지

전시, 공연, 교육, 게임 분야별로 필요한 내용을 살펴봐요!

셋째마당 메타버스의 법률 문제

[6장]   법률적 관점에서 본 메타버스

[7장]   문화 예술 분야별 메타버스 관련 가상 질문 답변 52가지

[8장]   메타버스에서 지적재산권 관련 유의점

● **이런 내용도 있어요**

★ 저작권 등록하는 방법
★ 인앱결제강제를 방지하는 개정법안 소식

★ NFT, 메타버스 진흥 정책 및 입법 시도 소식
★ 내 개인 정보가 유출되었는지 확인하는 방법

NFT와 메타버스 시대의 법률 나침반, 지적재산권

첫째 마당

01 지적재산권의 핵심 파악하기 · 16

    01-1 ㅣ 지적재산권 — 인간의 지적 창조물 중 법으로 보호할 만한 가치가
                있는 것들에 부여하는 권리 · 17

    01-2 ㅣ 저작물 — 저작권 보호를 받는 콘텐츠 · 21

    스페셜 01 업비트와 제페토의 저작권 관련 이용약관 · 30

02 저작권법 기본 용어 이해하기 · 34

    02-1 ㅣ 저작자 — 누가 저작자일까요? · 35

    02-2 ㅣ 저작권 — 저작자의 권리는 어떤 것들이 있나요? · 44

    02-3 ㅣ 저작물을 이용할 수 있는 방법 · 55

    스페셜 02 저작권법과 함께 알아야 하는 권리
                 — 초상권, 퍼블리시티권 · 59

    스페셜 03 저작권법과 함께 알아야 하는 법
                 — 부정경쟁방지법, 상표법, 디자인보호법 · 61

NFT의 법률 문제

둘째 마당

03 내 것인 듯 내 것 아닌 아리송한 NFT · 68

    03-1 ㅣ NFT는 무엇인가요? · 69

    03-2 ㅣ 법률적 관점에서 본 NFT · 72

04 NFT 거래자들이 부딪히는 법적 문제 · 79

04-1 I NFT 판매자가 주의할 사항 · 80

04-2 I NFT 구매자가 주의할 사항 · 101

04-3 I NFT 거래소가 주의할 사항 · 113

05 NFT 관련 Q&A · 120

001 보호받지 못하는 콘텐츠는 아무나 민팅해도 되나요? · 121

002 외국인의 저작물도 우리 저작권법의 보호를 받나요? · 123

003 작품의 아이디어만 모방하면 괜찮을까요? · 124

004 스포츠 동작에도 저작권이 있나요? · 127

005 판매된 그림을 다시 민팅하고 싶어요! · 129

006 요리 레시피도 저작권과 관계가 있나요? · 131

007 모창이나 흉내는 법에 저촉되지 않겠죠? · 134

　　　　판례 퍼블리시티권을 더욱 넓게 인정하는 미국 · 137

008 허락 없이 저작물을 이용할 수 있는 경우는? · 138

009 사진을 모사한 그림을 민팅하는 것은? · 140

010 사적인 이용은 허락받지 않아도 된다는데요? · 143

011 비영리 목적이라면 괜찮은가요? · 145

012 유명 캐릭터를 소품으로 사용한 영상은? · 147

013 배경음악을 넣을 땐 어떤 점에 유의해야 하나요? · 150

014 흔한 인터넷 이미지는 허락받지 않고 사용해도 되나요? · 155

015 연예인 사진이 프린트된 옷을 입고 촬영하면? · 157

016 영상 배경에 찍힌 행인들은 어떻게 처리해야 하나요? · 160

017 건물을 배경으로 한 이미지는? · 163

판매자

018 교회나 학교에서 한 공연 영상도 저작권이 있나요? · 166

019 파파라치 사진을 쓰는 것은 괜찮겠지요? · 168

020 패러디 영상을 제작해 NFT 거래소에 올리고 싶어요! · 170

021 오마주는 저작권 침해가 아니라던데요? · 172

022 커버 뮤직은 누구한테 허락받아야 하나요? · 173

023 불법 서체를 사용했다면? · 175

024 공동으로 제작한 작품을 NFT 거래소에 올리고 싶어요! · 178

025 음반에 수록된 곡을 음반사에서 민팅해 올릴 때도 허락이
　　　필요한가요? · 180

026 공동 제작 NFT의 수익 배분 기준은? · 183

027 회사 직원이 제작한 영상을 민팅하려면? · 185

028 프리랜서가 제작한 영상을 민팅하려면? · 187

029 동일한 작품을 재차 민팅해도 될까요? · 189

030 영화 중 일부 장면을 민팅하는 건 괜찮은가요? · 190

　　　사례 미라맥스 영화사와 타란티노 감독의 NFT 저작권
　　　관련 소송 · 191

031 8초짜리 '짤'(밈)을 민팅하면? · 192

032 방송사도 영상에 등장한 배우들에게 허락받아야
　　　하나요? · 193

　　　판례 영화 장면 일부를 다른 용도로 이용하는 경우 · 194

033 재판매 수익 ① — 재판매 로열티를 받고 싶어요! · 195

034 재판매 수익 ② — 재판매 로열티는 최초 판매의 원칙에
　　　위배되나요? · 197

　　　판례 디지털 콘텐츠에는 배포권이 적용되지 않는다 · 199

035 그림 작가의 권리와 그림 소유자의 권리는? · 200

판
매
자

판매자

사례 뱅크시 그림, NFT 판매 후 소각 · 201

판례 도라산역 벽화 철거 사건 · 203

036 대작, 대필 작품을 민팅해서 올리면? · 204

037 '특전'을 붙인 경우 책임의 한계는? · 208

구매자

038 구매한 NFT를 메타버스 공간에 전시하고 싶어요! · 211

판례 저작권법상 '전시'는 유형물에만 해당 · 211

039 구매한 NFT를 출력해서 회사 복도에 전시하는 것은? · 214

040 구매한 NFT를 다시 판매할 때도 저작자의 허락이
필요한가요? · 216

거래소

041 불법 NFT에 대한 거래소의 책임은? · 218

042 위작에 대한 거래소의 책임은? · 222

사례 유족의 동의 없이 제작한 NFT · 223

셋째
마당
메타버스의 법률 문제

06 메타버스, 가상과 현실을 넘나드는 새로운 세상 · 226

06-1 ㅣ메타버스가 뭔가요? · 227

06-2 ㅣ메타버스와 가상현실, 증강현실은 다른 건가요? · 230

06-3 ㅣ메타버스는 왜 게임과 다르게 규제를 받지 않나요? · 236

07 문화 예술 분야별 메타버스 관련 가상 Q&A · 239

001 실존하는 저작물을 디지털 이미지로 똑같이 제작하면? · 240

002 '오버레이'란 무엇인가요? · 241

003 AR 콘텐츠 내 '오버레이'된 저작물의 분류는? · 243

004 실시간 '오버레이'와 비실시간 '오버레이'의 차이는? · 245

005 '오버레이' 분리 및 구분 가능성의 판단 기준은? · 247

006 AR 대상물 인식 과정에서도 복제가 일어나나요? · 249

007 메타버스 서비스에 SaaS를 이용한다면? · 251

공통 Q&A

008 주변 저작물이 부수적으로 포함되었는데 저작권
침해일까요? · 253

009 메타버스 맵의 배경에 저작물을 배치하면 부수적 이용이
될 수 있나요? · 255

010 기존 링크 방식과 AR 마커 방식, 마커리스 방식의 차이는
무엇인가요? · 256

011 저작물 링크 행위에 대한 유의점은? · 258

012 저작물의 원본 크기나 화질을 축소한 이미지도 저작권 침해가
되나요? · 260

013 부정경쟁행위방지법 위반에 대한 유의사항은? · 261

014 VR/AR 화상디자인도 보호받을 수 있나요? · 264

015 저작권법상 문제가 없더라도 부정경쟁방지법 위반이 되는
경우는? · 267

016 실제 장소를 방문해 체험하는 AR 서비스의 유의사항은? · 269

사례 포켓몬GO 게임으로 촉발된 지자체와 기업 간 공방 · 271

전시 공연

017 미술 전시 기관은 가상공간에서 작품을 전시(재현)해도
되나요? · 272

018 작품에 대한 해설, 소개 자료를 제작해도 되나요? · 275

019 메타버스 갤러리를 만들어 작품을 진열해 보는 체험 서비스를
제공해도 되나요? · 276

020 '오버레이'한 저작물이 저작인격권을 침해하지는 않을까요? · 277

021 설치 미술 같은 장르의 작품도 미술저작물로 볼 수 있나요? · 279

022 건축물을 매우 유사하게 따라 지었다면 저작권 침해가
되나요? · 281

023 골프장 골프 코스의 저작자는 누구인가요? · 283

024 골프 코스를 초기 설계와 다르게 시공했다면 저작자는
누구인가요? · 285

025 골프장의 종합적인 이미지는 어떤 법적 보호가
가능한가요? · 287

026 회원제 골프장은 '공중에게 개방된 장소'인가요? · 288

027 허락 없이 골프 코스를 사진촬영해 스크린 골프 영상을 제작하는
것은 공정이용이 될 수 있나요? · 290

028 골프장의 종합적인 이미지를 무단 이용해도 문제
안 되겠죠? · 292

029 내 작품을 다른 사람이 허락 없이 복제·판매하고, 협찬 장면을
불법 복제물 광고에 이용하고 있어요! · 293

030 VR/AR 아티스트의 퍼포먼스와 작품은
어떤 저작물인가요? · 295

031 공공장소 건축물을 미니어처나 디지털 이미지로 제작해도
될까요? · 298

032 다수의 제작진이 참여한 VR/AR 콘서트는
공동저작물인가요? · 300

033 기업 내부 직원들끼리 이용하기 위한 복제는
사적 복제인가요? · 302

034 폐쇄적인 개인 온라인 공간에서의 이용은
사적 복제인가요? · 304

035 미디어 아트의 항시 상영·재생도 전시인가요? · 305

036 VR/AR 장비를 사용한 체험 서비스는 저작권법상
어떤 행위인가요? · 307

전시
공연

전시·공연

037 메타버스를 활용한 온라인 공연은 저작권법상
어떤 행위인가요? · 308

038 공연 현장의 모습에 AR 영상 효과를 함께 송신하는 공연은
저작권법상 어떤 행위인가요? · 310

039 공공장소에 설치된 예술 작품을 직접 촬영해서 메타버스를
만들어도 되나요? · 312

교육

040 코로나19로 인한 원격 수업 목적의 저작물
이용 기준은? · 315

041 수업 목적의 저작물 이용 분량은 어느 정도가
적절한가요? · 317

042 학생들의 흥미 유발을 위한 저작물 이용도 수업 목적 저작물
이용이 될 수 있나요? · 319

043 아바타를 활용해서 메타버스 수업에 참여하게 한다면? · 320

게임·기타

044 섬네일 이미지로 게임 인테리어를 꾸민다면? · 321

045 메타버스 맵에 실제 상품 진열 모습을 구현한다면? · 323

046 섬네일 이미지 뉴스 링크는 저작권 문제가 없나요? · 327

047 섬네일 이미지 이용은 항상 허용되는 행위인가요? · 329

048 남의 SNS 게시물을 캡처해 제 댓글을 추가한 후
제 작품으로 공표하는 것은 공정이용이 될 수 있나요? · 330

049 다른 사람의 '틱톡' 영상에 제 저작물이 다른 대상물에 가려져
짧게 등장했는데, 저작권 침해 아닌가요? · 331

050 메타버스에서 이용자가 아이템의 색상이나 부가적인 꾸밈새를
조금 바꾸는 것도 변형적 이용이 될 수 있나요? · 332

051 메타버스에서 타인의 저작물을 이용해 아이템을 제작해서
공익 목적으로 판매하거나 나눔해도 될까요? · 334

052 좋아하는 인형 컬렉션을 알리기 위해 인형 사진들을 넣은
책자를 발행해도 될까요? · 335

08 메타버스 개발자, 사업자, 이용자의 지적재산권 관련 유의점 · 337

08-1 | 메타버스 개발자가 유의할 점 · 338

08-2 | 메타버스 사업자가 유의할 점 · 342

08-3 | 메타버스 이용자가 유의할 점 · 349

스페셜 04 더욱 중요해진 개인정보 보호 · 351

스페셜 05 인앱 결제 강제 방지법 및 기타 입법 동향 · 359

스페셜 06 메타버스, NFT, 블록체인 산업 진흥에 관한 법률안과
정책 추진 동향 · 364

참고문헌 · 366

찾아보기 · 367

━━━━━━━━━━━━━━━━━━━━━━━━━━━━━ 일러두기 ━━━

- 국가법령정보센터(www.law.go.kr)에서 '저작권'을 검색하면 저작권법 전문을 볼 수 있습니다.

- 5장, 7장에서 소개한 NFT, 메타버스 관련 Q&A는 독자의 이해를 돕기 위해 실제 판결문 내용을 토대로 가상 질문을 만들거나, 아직 분쟁이 생기지 않았지만 발생할 수 있는 질문을 기존 트렌드나 법리 내용을 바탕으로 만들었습니다.

첫째
마당

NFT와 메타버스
시대의 법률 나침반,
지적재산권

NFT와 메타버스는 모두 디지털 콘텐츠를 기반으로 합니다. 이처럼 중요한 콘텐츠에 대해 어떤 권리가 주어지고, 그 권리가 어디까지 미치는지를 확정해 주는 법적·제도적 기반이 바로 지적재산권법, 그중에서도 '저작권법'입니다. 민법과 상법이 아날로그 시대의 기본법이었다면, 콘텐츠가 중심이 되는 디지털 사회에서는 저작권법이 기본법입니다. 회사법을 모르고 회사를 경영할 수 없는 것처럼, 저작권법을 모르고 콘텐츠 사업을 경영하는 것은 매우 위험합니다. 첫째마당에서는 지적재산권과 저작권법 전반에 관해 알아보겠습니다.

01 · 지적재산권의 핵심 파악하기
02 · 저작권법 기본 용어 이해하기

01

지적재산권의
핵심 파악하기

NFT, 메타버스와 가장 밀접한 관련이 있는 지적재산권은 저작권입니다. 따라서 NFT나 메타버스 사업을 할 때 꼭 알아야 하는 법이 저작권법이라고 할 수 있습니다. 모든 법은 그 법이 보호하고자 하는 어떤 권리에 대한 규정입니다. 법은 어떤 권리를 (권리의 내용), 누가(권리의 주체), 무엇에 대하여(권리의 대상) 갖느냐 하는 것을 정해 놓은 사회적 약속이라고 할 수 있습니다.

저작권법에서도 가장 기본으로 알아두어야 할 것은, 저작권은 어떤 내용의 권리이며, 누가, 무엇을 대상으로 하여 가지는 것인가 하는 점입니다.

01-1 • 지적재산권 — 인간의 지적 창조물 중 법으로 보호할 만한 가치가 있는 것들에 부여하는 권리

01-2 • 저작물 — 저작권 보호를 받는 콘텐츠

스페셜 01 업비트와 제페토의 저작권 관련 이용약관

01-1 지적재산권 — 인간의 지적 창조물 중 법으로 보호할 만한 가치가 있는 것들에 부여하는 권리

지적재산권이란?

'지적재산권'이란 무엇일까요? '지적재산권법'이라는 법은 없습니다. 저작권법, 특허법, 상표법 등 개별 권리들에 대한 법률만 있을 뿐이지요. '지적재산권'이라는 용어를 정의하고 있는 법률은 없지만, 지적재산권 개념을 이해하려면 지적재산권을 한번 정의해 볼 필요가 있습니다. 학계에서는 일반적으로 지적재산권을, "인간의 지적 창조물 중에서 법으로 보호할 만한 가치가 있는 것들에 대하여 법이 부여하는 권리"라고 정의합니다.

이 정의에서 보는 것처럼 '인간의', '지적', '창조물', '법으로 보호할 만한 가치' 등이 지적재산권이 성립하기 위한 법률 요건입니다. 이 법률 요건들을 모두 충족하면, 법률 효과로서 지적재산권이라는 권리가 발생합니다.

지적재산권이 성립하기 위한 요건
① 인간의

먼저 '인간의' 지적 창조물이어야 합니다. 여기서 인간은 자연인(사람)과 법인(회사, 단체 등)으로 구분할 수 있습니다.

인간이 아닌 동물이나 인공지능(AI)의 창작물에는 지적재산권이 주어지지 않습니다. 인공지능이 발달하면서 문학, 음악, 미술 등 다양한 분야에서 인공지능 창작물이 나오고 있습니다. 일례로, 2016년 네덜란드에서는 렘브란트 그림의 특징을 학습한 인공지능이 렘브란트 화풍의 초상화를 그려냈습니다. 이때 사람이 인공지능에게 명령한 것은 '렘브란트 화풍으로 그려라'라는 것뿐이었다고 합니다. 또한 일본에서는 인공지능이 창작한 소설이 유명 문학상 공모전에서 1차 심사를 통과해 화제가 되었습니다.

인공지능이 그린 렘브란트 화풍의 그림. 아직까지는 인공지능이 창작한 콘텐츠에 대해 지적재산권을 부여하는 법률이 없습니다.
출처 : 구글 이미지

인도네시아 원숭이 나루토의 셀카 사진. 동물이 만든 콘텐츠도 지적재산권을 부여받을 수 없습니다.
출처 : 허프포스트코리아(HUFFPOST), 2017. 9. 12.

② 지적

두 번째로, '지적'(知的) 창조물이어야 합니다. 정신활동을 통해 만들어져야 한다는 뜻입니다. 음악 CD를 예로 들어보겠습니다. CD라는 물건 자체는 기계로 만들어내는 제품(물건)이지 지적 산출물이 아닙니다. CD 안에 수록되어 있는 가사, 곡조, 연주, 노래 등이 정신활동의 산출물입니다. CD 제품을 만들어내는 기술적 방법은 '지적' 산출물이 맞지만, 그 방법이 적용되어 만들어진 CD는 물건일 뿐입니다. 마찬가지로 책은 물건이고, 그 책 안에 수록되어 있는 소설이나 수필 등이 지적 창조물입니다.

③ 창조물

'창조물'은 '창조'의 결과물을 말합니다. 그러면 '창조'란 무엇일까요? 지적재산권에는 특허권, 상표권, 디자인권, 저작권 등 다양한 종류의 권리가 있는데, 각각의 권리마다 '창조'의 의미는 조금씩 다릅니다. 특허권에서 창조는 세상에 없던 '새로운' 발명을 하는 것을 말하지만, 저작권에서는 남의 것을 베끼지 않고 '스스로' 작품을 만드는 것이 창조입니다. 상표권에서는 남의 것과 '구별'되는 표시를 붙이는 것이고, 영업비밀권에서는 남들이 '모르는' 정보를 관리하는 것이 창조입니다.

④ 법으로 보호할 만한 가치

인간의 지적 창조물이라고 해서 모두 다 지적재산권의 보호를 받는 것은 아닙니다. 사람은 하루에도 수없이 많은 지적 창조를 하면서 살아갑니다. 제가 이렇게 글을 쓰는 것이나 누군가에게 말을 하는 것도 전부 머릿속에서 일정한 지적 창조가 일어나고 있기 때문에 가능합니다. 그렇지만 제가 쓴 글, 제가 한 말 모두가 지적재산권의 보호를 받는 것은 아닙니다. 보호할 만한 가치가 있어야 합니다.

지적재산권의 보호를 받을 만한 '가치'가 있는지 없는지는 법으로 정해 놓아야 합니다. 그렇지 않으면 다툼이 생겼을 때 해결할 길이 없습니다. 그래서 인간의 지적 창조물이 모두 지적재산권으로 보호받는 것이 아니라, 보호할 만한 가치가 있다고 법에서 정해 놓은 것만 보호받을 수 있습니다. 각각의 지적재산권법은 보호할 만한 가치가 있는 것에 대한 기준을 정해 놓고 있습니다.

예를 들어 저작권법은 '창작성'이 있으면 보호할 만한 가치가 있다고 규정했습니다. 특허법은 '신규성'과 '진보성'을, 상표법은 '식별성'을 기준으로 정했습니다. 이렇게 각각의 지적재산권법마다 보호할 만한 가치가 있는지를 결정하는 기준이 다릅니다.

지금까지 살펴본 '인간의', '지적', '창조물', '법으로 보호할 만한 가치' 등의 법률 요건을 모두 충족하면 드디어 '지적재산권'이라는 권리가 탄생합니다. NFT, 메타버스와 가장 밀접한 관련이 있는 지적재산권은 저작권입니다. 따라서 NFT나 메타버스 사업을 하려면 가장 잘 알아두어야 하는 법이 저작권법이라고 할 수 있습니다.

01-2 저작물 — 저작권 보호를 받는 콘텐츠

저작권으로 보호받을 수 있는 콘텐츠를 '저작물'이라고 합니다. 즉, 어떤 콘텐츠가 저작권의 보호를 받기 위해서는 저작물이어야 합니다. 저작물이 되기 위해서는 두 가지 요건이 필요합니다. 첫째는 '인간의 사상이나 감정을 표현'한 것이어야 하고, 둘째는 '창작성'이 있어야 합니다.

> **저작물이 갖춰야 할 2가지 요건**
> 1. 저작물은 인간의 사상이나 감정을 표현한 것이어야 합니다.
> 2. 저작물은 창작성이 있어야 합니다.

이 중에서 실제 현장에서 가장 문제가 되는 것은 '창작성'(originality)입니다. '창작성'은 두 가지 요건을 갖추어야 합니다. 첫째, 다른 콘텐츠를 베끼지 않아야 합니다. 다시 말하면 작자 자신의 독자적인 정신 활동의 결과물이어야 합니다. 둘째, 최소한의 개성을 갖추어야 합니다. 최소한의 개성이 있다는 것은, 누가 하더라도 같거나 비슷하지 않을 정도로 차별성이 있다는 것을 의미합니다.

정리하면, 어떤 콘텐츠가 저작권 보호를 받는 저작물이 되려면 '창작성'이 필요한데, 여기서 창작성은 ① '독자적 작성' + ② '최소한의 개성'이라는 두 가지 요소가 있어야 합니다.

> **창작성의 2가지 요건**
> 1. 작자 자신의 독자적인 정신활동의 결과물이어야 합니다. 다시 말해 다른 콘텐츠를 베끼지 않아야 합니다.
> 2. 최소한의 개성을 갖추어야 합니다. 누가 하더라도 같거나 비슷하지 않을 정도로 차별성이 있어야 합니다.

만약 내가 제작해서 올린 NFT에 대해 누군가가 자신의 저작권을 침해했다고 문제를 삼으면, 먼저 그 콘텐츠가 창작성을 갖춘 것인지, 즉 저작권의 보호를 받을 수 있는 콘텐츠인지를 확인해 보아야 합니다. '창작성'은 저작물의 성립 요건 중에서 가장 중요하고, 실제로도 많이 문제가 되므로 좀 더 자세히 알아보겠습니다.

창작성의 의미

① 독자적으로 작성했는가?

창작성을 영어로 'originality'라고 합니다. originality에서 'origin'은 '기원'이라는 뜻이지요. 창작성은 그 작품의 기원이 다른 사람이 아닌 '작자'(author) 자신에게 있다는 의미입니다. 즉, 남의 작품을 베끼지 않았다는 뜻입니다.

남의 작품을 베끼지 않아야 한다고 해서 '기존에 없던 새로운 것'이어야 한다는 의미는 아닙니다. 비록 시간적으로 먼저 작성된 A의 작품과 나중에 작성된 B의 작품이 완전히 동일하다고 하더라도, B가 A의 작품을 보고 베낀 것이 아니라 스스로 창작한 것이라면 B의 작품은 저작물이 될 수 있고 저작권의 보호도 받습니다.

창작성은 신규성과 다릅니다. 신규성이 '새로운 것'에 초점이 맞추어져 있다면, 창작성은 '독자적인 것', 즉 '모방하지 않은 것'에 초점이 맞춰집니다.

창작성은 또 예술성과도 다릅니다. 저작물이 되는 데 필요한 '창작성'은 예술성이나 문화적 가치와는 무관합니다. 예를 들어 다섯 살짜리 어린아이가 그린 그림이 예술적 가치나 문화적 가치가 전혀 없다고 하더라도, 그 그림이 남의 것을 베끼지 않고 스스로 그린 것이며, 누가 그려도 비슷할 것만 아니라면 저작물이 될 수 있습니다.

② 최소한의 개성이 있는가?

'최소한의 개성'이란 '일반적' 또는 '통상적'이 아니라는 의미로 이해하면 쉽습니다. 다시 말해서, 누가 하더라도 같거나 비슷하게 되는 것이 아니라는 것을 말합니다.

예를 들어 동그라미를 그려보라고 하면 굳이 남이 그려놓은 동그라미를 베끼지 않아도 누구나 같거나 비슷한 모양으로 그리게 됩니다. 이런 것이 '최소한의 개성'이 없는 것입니다. 이런 것은 창작성이 없어서 저작물이 될 수 없고, 따라서 저작권의 보호를 받지 못합니다.

창작성은 남의 것을 베끼지 않고 최소한의 개성만 있으면 되니까 충족시키기 매우 쉬울 것 같지만, 이른바 대박 상품 중에도 의외로 창작성이 없는 경우가 많습니다.

예를 들어 카카오톡 이모티콘 중에 스마일 이미지나 윈도우 바탕화면

의 휴지통 아이콘은 상품성과 경제적 가치가 매우 높지만, 누가 그려
도 비슷할 것이라는 점에서 최소한의 개성이 있는지에 대해서는 의문
이 있습니다.

창작성은 상업적으로 큰 인기를 끌었거나, 경제적 가치가 높다고 해서
인정되는 것은 아닙니다. 반대로 경제적 가치가 없고 상업적으로는 전혀
인기를 끌지 못했어도 창작성이 인정되는 경우는 많습니다.

저작물 살펴보기 — 사진저작물, 영상저작물, 2차적 저작물

저작권법에서는 저작물을 표현 형식에 따라 9가지 유형으로 나눕니
다. 이 외에 9가지 유형의 원저작물을 번역하거나 편곡·각색 등의 방
법으로 새롭게 창작한 2차적 저작물과 다양한 소재를 모아서 배열하
거나 구성한 편집저작물이 있습니다(저작권법 제4조, 제5조, 제6조).

저작권법에서 예시한 저작물의 유형 11가지

표현 형식에 따른 분류		작성 방법에 따른 분류
• 어문저작물	• 사진저작물	• 2차적 저작물
• 음악저작물	• 영상저작물	• 편집저작물
• 연극저작물	• 도형저작물	
• 미술저작물	• 컴퓨터 프로그램 저작물	
• 건축저작물		

콘텐츠는 어느 유형에 속하느냐에 따라 다양한 쟁점이 존재합니다.
여기서는 사람들이 가장 궁금해하고 콘텐츠 현장에서 가장 문제가 되
는 사진저작물, 영상저작물, 2차적 저작물에 대해 알아보겠습니다.

① 사진저작물

사진저작물은 어떤 대상을 사진기로 찍어 필름 등에 나타내어 만드는 창작물입니다. 그런데 사진처럼 어떤 대상을 재현한 작품에 창작성이 있다고 볼 수 있을까요? 이에 관해서는 오랫동안 논쟁이 이어져 왔습니다. 재현은 창작이 아닌 단순한 복제라고 보았기 때문입니다. 따라서 증명사진, 여권사진처럼 피사체를 기계적으로 충실하게 재현해 내는 데 그친 사진은 창작성이 없으므로 저작물로 볼 수 없습니다.

▶ 사진저작물에는 사진과 유사한 방법으로 제작된 것도 포함됩니다. 예를 들어 그라비어(gravure, 사진 요판) 인쇄, 사진 염색을 비롯해 디지털 사진, 청사진 등이 있습니다.

사진저작물이 성립하려면 피사체 선택, 구도 설정, 빛의 방향과 양의 조절, 카메라 앵글의 설정, 셔터 찬스의 포착 등에서 개성과 창조성이 있어야 합니다. 그런 점에서 연예인 화보 사진도 사진저작물로 볼 수

NFT 저작물에 제품 사진이 들어간다면 주의하세요!

배경을 연출하였거나 후보정 작업을 한 제품 사진의 경우 창작성이 있다고 볼 수 있습니다. 또한 제품 사진에는 제품 상표가 부착되어 있는 경우가 많습니다. 이런 사진을 민팅해서 NFT로 제작하려면 저작권자나 상표권자에게 허락을 받고 사용하는 것이 안전합니다.

▶ 민팅(minting)은 디지털 콘텐츠를 NFT화하는 것을 의미합니다.

2021년 12월, 나이키의 가상 패션 플랫폼 RTFKT 인수 소식 영상.
출처 : RTFKT 공식 트위터

있습니다. 따라서 BTS 멤버 같은 연예인 화보 사진이나, 특정인이 소유하고 있는 고급 슈퍼카를 함부로 촬영해서 NFT로 제작하는 것은 위험합니다.

남의 강아지를 찍은 사진도 허락받고 사용해야 해요!

산책하다 만난 예쁜 강아지 사진을 찍었는데 SNS 계정에 올리거나 민팅해서 NFT로 제작해도 될까요? 경주마가 질주하는 모습이 멋있어서 사진을 찍었는데 NFT로 거래소에 올려도 될까요? 동호인을 대상으로 유튜브 채널을 개설했는데, 길가에 주차되어 있는 스포츠카 사진을 찍어서 올려도 될까요?

모두 안 됩니다. 유튜브, SNS가 활발해지면서 사진이나 동영상 저작권 문제로 분쟁이 많이 발생하고 있습니다. 물건이나 동물은 소유주가 있으므로 촬영하려면 먼저 소유주의 허락을 받아야 합니다. 소유주는 물건이나 동물을 사용하고 이익을 얻을 수 있는 권리를 독점하기 때문입니다. NFT로 제작하는 경우도 마찬가지입니다.

▶ 다만 저작권법 제28조(공표된 저작물의 인용) 또는 제35조의5(저작물의 공정한 이용)의 규정에 따라 허락 없이 이용할 수 있는 경우도 있습니다.

초상화와 사진은 화가, 사진사, 모델에게 허락받고 사용해야 해요!

동네 사진관에서 찍은 사진 속 인물이 나중에 유명한 탤런트가 되었다면, 사진사는 이 사진을 출력해서 광고에 이용하거나 NFT로 제작해도 될까요?

안 됩니다. 유명한 탤런트냐 아니냐가 중요한 게 아닙니다. 촬영 대상, 즉 모델에게는 저작권은 없지만 초상권과 퍼블리시티권이 있으므로 사진사가 모델을 촬영한 사진을 허락받지 않고 사용하면 초상권이나 퍼블리시티권 침해로 소송에 휘말릴 수 있습니다. 저작권법에서는 이러한 경우를 대비해서 "위탁에 의한 초상화 또는 이와 유사한 사진저작물의 경우에는 위탁자의 동의가 없는 때에는 이를 이용할 수 없다"는 특별 규정을 두고 있습니다(제35조 제4항).

초상화의 저작권은 화가에게, 사진의 저작권은 사진사에게 있습니다. 그러나 화가나 사진사에게 허락을 받았다고 해서 마음대로 사용할 수 있는 것은 아닙니다. 초상화에 나오는 모델(위탁자)의 허락도 함께 받아야 합니다.

② 영상저작물

영상저작물도 다른 저작물과 마찬가지로 창작성을 갖추어야 합니다. 따라서 CCTV나 블랙박스처럼 창작성 없이 기계적으로만 촬영한 영상은 영상저작물이라고 할 수 없겠죠.

영상저작자와 영상제작자의 구별

저작권법에는 '영상저작물에 관한 특례'(저작권법 제99조, 제100조, 제101조)라는 중요한 규정이 있습니다. 이 규정을 이해하려면 영상저작자와 영상제작자를 구별할 수 있어야 합니다.

구분	설명	필요 요소	예
영상저작자	영상저작물의 창작을 직접 담당하는 사람	창작	프로듀서, 감독(총감독, 촬영감독, 조명감독, 의상감독, 무대감독) 등
영상제작자	영상물 전체를 기획하고 투자를 하거나 영상물 창작에 물질적으로 기여한 사람	기획, 책임, 제작	기획·투자가, 제작자

저작권법은 저작자를 보호하는 법이지만 저작자가 아닌 사람도 보호해 줍니다. 바로 제작자입니다. 저작권법은 영상저작물, 음반, 데이터베이스의 제작자에게도 일정한 권리를 인정해 보호합니다. 투자한 사람을 보호해 주어야 안심하고 제작할 수 있기 때문이죠.

영상물의 대본이나 시나리오 작가, 영상물에 사용한 배경음악이나 주제가 등의 작사가·작곡가도 영상물 속에 창작한 부분이 들어 있는 만큼 일정한 저작권을 갖습니다. 이 밖에 영화나 연극 등에 출연한 배우도 실연자라고 하여 저작인접권으로 보호해 주고 있습니다. 영상 장면은 실연자인 배우의 허락 없이 영화 이외의 광고 등 상업적 목적으로 사용할 수 없으며, 배우는 초상권과 퍼블리시티권을 행사할 수 있습니다.

▶ 초상권과 퍼블리시티권은 59쪽 '스페셜 02'에서 자세히 다룹니다.

영상저작물이 되려면 카메라 앵글과 구도의 선택, 몽타주 또는 커트 등의 기법, 필름 편집 등 지적이고 창조적인 활동이 있어야 합니다. 소재의 선택과 배열, 그리고 제작 과정에서 제작자의 개성이 가미되었다면 창작성을 인정받을 수 있습니다.

③ 2차적 저작물

2차적 저작물은 원저작물을 번역, 편곡, 변형, 각색, 영상 제작과 같은 방법으로 만든 창작물을 말합니다. 영어 소설을 우리말로 번역한다든가, 클래식 곡을 재즈로 편곡하거나, 2차원 그림을 3차원 인형으로 변형하거나, 소설을 어린이용 만화로 각색하거나, 소설을 영화로 만들면 모두 2차적 저작물이 됩니다. 예를 들어 '크립토펑크'는 총 10,000개의 아바타로 제작된 유명 NFT인데, 이 아바타 중 몇 종류를 변형해서 인형으로 만든다면 2차적 저작물이 될 수 있습니다.

2차적 저작물이 되려면 다음 3가지 요건이 필요합니다.

2차적 저작물이 되는 3가지 요건
1. 원저작물에 기초한 것이어야 합니다.
2. 원저작물에는 없는 새로운 창작성을 부가하는 실질적 변형이 있어야 합니다.
3. 원저작물과 실질적 유사성이 유지되어야 합니다.

즉, 원저작물의 내면적 형식을 유지한 채 번역, 편곡, 변형, 각색, 영상화(영상 제작) 등의 방법으로 외면적 형식을 다르게 표현해야 합니다. 예를 들어 소설이 원저작물이고 영화가 2차적 저작물이 되려면, 두

작품이 내면적 형식인 스토리는 그대로 유지하면서 외면적 형식이 소설에서 영화로 바뀌어야 하죠.

카카오 웹툰 '빈껍데기 공작부인'의 2차적 저작물인 NFT 컬렉션. 출처 : 트레저스 클럽

가상 소셜 플랫폼 'VRchat'. 출처 : VRchat 공식 트위터

▶ 이용자들이 아바타와 음성 채팅을 이용해 가상현실에서 소셜 활동, 역할극, 콘트 등을 펼치고, 이를 영상으로 촬영해 유튜브에 올리기도 합니다.

 **스페셜 01** ## 업비트와 제페토의 저작권 관련 이용약관

NFT, 메타버스 플랫폼은 이용약관 및 창작 가이드라인에 대한 상세 내용을 공지합니다. 본격적으로 콘텐츠를 창작하거나 이용하기 전에 이용약관이나 가이드라인을 확인하는 걸 추천합니다.

예시로 '업비트 NFT'와 '제페토' 플랫폼의 가이드 내용 중 저작권과 관련된 안내를 살펴보면 다음과 같습니다.

업비트의 'NFT 이용약관'

암호화폐 거래소인 업비트 홈페이지에서 NFT 이용약관을 확인할 수 있습니다.

업비트 홈페이지의 NFT 이용약관(upbit.com/terms/nft)

'NFT 이용약관'은 주로 NFT 소유자의 이용 권리와 회사의 역할, 그리고 업비트에서 유통된 NFT 및 이에 연계된 디지털 저작물과 관련된 다양한 행위들(NFT 거래 방법, 금지 행위, 이의제기 등)에 대해 안내하고 있습니다.
약관 내 주요 조항 몇 가지를 살펴보면 다음과 같습니다.

업비트 NFT 이용약관

제5조(금지 행위 및 해지)

1. 회원은 업비트에서 유통된 NFT 및 이에 연계된 디지털 저작물과 관련하여 다음 각 호의 행위를 할 수 없습니다.

    1. 디지털 저작물을 수정, 왜곡하여 게시하는 행위

    2. 본인 또는 제3자의 제품 또는 서비스를 광고하는 등 디지털 저작물을 영리 목적으로 이용하는 행위

    3. 디지털 저작물과 연계된 별도의 NFT를 발행하는 행위

    4. "NFT 소유자의 권리"에 따라 이용 가능한 디지털 저작물을 악용하여, 별도의 지식재산권을 등록, 취득하는 행위

    5. 특정 회원과 통정하여 반복 매매하는 방식 등을 통하여 NFT 가격을 비정상적으로 변동시키는 행위

제6조(NFT 거래 방법과 회사의 역할)

4. 회사는 NFT 거래 중개자이며, NFT 거래 당사자가 아닙니다. NFT 거래에 관한 책임은 판매자가 부담하고, 회사는 판매자를 대리하거나 그 어떠한 보증을 하지 않습니다. 단, 회사의 고의 또는 과실로 인하여 회원에게 손해가 발생한 경우 회사는 그 손해를 배상합니다.

제7조(디지털 저작물 관련 이의제기)

1. "회사"가 제공하는 "NFT 마켓플레이스"를 통하여 유통되는 NFT 및 해당 NFT에 연계된 "디지털 저작물"에 의하여 본인의 저작권 기타 권리가 침해된다고 주장하는 자(이하 "권리주장자")는 해당 사실을 소명하여 "회사"에 해당 NFT의 이용 및 유통을 중단할 것을 요청할 수 있습니다.

2. "회사"는 제1항에 따라 NFT의 이용 및 유통 중단을 요구받은 경우에는 즉시 해

당 NFT에 대한 "NFT 소유자의 권리" 행사를 중단하고, 권리주장자, NFT를 보유하고 있는 회원 및 NFT 발행인에게 해당 사실을 통보하여야 합니다.

3. 제2항에 따라 통보를 받은 NFT 발행인이 자신에게 정당한 권리가 있음을 소명하면서 NFT의 이용 및 유통 재개를 요구하는 경우, "회사"는 재개요구사실 및 재개예정일을 권리주장자와 NFT를 보유하고 있는 회원에게 지체 없이 통보하고 해당 예정일에 "NFT 소유자의 권리"를 재개합니다. 다만, 권리주장자가 NFT 발행인의 침해행위에 대하여 소를 제기한 사실을 재개예정일 전에 회사에 통보한 경우에는 그러하지 않습니다.

제페토의 '공통 가이드라인'과 '커뮤니티 가이드라인'

대표적인 메타버스 플랫폼인 제페토는 '공통 가이드라인'과 '커뮤니티 가이드라인'을 수립해 제페토 내에서 이루어지는 다양한 이용 및 창작 행위에 대한 규율을 안내하고 있습니다.

먼저 '공통 가이드라인'은 이용자들이 이해하기 쉬운 상황과 예시를 들어 저작물 이용 및 창작에 있어 어떤 행위를 삼가야 하는지 안내합니다('3. 권리의 침해', '4. 텍스트, 이미지' 항목 참조).

제페토 홈페이지의 공통 가이드라인(studio.zepeto.me/guides/common-guidelines)

'커뮤니티 가이드라인'은 지적재산권 보호 및 플랫폼 보안과 관련된 내용을 좀 더 간략히 정리해 안내하고 있습니다.

제페토 홈페이지의 커뮤니티 가이드라인

'커뮤니티 가이드라인'에서 지적재산권 보호를 위해 게시 및 전송을 제한하는 주요 금지 사항은 다음과 같습니다.

제페토 커뮤니티 가이드라인

5. 지적 재산권 보호

(…)

게시 및 전송 금지 사항

- 타인의 저작권, 상표권 또는 기타 지식재산권을 위반 또는 침해하는 콘텐츠
- 저작권이 있는 음원, 이미지, 비디오 등을 저작권자의 허락 없이 콘텐츠 전송에 사용하는 행위
- 원제작자의 허락 없이 타인의 게시물을 도용 및 유포하는 행위
- 자사 프로그램에 대한 공유를 허용하지 않은 방송사의 로고가 포함되어 있는 동영상 등의 게시물
- 유료로 판매되는 의류, 액세서리, 이미지, 방송물, 영상, 음원, 만화(웹툰 포함), 소설(웹 소설 포함), 게임, 소프트웨어 등에 대한 불법 복제를 권유하거나 불법 다운로드 링크 경로를 제공하는 콘텐츠
- 권리자의 기술적 보호조치를 무력화시키는 버그나 핵 프로그램 등을 공유하는 게시물

02

저작권법
기본 용어 이해하기

법률에서 사용하는 '용어'의 의미를 알아두는 것은 아주 중요합니다. 우리가 일반적으로 이해하고 있는 의미와는 다른 경우가 많기 때문이지요. 예를 들어 저작권법상 '공연'은 우리가 알고 있는 '공연'의 의미와 크게 다릅니다. 따라서 저작권법의 기본 용어를 잘 알아두어야 실수를 막을 수 있습니다.

02-1 • 저작자 — 누가 저작자일까요?

02-2 • 저작권 — 저작자의 권리는 어떤 것들이 있나요?

02-3 • 저작물을 이용할 수 있는 방법

스페셜 02 저작권법과 함께 알아야 하는 권리 — 초상권, 퍼블리시티권

스페셜 03 저작권법과 함께 알아야 하는 법 — 부정경쟁방지법, 상표법, 디자인보호법

02-1 저작자 — 누가 저작자일까요?

'저작자'란 누구일까요? 저작권법 제2조 제2호는 '저작자'는 "저작물을 창작한 자"를 말한다고 간단하게 정의합니다. 그렇다면 여러 사람이 제작에 직간접적으로 관여한 경우엔 과연 누구를 저작자로 보아야 할까요?

저작자가 되는 조건

당연한 말이지만, 저작물을 창작한 자는 저작자가 될 수 있습니다. 반면에 저작물을 창작하지 않은 사람은 저작자가 될 수 없습니다.

> **저작자가 아닌 경우**
> 저작물을 제작하는 데 얼마만큼 창작적으로 기여했는가에 따라 다르겠지만, 일반적으로 다음과 같은 경우 저작자로 볼 수 없어요.
> - 창작의 힌트나 아이디어만 제공한 사람
> - 저작자의 기계적·육체적 단순 작업에 참여한 조수
>   - 소설가가 구술하는 내용을 필기하여 원고를 작성한 사람
>   - 영상 콘텐츠를 제작할 때 장비를 준비하여 설치한 사람
>   - 진행자가 작성한 스크립트를 PPT 파일로 만든 사람
>   - 교수가 논문을 작성할 때 자료 정리를 도와준 조교 등
> - 다른 사람에게 창작을 의뢰한 사람
> - 감수자, 교정자 등

저작물을 창작한다는 것은, 저작물의 제작에 '창작적으로 기여'하는 것이며, 자신의 사상이나 감정을 자기만의 창작적인 표현으로 작품에 나타내는 것을 말합니다.

따라서 창작적으로 기여하지 않고, 예를 들어 단순히 육체적·기계적 작업만 한 사람은 저작자가 될 수 없습니다. 즉, 창작으로 기여한 사람이 저작자가 됩니다.

법적 관점이 아닌 학문적 관점에서 저작자를 누구로 볼 것인지는 다른 문제입니다. 예를 들어 자연과학 논문에서는 실험을 준비하고 진행하거나 실험 데이터를 수집하고 정리한 사람, 자료 정리를 도와준 사람도 공동저자 중 한 사람으로 표기하는 경우도 있습니다.

또한 창작을 의뢰한 사람이 창작자에게 필요한 자료와 보수를 제공할 뿐 아니라, 스스로 저작물의 작성을 기획하고 표현 방법이나 형식에 대해 창작자에게 자세한 주문이나 구체적인 지시를 함으로써 자기의 의도대로 저작물을 작성케 하는 경우도 있습니다. 이렇듯 창작 과정에 관여하고 지시한 정도 및 그 구체성에 따라서 의뢰자도 저작자가 될 수 있습니다. 그렇게 되면 의뢰자와 실제 창작자는 공동저작자가 됩니다.

▶ 창작자는 아니지만 배우나 가수처럼 저작물을 해석하거나 확산시키는 데 도움을 주어 문화 발전에 기여하는 사람에게는 저작인접권이 있습니다.

결국 누구를 저작자로 볼 것인지 여부는 작품의 표현 과정에서 얼마나 창작적으로 기여했는가에 따라 개별적으로 판단할 수밖에 없습니다.

뽀로로 캐릭터의 저작자 분쟁

어린이들에게 '뽀통령'이라는 별칭으로 불리는 '뽀로로' 캐릭터의 저작자가 누구인지를 놓고 소송이 제기된 적이 있습니다. 대외적으로 '뽀로로' 캐릭터를 이용해 영상 제작이나 캐릭터 상품 제작을 담당하는 회사는 A였는데, 실제 뽀로로 캐릭터를 그린 사람은 B였습니다. B는 자신이 뽀로로의 단독 저작자라는 사실을 확인해 달라며 소송을 제기했습니다.

캐릭터를 그린 B가 저작자가 되는 것은 당연한 일입니다. 문제는 기획을 하고 창작 과정을 지휘한 A도 공동저작자가 될 수 있느냐 하는 점이었습니다. A는 단순히 뽀로로를 기획하고 그림을 의뢰만 한 것이 아니었습니다. A는 펭귄을 의인화하여 캐릭터로 만들기로 결정하고, 어떤 의상을 입힐지, 눈의 모양은 어떻게 하고, 몸통과 다리의 색깔과 형태는 어떻게 할지 등, B가 그려온 그림들을 일일이 검수하고 세부적인 수정 및 보완 지시를 한 기록이 있었습니다.

법원은 A가 뽀로로 캐릭터를 창작하는 데 꽤 구체적으로 기여한 사실을 인정하며, 뽀로로 캐릭터는 A와 B의 공동저작물이라고 판결하였습니다.

콘텐츠를 공동으로 제작한 경우

하나의 콘텐츠를 두 사람 이상이 협동하여 제작하는 경우는 실제 작업 현장에서 많이 볼 수 있지요. 이렇게 두 사람 이상이 하나의 콘텐츠 제작에 공동으로 참여한 경우 그들 사이의 권리관계는 어떻게 될까요?

저작권법에서는 '각자 이바지한 부분을 분리하여 이용할 수 있는가'에 따라 저작물을 두 가지로 나눕니다. 즉, 분리하여 이용할 수 있는 경우를 결합저작물, 분리하여 이용할 수 없는 경우를 공동저작물이라고 구분합니다(저작권법 제2조 제21호).

① 결합저작물 — 각자 독립된 권리를 갖습니다

결합저작물은 그냥 단독 저작물이 여러 개 모여 있는 것이라고 생각하면 됩니다. 단순히 모여 있을 뿐, 각각의 단독 저작물은 독립성을 잃지 않습니다. 따라서 겉으로는 하나의 저작물처럼 보이지만, 사실은 숫자적으로도 복수의 저작물입니다.

예를 들어 A와 B 두 사람이 두 개의 아바타 캐릭터를 창작해서 NFT로 제작했는데, A는 1번 아바타를, B는 2번 아바타를 각각 제작했다면 이 NFT를 두 개로 나누어 각각 거래소에 올릴 수도 있습니다. 이런 경우를 **결합저작물**이라고 합니다.

결합저작물을 이루는 단독 저작물의 저작자들은 각자 독립해서 자신이 창작한 부분에 대해 권리를 행사합니다. 함께 모여 있되, 자기가 창작한 부분에 대해서는 다른 저작자의 영향을 받지 않고 저작권을 행사할 수 있는 것입니다. 하지만 다른 사람이 창작한 부분에 대해서는 권리를 행사할 수 없습니다.

> ▶ 결합저작물과 공동저작물을 구분하는 이유는 저작물 제작에 참여한 사람들이 갖게 되는 권리가 달라지기 때문입니다.

② 공동저작물 — 권리를 분리할 수 없습니다

이에 반하여 '공동저작물'은 각자가 창작한 부분이 독립성을 잃고 하나의 저작물 속으로 녹아든 것을 말합니다. 따라서 숫자적으로 하나인 단일 저작물입니다.

A와 B가 합동해서 하나의 아바타 캐릭터를 창작하고 그것을 NFT로 제작했다면, 이 NFT에서 A와 B가 각자 이바지한 부분을 분리해서 이

용하는 것은 불가능하죠. 이런 저작물을 공동저작물이라고 합니다.

저작권법

제2조(정의)

21. "공동저작물"은 2명 이상이 공동으로 창작한 저작물로서 각자의 이바지한 부분을 분리하여 이용할 수 없는 것을 말한다.

공동저작물의 창작에 관여한 사람들을 '공동저작자'라고 하는데, 각각의 공동저작자는 자신의 기여분에 대한 권리를 독자적으로 행사할 수 없습니다.

공동저작물의 저작권을 행사하기 위해서는 공동저작자 전원이 관여해야 하고, 모두의 의견이 일치해야 합니다. 즉, 만장일치가 되어야 저작물을 이용할 수 있고 저작권도 행사할 수 있습니다.

따라서 콘텐츠를 공동으로 제작할 경우에는 권리 행사 방법이나 정산 방법 등을 미리 서면으로 합의해 두는 것이 안전합니다.

공동저작자가 되는 경우

공동저작자는 공동저작물에만 해당하는 개념입니다. 다음과 같은 경우 실제 창작자가 아니어도 공동저작자가 될 수 있습니다.

• 감수자나 교정자가 상당 부분 보정, 가필을 하거나 내용 편집을 한 경우에는 창작 행위가 있었다고 보고 공동저작자 또는 편집저작자로 인정받아요.

• 촬영한 영상의 오류를 수정하거나 편집을 함에 있어 주도권을 가지고 한 경우에는 공동저작자로 인정할 수 있어요.

지금까지 설명한 결합저작물과 공동저작물을 정리하면 다음과 같습니다.

결합저작물과 공동저작물의 구별

구분	결합저작물	공동저작물
이용허락 및 양도	• A가 작성한 부분을 이용하려면 A의 허락만 얻으면 됨 • A는 자기가 작성한 부분을 B의 동의를 얻지 않고 제3자에게 자유롭게 양도 또는 이용을 허락할 수 있음	• A와 B의 허락을 모두 얻어야 함 • A는 자기 분담이라고 생각되는 부분을 분리하여 양도할 수 없음
A의 사후 70년이 경과하고, B는 사후 70년이 지나지 않은 경우	A가 작성한 부분은 누구라도 자유롭게 이용할 수 있지만, B가 작성한 부분은 B 유족의 허락을 받지 않으면 이용할 수 없음	B의 유족이 허락하지 않으면 저작물 전체는 물론이고 A의 분담 부분만 이용하는 것도 불가능함

저작권법에서 저작자를 추정하는 규정

저작권법 제8조는 다음과 같은 사람을 저작자로 추정합니다.

저작권법

제8조(저작자 등의 추정)

1. 저작물의 원본이나 그 복제물에 저작자로서의 실명 또는 이명(예명·아호·약칭 등을 말한다. 이하 같다)으로서 널리 알려진 것이 일반적인 방법으로 표시된 자
2. 저작물을 공연 또는 공중송신하는 경우에 저작자로서의 실명 또는 저작자의 널리 알려진 이명으로서 표시된 자

위의 내용에 해당하는 사람은 그 저작물의 저작자로 추정되고, 아울러 저작권을 가지는 것으로 추정됩니다. 따라서 책의 표지에 A의 이

름이 표시되어 있으면 그 책의 저작자는 A로 추정됩니다. 유튜브에 올려진 어떤 영상에 A의 이름이나 그의 유명한 닉네임이 표시되어 있으면, A가 그 영상의 저작자로 먼저 추정됩니다.

저작자로 추정하는 규정이 또 하나 있습니다. 저작권법 제53조에 따르면, 저작물등록부에 저작자로 실명이 등록된 자를 그 저작물의 저작자로 추정합니다. 저작물을 창작하면 그 저작물을 한국저작권위원회에 등록할 수 있습니다. 바로 이 저작▶ 한국저작권위원회에 등록하는 방법은 02-2절에서 다룹니다.
물등록부에 저작자로 등록된 사람을 저작자로 추정하는 것입니다.

따라서 A가 어떤 콘텐츠의 저작자로 등록되어 있다면, A는 그 등록증만 제시하면 자신이 저작자라고 주장할 수 있습니다. 등록증과 다르게 B가 저작자라고 주장하는 사람은 B가 실제로 창작하였다는 실질적인 증거를 제시해서 입증해야 합니다.

직원이 창작한 경우 — 업무상저작물

사회가 점점 복잡해지고 콘텐츠의 제작 기법이 발달하고 콘텐츠의 규모도 커지면서, 하나의 콘텐츠를 제작하더라도 혼자서 작업하는 경우는 오히려 드물고 여러 사람이 공동으로 작업하거나 회사 같은 조직체에서 다수의 직원들이 함께 제작하는 경우가 많아지고 있습니다. 그러나 저작권법은 회사 명의로 공표되는 저작물은 회사와 직원의 공동저작물이 아니라 처음부터 회사만이 저작자가 된다고 규정합니다.

저작권법

제9조(업무상저작물의 저작자)

법인등의 명의로 공표되는 업무상저작물의 저작자는 계약 또는 근무규칙 등에 다른 정함이 없는 때에는 그 법인등이 된다. 다만, 컴퓨터 프로그램 저작물(이하 "프로그램"이라 한다)의 경우 공표될 것을 요하지 아니한다.

즉, 회사 명의로 공표되는 저작물은 회사와 직원의 공동저작물이 아니라 처음부터 회사가 단독 저작자가 되는 것입니다. 이렇듯 회사가 저작자인 저작물을 업무상저작물이라고 합니다.

업무상저작물이 되는 5가지 요건은 다음과 같습니다.

업무상저작물이 되는 5가지 요건

1. 회사가 저작물의 제작을 기획할 것

2. 회사 업무에 종사하는 자가 작성할 것

3. 업무상 작성하는 콘텐츠일 것

4. 회사 명의로 공표되는 것일 것

5. 계약 또는 근무규칙 등에 다른 규정이 없을 것

업무상저작물이 되는 5가지 요건 중 '회사 명의로 공표되는 것일 것'에서 '공표된'이 아니라 '공표되는'이라고 규정되어 있는 점을 주의하세요. '공표되는'이라고 되어 있기 때문에, 반드시 이미 공표가 되어 있어야 하는 것은 아닙니다. 회사 명의로 공표할 것이 예정되어 있기만 하면 이 요건은 충족됩니다.

'공표되는'의 의미

애니메이션이라든가 온라인 게임, 컴퓨터 프로그램 같은 것은 최종 공표하기 전에 버그를 잡기 위한 '베타 버전'(Beta Version)을 만들어 테스트를 합니다. 이런 베타 버전은 공표가 되지 않습니다. 그러나 이런 베타 버전도 회사가 권리를 가져야 합니다. 그렇지 않으면 거의 완성 단계에 이른 베타 버전을 직원이 들고 나가 자기 저작물이라고 주장할 수 있기 때문입니다. 그래서 '공표된'이 아니라 굳이 '공표되는'이라고 규정하고 있는 것입니다.

02-2 저작권 — 저작자의 권리는 어떤 것들이 있나요?

저작권은 저작자의 권리, 즉 저작자가 자신의 창작물에 대해 갖는 권리입니다. 저작권은 저작물을 창작한 시점부터 발생하지만 혹시 모를 분쟁을 대비해 저작권을 등록해 두는 게 좋습니다.

 저작권 등록하기

저작권은 한국저작권위원회에서 쉽고 편리하게 등록할 수 있습니다. 비용은 온라인으로 신청할 경우 저작권 등록 23,600원(컴퓨터 프로그램 : 53,600원), 양도 등 권리 변동 등록 78,240원(컴퓨터 프로그램 : 84,000원)입니다.

▶ 저작권 등록비는 2022년 4월 기준입니다.

한국저작권위원회 홈페이지(www.copyright.or.kr) → 사업 → 저작권 등록

저작권을 등록해 두면 누가 저작자인지 논란이 일거나 창작 시점에 관한 분쟁이 생겼을 때, 또는 여러 사람이 저마다 저작권을 양도받았다고 주장할 때 법적 혜택을 받을 수 있습니다. NFT에 올린 콘텐츠, 메타버스에 올린 아이템들도 직접 창작한 것이라면 저작권 등록을 할 수 있습니다.

저작권의 종류

저작권은 크게 저작인격권과 저작재산권이라는 두 가지 권리로 나눌 수 있습니다.

저작인격권은 저작자가 저작물에 대해 가지는 인격적·정신적 이익을 보호하는 권리로, 공표권, 성명표시권, 동일성유지권의 3가지로 구성됩니다. 저작재산권은 저작물을 이용해 경제적 이익을 얻을 수 있는 권리로, 복제권, 공연권, 공중송신권, 전시권, 배포권, 대여권, 2차적저작물작성권의 7가지로 구성되고요.

결국 저작권에는 모두 10개의 권리가 있습니다. 따라서 저작권으로 금지할 수 있는 행위의 종류도 10가지입니다.

저작권의 종류

저작인격권	공표권	저작물을 공표할지, 한다면 언제 어떤 방식으로 공표할지 선택할 수 있는 권리 → 미공표 저작물을 허락 없이 공표하는 것을 금지할 수 있음
	성명표시권	저작물을 본명, 이명, 무명으로 공표할 권리 → 다른 사람의 이름을 기재하는 것을 금지할 수 있음

저작인격권	동일성유지권	저작물의 내용, 형식, 제호 등이 함부로 수정, 변형당하지 않을 권리
저작재산권	복제권	인쇄, 사진, 복사, 녹음, 녹화 등으로 유형물에 고정할 권리
	공연권	상연, 연주, 가창, 상영, 재생 등을 할 수 있는 권리
	공중송신권	방송, 인터넷 전송, 웹캐스팅을 할 수 있는 권리
	전시권	전시할 권리
	배포권	공중에게 판매 또는 양도할 권리
	대여권	공중에게 빌려줄 권리
	2차적저작물작성권	번역, 편곡, 변형, 각색, 영상화 등을 통해 새로운 저작물로 만들 권리

이와 같이 저작권은 여러 권리를 포괄하기 때문에, 저작물을 복제하거나 공연, 전송, 방송, 디지털음성송신(웹캐스팅), 전시, 배포, 대여, 2차적저작물 작성 등의 행위를 하려면 반드시 저작권자의 허락을 받아야 합니다. 허락받지 않고 이런 행위를 하면 저작권 침해가 됩니다.

1인 미디어 시대에 주목해야 할 3가지 권리

1인 미디어가 크게 유행하는 요즈음 가장 많이 분쟁이 발생하는 권리는 동일성유지권, 복제권, 2차적저작물작성권입니다. 이 3가지 권리부터 자세히 알아보겠습니다.

① 동일성유지권

저작인격권 중에서 가장 중요하고 문제가 가장 많이 생기는 권리입니다. 저작자에게 이 권리가 있기 때문에 다른 사람의 저작물을 이용할 때 그 저작물의 내용이나 형식, 제호(제목)를 함부로 변경해서는 안 됩니다.

저작권법

제13조(동일성유지권)
① 저작자는 그의 저작물의 내용·형식 및 제호의 동일성을 유지할 권리를 가진다.

단순한 오류나 오탈자를 수정한다거나 문법적으로 맞지 않는 사소한 부분을 고친 정도로는 동일성에 손상이 없으므로 동일성유지권 침해가 되지는 않습니다. 그러나 작가가 일부러 오류를 고치지 않았거나 문법적으로 틀린 표현을 사용하는 경우도 있는데, 이때 작가 허락 없이 수정하는 것은 동일성유지권 침해가 될 수 있습니다.

동일성유지권 침해가 될 수 있는 사례
원저작자의 사전 허락 없이 아래 내용을 진행할 경우 동일성유지권 침해가 될 수 있으니 주의해야 합니다.
1. 유튜브에서 서적을 요약해서 소개하는 경우
2. 오디션 프로그램 등에서 기존 대중가요를 변형해서 부르는 경우
3. 작품을 패러디(parody)한 경우

한편 부득이한 경우에는 다른 사람의 작품을 허락 없이 변형해도 동일성유지권 침해가 되지 않을 수 있습니다.

> **동일성유지권이 제한되는 경우**
>
> 1. 학교 교육 목적상 부득이한 경우
>
>   ㉔ '토지'라는 소설을 국어 교과서에 기재하려는데 부적절한 비속어, 어려운 한자어가 있어 이를 적절한 단어로 교체한 경우
>
> 2. 건축물의 증축, 개축 그 밖의 변형의 경우
>
>   ㉔ 태풍이나 화재로 인해 손상된 남산타워의 일부분을 수선하려고 하는데 동일한 재료를 구할 수 없어서 부득이 대체 가능한 재료로 수선한 경우
>
> 3. 동일성을 침해하지 않고는 이용하는 것이 기술적으로 어려운 경우
>
>   ㉔ 컬러 사진을 흑백 서적에 게재해 부득이 흑백으로 인쇄한 경우

그러나 다른 사람이 제작한 영상물을 유튜브 영상으로 제작하면서 상영 시간을 줄이기 위해 일부 내용을 삭제하거나 편집하는 것은 부득이한 경우라고 볼 수 없습니다. 이런 경우에는 사전에 허락받는 것이 안전합니다.

② 복제권

저작권을 영어로 copyright라고 하는 것에서 알 수 있듯이, 똑같은 것을 만드는 권리, 즉 복제권은 저작재산권 중에서 가장 기본이 되는 권리입니다.

저작권법 제2조 제22호의 정의 규정에 따르면, '복제'는 "인쇄·사진촬영·복사·녹음·녹화 그 밖의 방법으로 일시적 또는 영구적으로 유형물에 고정하거나 다시 제작하는 것"을 말합니다. 소설이나 시를 인쇄하는 것, 그림이나 조각품을 사진촬영하는 것, 논문을 복사하는 것, 강의나 노래를 녹음하는 것, 뮤지컬이나 오페라를 녹화하는 것 등이

여기에 해당합니다.

'복제'의 정의 규정에서 '영구적'으로 고정하는 것뿐만 아니라, '일시적'으로 고정하는 것도 복제에 해당한다고 되어 있습니다. 이 부분을 주의해야 합니다. 이 말은 '스트리밍' 서비스를 염두에 두고, 그것까지 복제로 본다는 의미입니다. 예컨대 '멜론'과 같은 음원 서비스 사이트에서 '스트리밍' 방식으로 음악을 듣는 것과 같은 경우입니다. 따라서 인터넷을 통해 스트리밍 서비스를 제공하려면 저작재산권자로부터 '전송'에 대한 허락은 물론이고, '복제'에 대한 허락도 받아야 하는 것이 원칙입니다.

③ 2차적저작물작성권

저작권 침해와 관련해서 '불법 복제'와 '표절'이라는 말을 자주 씁니다. 이 두 가지 용어는 같은 것일까요, 아니면 다른 것일까요?

일반적으로 말한다면, 불법 복제와 표절은 각각 다른 저작재산권과 관계가 있습니다. 원저작물과 똑같은 것을 허락 없이 만들면 저작재산권 중 복제권 침해가 되고, 이것은 불법 복제에 해당합니다. 원저작물과 실질적으로 유사한 것을 만들면 저작재산권 중 2차적저작물작성권을 침해한 것이 되는데 이것을 흔히 '표절'이라고 합니다.

▶ '표절'은 법률 용어가 아닌 문화적·윤리적 용어로서, 기존의 저작물을 모방해서 그와 동일한 또는 유사한 작품을 만드는 것을 말합니다. 따라서 엄밀히 말하면 '표절'은 '복제권'과 '2차적저작물작성권' 침해를 모두 포괄하는 넓은 개념이라고 할 수 있습니다. 그러나 이 책에서는 편의상 '표절'을 '2차적저작물작성권 침해'만 의미하는 것으로 하겠습니다.

저작물, 2차적 저작물, 복제의 구분

저작물	저작자가 만든 창작물
2차적 저작물	원저작물을 수정, 변형해서 새로 창작한 것
복제	새로운 창작 없이 원저작물과 똑같이 만든 것

복제물은 원저작물과 똑같이 만든 것이기 때문에 불법 복제물인지 아닌지는 누가 보더라도 비교적 쉽게 판단할 수 있습니다. 그러나 '표절', 즉 실질적으로 유사한 것인지 아닌지는 각자 생각이 다를 수 있어 쉽게 판단하기 어렵습니다. 그래서 실제 재판까지 가는 경우는 '표절인지 아닌지', 즉 2차적 저작물인지 아닌지를 둘러싸고 다툼이 있는 경우가 대부분입니다.

저작재산권의 나머지 권리

④ 공연권

저작권법은 '공연'의 의미를, "저작물 또는 실연·음반·방송상연·연주·가창·구연·낭독·상영·재생 그 밖의 방법으로 공중에게 공개하는 것을 말하며, 동일인의 점유에 속하는 연결된 장소 안에서 이루어지는 송신(전송을 제외한다)을 포함한다"고 정의하고 있습니다(저작권법 제2조 제3호).

매우 복잡한 개념입니다. 사실 '공연'은 저작권법에서 가장 난해한 개념 중 하나입니다. 그러나 이 정의를 한 구절씩 나눠서 풀이해 보면 그리 어렵지 않습니다.

1. 공연은 '저작물'은 물론이고 '실연, 음반, 방송'도 공연할 수 있다.
2. 공연은 상연·연주·가창·구연·낭독·상영·재생 그 밖의 방법으로 이루어진다.
3. '공중에게 공개'하는 것이어야 한다.
4. 동일인의 점유에 속하는 연결된 장소에서 이루어지는 송신도 공연에 해당한다.
5. 전송은 제외된다. '전송'은 쉽게 말해서 인터넷을 통해 송신하는 것을 말한다.

⑤ 공중송신권

'공중송신'이란 "저작물, 실연·음반·방송 또는 데이터베이스를 공중이 수신하거나 접근하게 할 목적으로 무선 또는 유선통신의 방법에 의하여 송신하거나 이용에 제공하는 것"을 말합니다(저작권법 제2조 제7호). 쉽게 말하면 공중송신은 콘텐츠를 유무선 송신하는 모든 형태를 가리키는 넓은 개념입니다.

공중송신에 해당하지 않는 것
- 특정 소수인에 대한 송신(전화, 팩스, 이메일 등)

공중송신에는 '방송', '전송', '디지털음성송신'의 세 가지 서비스 형태가 포함됩니다. 이 세 가지는 각각 별개의 권리입니다. 따라서 방송을 하려면 방송 허락을, 전송을 하려면 전송 허락을, 디지털음성송신을 하려면 디지털음성송신 허락을 각각 받아야 합니다.
물론 포괄적으로 '공중송신'에 대해 허락을 받으면, 방송과 전송, 디지털음성송신을 모두 할 수 있습니다. 디지털음성송신을 보통 '웹캐스팅'이라고도 합니다.

⑥ 전시권

'전시'는 미술저작물 등의 원작(원본)이나 복제물을 공중에게 보여주는 것입니다. 전시권자는 스스로 전시하거나, 또는 타인의 전시를 허락 또는 금지할 수 있습니다.

 디지털 아트도 '전시'로 볼 수 있나요?

전시는 원래 원본이나 복제물, 즉 유형물(물건)을 보여주는 것입니다. 그런데 오늘날 '디지털 아트'(digital art)라고 해서, 원본이나 복제물을 통하지 않고 디지털 파일 상태로 컴퓨터 모니터를 비롯한 다양한 형태의 스크린, 심지어 아무런 스크린도 없는 허공에 현시(顯示)하는 예술 형태가 나타나고 있습니다. 이러한 예술 형태가 저작권법상 전시에 해당하는지, 아니면 다른 권리의 대상이 되는 행위인지 이견이 있습니다.

디지털 아트 예시. 출처 : 세계일보 인터넷 뉴스, 2020. 9. 24.

만약 '전시'에 해당한다면, 디지털 아트 작품을 보여주기 위해서는 저작권자로부터 전시에 대한 허락을 받아야 합니다. 그러나 저작권법상 '전시'는 어떤 기계나 전자장치를 통하지 않고 유형물을 직접 관람할 수 있도록 진열하거나 게시하는 것을 의미합니다.

따라서 미술저작물, 건축저작물, 사진저작물을 필름, 슬라이드, TV 영상, 또는 그 밖의 다른 기계나 장치를 통해 보여주는 것은 공연의 일종인 '상영'에 해당합니다. 다만, 그 과정에서 인터넷을 통하면 '공연'이 아니라 '전송'에 해당하고, 지상파 방송을 통하면 '방송'에 해당합니다.

⑦ 배포권

'배포'는 "저작물 등의 원본 또는 그 복제물을 공중에게 대가를 받거나 받지 아니하고 양도 또는 대여하는 것"을 말합니다(저작권법 제2조 제23호). 쉽게 말하면 그림의 원본이나 책(복제물) 따위를 공중에게 무상 또는 유상으로 '팔거나 빌려주는' 것입니다. 이런 배포 행위를 통제할 수 있는 권리가 배포권입니다.

따라서 저작물의 복제물, 예를 들어 서점에서 구입한 책을 다 읽고 나서 중고책으로 팔거나 빌려주는 것도 배포권의 대상이 되므로, 저작권자의 허락을 얻어야 하는 게 원칙입니다.

⑧ 대여권

상업용 음반(CD 등)이나 상업적 목적으로 발매된 프로그램을 영리 목적으로 대여하는 행위에 대해서는 '최초 판매의 원칙'이 적용되지 않고, 저작권자의 허락을 받도록 하는 것이 대여권입니다(저작권법 제21조).

▶ 저작권의 10가지 권리 중 공표권과 성명표시권은 상대적으로 문제되는 경우가 많지 않아 NFT·메타버스에 집중한 이 책에서는 상세한 설명을 생략했습니다.

최초 판매의 원칙

중고책을 판매하는 '알라딘' 같은 서점이나 동네 도서대여점은 저작권자들로부터 일일이 허락을 받고 있을까요? 아닙니다. 저작권자의 허락을 받지 않고 중고서적 판매나 도서대여를 하는 것이 가능한 이유는 '최초 판매의 원칙'(first sale doctrine)이라는 배포권에 대한 중대한 예외규정이 있기 때문입니다.

최초 판매의 원칙은 저작권법 제20조 단서 규정으로, 저작물의 원본이나 복제물이 저작권자의 허락을 받아 최초 판매가 이루어진 경우 그다음부터는 배포권이 작용하지 않는다는 것입니다.

02-3 저작물을 이용할 수 있는 방법

저작물을 당당하게 사용할 수 있는 방법은 없을까요? 저작권을 침해하지 않고 저작물을 이용할 수 있는 방법은 이용허락을 받고 사용하는 것입니다. 단, 이용 방법과 조건이 정해져 있으면 그 안에서만 이용해야 합니다.

> **저작권법**
>
> **제46조(저작물의 이용허락)**
> ① 저작재산권자는 다른 사람에게 그 저작물의 이용을 허락할 수 있다.
> ② 제1항의 규정에 따라 허락을 받은 자는 허락받은 이용 방법 및 조건의 범위 안에서 그 저작물을 이용할 수 있다.
> ③ 제1항의 규정에 따른 허락에 의하여 저작물을 이용할 수 있는 권리는 저작재산권자의 동의 없이 제3자에게 이를 양도할 수 없다.

허락 없이 저작물을 이용할 수 있는 경우

저작권법에서는 저작자의 허락을 받지 않고도 저작물을 자유롭게 이용할 수 있는 경우에 대해 규정해 두었습니다. 이렇게 자유이용 규정을 두는 이유는 저작권법이 문화 발전을 목적으로 제정되었기 때문입니다.

> **저작권법**
>
> **제1조(목적)**
> 이 법은 저작자의 권리와 이에 인접하는 권리를 보호하고 저작물의 공정한 이용을 도모함으로써 문화 및 관련 산업의 향상발전에 이바지함을 목적으로 한다.

저작자의 허락을 받지 않고도 저작물을 자유롭게 이용할 수 있는 경우는 저작권법 제23조부터 제35조의5까지 규정되어 있습니다. 이렇게 권리자의 허락이 없어도 저작물을 자유롭게 이용할 수 있는 경우가 많다는 것은 저작권법의 큰 특징입니다. 같은 지적재산권법 중에서 산업재산권 분야인 특허법, 디자인보호법, 상표법에는 이런 자유이용 규정이 거의 없습니다.

저작물을 자유롭게 이용할 수 있는 저작권법 규정

- 제23조(재판 등에서의 복제)
- 제24조(정치적 연설 등의 이용)
- 제24조의2(공공저작물의 자유이용)
- 제25조(학교교육 목적 등에의 이용)
- 제26조(시사보도를 위한 이용)
- 제27조(시사적인 기사 및 논설의 복제 등)
- 제28조(공표된 저작물의 인용)
- 제29조(영리를 목적으로 하지 아니하는 공연·방송)
- 제30조(사적이용을 위한 복제)
- 제31조(도서관등에서의 복제 등)
- 제32조(시험문제를 위한 복제)
- 제33조(시각장애인 등을 위한 복제 등)
- 제33조의2(청각장애인 등을 위한 복제 등)
- 제34조(방송사업자의 일시적 녹음·녹화)
- 제35조(미술저작물 등의 전시 또는 복제)
- 제35조의2(저작물 이용과정에서의 일시적 복제)
- 제35조의3(부수적 복제 등)
- 제35조의4(문화시설에 의한 복제 등)
- 제35조의5(저작물의 공정한 이용)

다만 저작권법 제25조와 제31조는 완전한 자유이용이 아니어서 대학 이상의 학교 및 국가나 지방자치단체가 운영하는 교육기관은 저작재산권자에게 보상금(문화체육관광부 고시 기준)을 지급해야 합니다.

▶ 고등학교와 그에 준하는 학교 이하의 학교에서 복제 등을 하는 경우에는 보상금을 지급하지 않아도 됩니다(저작권법 제25조 제6항).

여기서는 저작물을 자유롭게 이용할 수 있는 규정 중 대표적으로 가장 많이 문제가 되는 2가지를 살펴보겠습니다.

① 공표된 저작물의 인용

> **저작권법**
>
> **제28조(공표된 저작물의 인용)**
> 공표된 저작물은 보도·비평·교육·연구 등을 위하여는 정당한 범위 안에서 공정한 관행에 합치되게 이를 인용할 수 있다.

저작권법 제28조에 나오는 '공표된 저작물'의 인용은 자유이용 중에서 가장 자주 이용되고, 그만큼 저작권 분쟁이 많이 발생하는 규정입니다. 이 규정이 적용되기 위한 요건 중에 ① 어느 범위까지가 정당한 범위인지, ② 어떤 경우가 공정한 관행에 합치되는지 모호한 경우가 많기 때문입니다. 그래서 인용을 하는 사람과 인용을 당하는 사람 사이에 서로 견해가 달라서 다툼이 많이 발생하는 것이지요.

그러면 인용이 적용되기 위한 요건을 좀 더 상세히 살펴볼까요? 먼저 ① 정당한 범위인지를 판단하는 기준으로 널리 사용하는 것은 주종 관계입니다. 질적·양적인 면에서 인용하는 나의 저작물이 주(主)가 되고, 인용되는 다른 사람의 저작물이 종(從)이 되는 관계에 있어야 합니다.

다음으로 ② 공정한 관행에 합치해야 한다는 것은 인용하는 나의 저작물과 인용되는 다른 사람의 저작물을 명확하게 구분해야 한다는 것입니다.

이 두 가지 요건에 맞는다면 일단 자유롭게 인용할 수 있습니다. 그러나 요건에 맞는지 아닌지는 각자 판단이 다를 수 있기 때문에 분쟁이 자주 일어납니다.

② 저작물의 공정한 이용

저작권법 제35조의5에 규정된 저작물의 공정한 이용(fair use)은 자유 이용을 포괄적으로 허용해 준다는 점에서 큰 의미가 있습니다. 원저작자의 이익을 부당하게 해치지 않는다면 일단 공정한 이용이라고 볼 수 있습니다.

그런데 공정한 이용이라는 개념이 매우 추상적이죠? 공정한 이용인지 아닌지는 사람마다 다르게 판단할 수 있으니까요. 그래서 공정한 이용 여부를 판단하는 요건을 제2항에서 제시하고 있습니다. 자신이 저작자의 이익을 해치지 않고 공정하게 이용했는지를 판단하려면 제2항의 4가지 요건을 종합적으로 살펴야 합니다.

 **저작권법과 함께 알아야 하는 권리**
— 초상권, 퍼블리시티권

초상권

자신의 얼굴이나 모습, 이름, 이미지 등이 허락 없이 촬영되거나 이용되지 않을 권리로서, 개인의 사생활과 프라이버시에 관한 것입니다.

퍼블리시티권

사람의 이름, 용모, 목소리 등을 광고 등 상업적으로 사용할 수 있는 권리를 말합니다. 상업적으로 이용하는 권리라고 해서 유명 연예인만 퍼블리시티권 (right of publicity)을 가지는 것은 아닙니다. 최근에는 광고, 홍보 등에 일반인이 모델로 등장하는 경우도 많아서 연예인이 아니어도 특정인을 지속적으로 또는 중심적인 모델로 촬영하거나 그러한 사진, 영상 등을 활용할 때는 퍼블리시티권을 침해하지 않는지 주의해야 합니다.

초상권, 퍼블리시티권 침해 여부와 대처법

① 길에서 우연히 찍힌 경우

공개된 장소에서 모습을 드러낸 것이기에 초상권, 퍼블리시티권의 침해로 보기 어렵습니다. 그러나 특정인을 지속적으로 촬영하거나 또는 중심 모델로 삼으면 초상권, 퍼블리시티권 침해가 됩니다.

② 식당이나 카페에서 찍힌 경우

사적인 공간이 많기 때문에 허락 없이 촬영하고 공개할 경우 문제가 될 수 있습니다. 배경에 찍힌 사람의 모습이 알아볼 수 있을 정도로 분명하다면 편집하거나 모자이크 처리를 해주는 것이 좋습니다.

③ 시사보도 영상물에 찍힌 경우

도박의 위험성과 중독성을 알리는 시사보도 영상과 같은 경우 비록 배경에 잠깐 등장해도 얼굴을 알아볼 수 있다면 명예훼손이 될 수 있습니다. 따라서 영상의 내용에 따라 특정인에게 모욕을 줄 수 있다면 누구인지 식별할 수 없을 정도로 반드시 모자이크 처리를 해야 합니다.

초상권과 퍼블리시티권의 차이점

초상권은 인격적 권리인 데 반해 퍼블리시티권은 재산적 권리입니다. 초상권 침해는 정신적 손해배상인 위자료를 청구하지만, 퍼블리시티권 침해는 재산적 손해배상을 청구하게 됩니다. 보통 초상권과 퍼블리시티권 침해의 손해배상 청구는 함께 진행되는 경우가 많습니다.

▶ 초상권은 인격적 권리이므로 반드시 본인만 주장할 수 있습니다.

- **초상권** : 인격적 권리 → 위자료 배상
- **퍼블리시티권** : 재산적 권리 → 재산적 손해배상

알아두면 좋아요! **퍼블리시티권의 최근 추세**

퍼블리시티권을 보호하는 법은 따로 없었습니다. 그래서 우리나라 법원에서는 퍼블리시티권을 인정한 판례와 인정하지 않은 판례가 엇갈렸는데, 최근 들어 인정하는 쪽으로 판례의 흐름이 바뀌었습니다. 이러한 흐름을 반영해 2021년에 개정된 부정경쟁방지법에 퍼블리시티권을 침해하는 행위를 부정경쟁행위로 규제하는 조항이 들어갔고, 이 조항은 2022년 4월 20일부터 효력이 발생합니다. 또한 현재 국회에 발의되어 통과를 기다리고 있는 저작권법 개정안에도 퍼블리시티권을 보호하는 규정이 포함되었습니다.

 **스페셜 03** 저작권법과 함께 알아야 하는 법
— 부정경쟁방지법, 상표법, 디자인보호법

저작권 침해는 성립하지 않지만 다른 권리를 침해하여 손해배상을 해야 하는 경우도 있습니다. 그러므로 콘텐츠와 관련한 분쟁이 발생했을 때 저작권법뿐만 아니라 부정경쟁방지법 등 관련 법도 알아두면 좋습니다. 콘텐츠와 관련한 분쟁에서 저작권법 외에 특별히 유의해야 할 법으로 부정경쟁방지법, 상표법, 디자인보호법을 살펴보겠습니다.

부정경쟁방지법

이 법의 정식 명칭은 '부정경쟁방지 및 영업비밀보호에 관한 법률'입니다. 쉽게 말해 부정하게 경쟁하는 것을 방지하기 위한 법률이지요. 다른 사람이 노력해 쌓아온 명성이나 성과를 허락도 받지 않고 이용한다면 부정경쟁방지법에 저촉될 수 있습니다. 이 법에서 콘텐츠 분쟁과 관련해 특히 문제가 되는 것으로 혼동 초래 행위와 성과 도용 행위가 있습니다.

혼동 초래 행위	상품(콘텐츠)의 주체가 누구인지, 상품(콘텐츠)의 품질이 어떠한지 혼동을 일으키는 행위
성과 도용 행위	다른 사람이 열심히 투자하고 노력해서 이루어놓은 경제적 가치가 있는 성과물을 허락 없이 가져다 쓰는 행위

혼동 초래 행위의 사례

상품이나 캐릭터의 명칭, 모양, 슬로건이나 광고 문구 등에서 많이 볼 수 있습니다.

① 제목

저작권법은 제목을 보호하지 않습니다. 따라서 다른 사람이 이미 사용한 제목이어도 저작권법에서는 이용이 허용됩니다. 그러나 대중에게 널리 알려진 제목을 허락 없이 이용하면 혼동을 초래하는 행위가 되어 부정경쟁방지법에서는 금지하고 있습니다.

사례

유명한 시 제목을 마음대로 가져다 쓴 경우

'그대가 옆에 있어도 나는 그대가 그립다'라는 제목의 시가 있습니다. 이 제목을 가져다 쓴다면 어떤 문제가 발생할까요? 저작권법에서는 제목을 보호해 주지 않으므로 아무런 문제가 되지 않습니다. 그러나 사람들에게 널리 알려진 이 시의 제목을 시인의 허락도 받지 않고 가져다 쓴다면 부정경쟁행위가 될 수 있습니다. 마치 내 창작물이 시인과 어떤 관계가 있는 것처럼 혼동을 일으킬 수 있기 때문입니다. 실제로 어느 커피 회사 광고 영상물에서 이 시의 제목을 자막으로 사용했다가 부정경쟁방지법의 혼동 초래 행위로 문제가 된 적이 있습니다.

② 캐릭터의 명칭

캐릭터의 명칭도 제목에 해당하므로 저작권법의 보호를 받지 못합니다. 그러나 부정경쟁방지법의 보호는 받을 수 있습니다. 예를 들어 미키마우스처럼 유명한 캐릭터의 명칭을 함부로 사용하면 저작권법이 아니라 부정경쟁방지법을 위반하는 문제가 발생합니다.

③ 슬로건, 광고 문구

슬로건이나 짧은 광고 문구, 개그 멘트 같은 것은 일반적으로 저작권법의 보호를 받지 못합니다. 그러나 이런 문구도 대중에게 널리 알려지면 부정경쟁방지법의 보호를 받을 수 있습니다.

성과 도용 행위의 사례

다른 사람이 노력해 이룬 성과를 무단 이용했다고 해서 곧바로 성과 도용 행위가 성립하는 것은 아닙니다. 저작권법에서 허용되는 행위를 부정경쟁방지법의 성과 도용 행위로 규제하려면 다음과 같은 요건을 갖추어야 합니다.

> **성과 도용 행위의 요건**
> - 부정한 수단으로 타인의 성과나 아이디어를 취득하는 행위여야 합니다.
> - 경쟁자의 영업을 방해하는 행위여야 합니다.
> - 건전한 상거래 질서에 위배되는 행위여야 합니다.

이와 같이 공정한 거래질서와 자유로운 경쟁질서에 비추어볼 때 현저하게 위반해서 정당화될 수 없는 경우에만 성과 도용 행위로 규제합니다.

 사례 **피부과 before & after 사진의 경우**

피부과 병원에서 before & after 사진을 홍보용으로 사용하는 경우를 많이 볼 수 있습니다. 이러한 사진은 누가 촬영해도 같거나 비슷할 수밖에 없어서 창작성이 없다고 판단하여 저작권의 보호를 받지 못합니다. 그러나 병원에서 before & after 사진을 축적하려면 오랜 기간 많은 환자를 수술해야 하고, 또한 그 환자들에게 일일이 사진 사용에 대한 동의를 받는 등 상당한 투자와 노력을 해야 합니다. 그러므로 이런 사진을 허락 없이 다른 병원에서 이용한다면, 저작권 침해는 되지 않지만 성과 도용 행위로 부정경쟁방지법을 위반한 책임을 져야 합니다.

상표법

저작권과 상표권은 각각 별도로 성립할 수 있으며, 먼저 성립한 권리에 우선권이 있습니다.

그런데 상표권은 특허청에 상표 등록을 해야 비로소 생기지만 저작권은 창작과 동시에 생기므로 저작권이 먼저 성립됩니다. 따라서 저작권자와 상표권자가 다르면 저작권자가 우선하므로 상표권자는 저작권자의 허락 없이 상표권을 사용할 수 없습니다. 상표권 침해가 되려면 다음 요건에 해당해야 합니다.

상표권의 침해 요건
- 상표를 허락 없이 사용해야 합니다.
- 이와 같은 행위가 '상표적 사용'에 해당해야 합니다.

'상표적 사용'이란 무엇일까요? 이 개념을 이해하려면 상표의 기능이 무엇인지 알아야 합니다. 상표는 상품에 기호나 문자, 도형 등으로 출처를 표시하기 위해 사용하는 표장입니다. 상표는 어떤 상품이나 서비스가 누구로부터 나온 것인지를 표시해 주므로 상표의 본질적인 기능은 '출처 표시'라고 할 수 있습니다. 이렇게 상품이나 서비스의 출처(제공자)를 표시하기 위해 사용하는 것을 상표적 사용이라고 합니다. 따라서 어떤 도형이나 이미지, 단어 조합을 출처 표시가 아니라 단지 제품을 설명하려고 사용했다면 상표적 사용이 아니므로 상표권 침해가 성립하지 않습니다.

디자인보호법

저작권 침해는 되지 않지만 디자인보호법에서 규정한 디자인권을 침해하는 경우가 있습니다. 대표적인 것이 글꼴(서체) 디자인입니다. 저작권법은 글꼴

자체를 저작물로 인정하지 않아 보호하지 않습니다. 다만, 글꼴을 담은 글꼴 파일은 컴퓨터 프로그램으로 보고 보호하고 있습니다. 그러므로 글꼴 파일을 불법으로 내려받지 않았다면 저작권 침해로 볼 수 없습니다.

디자인보호법

제94조(디자인권의 효력이 미치지 아니하는 범위)

② 글자체가 디자인권으로 설정등록된 경우 그 디자인권의 효력은 다음 각 호의 어느 하나에 해당하는 경우에는 미치지 아니한다.

1. 타자·조판 또는 인쇄 등의 통상적인 과정에서 글자체를 사용하는 경우
2. 제1호에 따른 글자체의 사용으로 생산된 결과물인 경우

그러나 글꼴을 디자인으로 출원해 등록을 받으면 디자인보호법으로 보호받을 수 있습니다. 다만 타자나 조판, 인쇄 등의 통상적인 과정에서 글꼴을 사용하는 경우와 그 결과 생산된 결과물에는 디자인권의 효력이 미치지 않습니다.

둘째
마당

NFT의
법률 문제

NFT는 디지털 콘텐츠와 밀접한 관련이 있기 때문에 지적재산권의 보호를 받습니다. 그러나 새로 생겨난 개념인 만큼 아직 명확한 기준이 세워지지 않아 여러 가지 법률적 문제를 안고 있습니다. 그중에서도 특히 저작권과 관련해 다양한 쟁점을 제기합니다. 둘째마당에서는 이러한 문제를 풀어나가기 위한 지침을 관련 법률과 Q&A를 통해 제공합니다.

03 · 내 것인 듯 내 것 아닌 아리송한 NFT

04 · NFT 거래자들이 부딪히는 법적 문제

05 · NFT 관련 Q&A

03

내 것인 듯 내 것 아닌
아리송한 NFT

NFT는 대체 불가능한 토큰으로서 디지털 콘텐츠의 원본 소유 증명의 역할을 합니다. 이러한 NFT의 성질과 관련해서 가장 기본적으로 제기되는 쟁점은, NFT로 해당 디지털 콘텐츠에 대해 어느 범위까지 권리를 주장할 수 있는가 하는 점입니다. 특히 NFT 콘텐츠는 소유권자와 저작권자가 각각 존재할 수 있고, 두 당사자의 권리가 내용적으로 중복되는 부분이 많기 때문에 충돌할 가능성이 높습니다. 이러한 권리의 충돌 문제를 어떻게 풀어나가야 할지 알아봅니다.

03-1 • NFT는 무엇인가요?
03-2 • 법률적 관점에서 본 NFT

03-1 NFT는 무엇인가요?

NFT는 대체 불가능 토큰

NFT(non-fungible token)는 '대체 불가능한 토큰'을 의미합니다. NFT는 블록체인 기술을 이용하지만 하나의 토큰에 고유한 인식 값을 담고 있어서 기존의 디지털 콘텐츠나 가상자산과 달리 유일무이한 독자성을 가지며, 다른 것으로 대체될 수 없는 특징을 갖고 있습니다. 그래서 대체 불가능한 토큰이라고 부릅니다. 이러한 특징을 이용해 자신의 소유권을 명확히 할 수 있고, 게임·예술품·부동산 등의 기존 자산을 디지털 토큰화하는 수단이 될 수 있습니다.

블록체인이란?

블록체인은 블록(block) 안에 데이터를 담고 암호화된 체인으로 연결해 데이터를 분산 저장·처리하는 기술입니다. 분산된 데이터는 네트워크에 참여한 사람들에 의해 쪼개져 관리되는데, 가령 블록을 새로 만들어 연결하려면 이전 블록의 체인에 연결하고 거래 내역의 사본을 만들어 체인에 연결된 참여자들의 디지털 장비에 분산·저장합니다. 이렇듯 하나의 중앙 서버에 저장 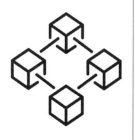 하는 것이 아니라 데이터베이스를 분산 저장하므로 해킹이 어렵고 관리 비용도 절감되는 장점이 있습니다.

블록체인 기술은 여러 분야에서 가능성을 보이고 있는데, 가장 대표적인 사례가 가상화폐 비트코인(bitcoin)과 최근 이슈가 되고 있는 NFT입니다.

NFT는 블록체인을 기반으로 하고 있어 소유권과 판매 이력 등의 정보가 모두 블록체인에 저장됩니다. 따라서 최초 발행자를 언제든 확인할 수 있어 위조 등이 불가능하다고 알려져 있습니다. 또 기존 암호화폐 등의 가상자산이 발행처에 따라 균등한 조건을 가져 서로 교환이 가능한 반면 NFT는 고유한 인식 값을 담고 있어서 서로 교환할 수 없다는 특징이 있습니다. 예컨대, 비트코인 1개당 가격은 동일하지만 NFT가 적용될 경우 하나의 코인은 다른 코인과 대체 불가능한 별도의 인식 값을 갖게 됩니다.

가상자산의 열풍을 탄 NFT

앞서 살펴본 것처럼 NFT는 블록체인 기술을 기반으로 합니다. 대표적인 사례로는 라바 랩스(Larva Labs)에서 만든 이더리움 기반 프로젝트인 '크립토펑크'(Cryptopunks)와 게임사 대퍼랩스(DapperLabs)가 개발한 게임 '크립토키티'(CryptoKitties)가 있습니다.

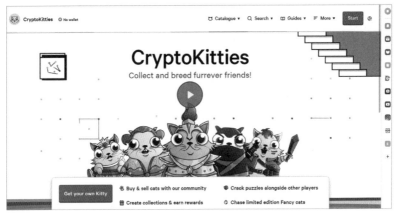

NFT 속성을 가진 고양이를 교배해 희귀한 고양이를 만드는 게임 '크립토키티'의 공식 홈페이지

두 예시는 각각 미술과 게임에 NFT가 어떻게 접목할 수 있는지를 보여주는 대표적인 사례라고 할 수 있습니다.

03-2 법률적 관점에서 본 NFT

대체 불가능이란? — '대체물'과 '부대체물'

모든 물건은 대체물(代替物)과 부대체물(不代替物)로 나눌 수 있습니다. 대체물이란 거래를 할 때 물건의 개성이 중요하지 않아서 대체성이 있는 물건, 다시 말하면 같은 종류, 같은 품질, 같은 분량의 다른 물건으로 바꾸더라도 영향이 없는 물건입니다. 대표적인 것이 화폐입니다. 오만원짜리 물건을 구입할 때 내 지갑에 있는 만원짜리 지폐 5장으로 지불을 하든, 다른 사람이 가지고 있는 만원짜리 지폐 5장을 빌려 지불을 하든 상관이 없습니다. 쌀이나 밀 같은 곡물, 석유 같은 원료도 대체물이라고 볼 수 있습니다. 쌀 10kg을 구입할 때, 어느 정미소에서 생산한 것이든 종류와 품질, 분량이 같으면 상관이 없습니다. 암호화폐도 대체물이라고 할 수 있습니다. 비트코인을 거래할 때 그 비트코인이 어느 지갑에서 나왔는지는 중요하지 않습니다. 어떤 지폐든 5달러는 5달러의 교환가치를 가지는 것처럼, 비트코인 역시 1비트코인은 1비트코인의 가치를 가집니다.

이에 반해 부대체물은 대체성이 없는 물건, 즉 물건을 바꾸게 되면 거래 내용에 실질적인 영향을 주고 변화를 가져오는 물건을 말합니다. 예를 들어 골동품이라든가 유명 조각가의 조각 작품 같은 것이 이에 해당한다고 하겠습니다.

대체물과 부대체물은 물건의 객관적 성질에 따라 구별됩니다. 이와 반대로, 물건의 객관적 성질과 상관없이 거래 당사자의 의사에 따라 대체가 가능한지 여부를 구분하는 특정물과 불특정물이 있습니다. 대체물이라 하더라도 거래 당사자가 어느 하나를 특별히 지정해서 거래하기를 원하면 그 특정된 물건은 애초엔 대체물이지만 해당 거래에서는 대체할 수 없는 특정물이 됩니다. 예를 들어 쌀 10kg은 대체물이지만, A와 B 거래 당사자가 A의 창고에 별도로 보관되어 있는 쌀 10kg을 콕 집어서 구매하기로 약정한다면 그 쌀 10kg은 특정물이 되는 것입니다.

NFT의 특징 ① — NFT는 고유성을 가진 부대체물이다

NFT가 대체 불가능한 토큰을 의미한다고 했지요? 쉽게 말하면, NFT는 종류와 품질, 분량이 동일하다 하더라도 자유롭게 교환하거나 대체할 수 없다는 말입니다. 각각의 NFT는 고유한 존재이며 어느 한 NFT를 다른 NFT로 교환하거나 대체할 수 없습니다. A라는 NFT를 거래하기로 했는데, 자기 마음대로 B라는 NFT를 대신 줄 수 없습니다. 비록 A와 B가 종류와 품질, 분량이 같거나 비슷하더라도 마찬가지입니다.

NFT의 특징 ② — 디지털 콘텐츠에 '원본' 개념이 생기다

디지털 콘텐츠는 복제에 시간이 거의 걸리지 않고 큰 노력도 필요 없어서 무한 복제가 가능하며, 원본과 질적인 차이가 없습니다. 이 점은 디지털 콘텐츠가 아날로그 콘텐츠와 대비되는 매우 중요한 차이점입니다. 예를 들어, 대표적인 아날로그 콘텐츠라 할 수 있는 '책'을 복사기로 복사하면 시간이 많이 걸리고 계속 복사기를 작동시켜야 하는 등 많은 노력이 필요하기 때문에 대량 복제를 하기에 매우 불편합니다. 또 복사를 하게 되면 아무래도 원본과 같은 품질로 나오지는 않습니다.

반면에, 디지털 콘텐츠로 된 '전자책'(e-book)은 순식간에 대량 복제가 가능하고, 복제된 파일이나 원본 파일이나 질적으로 아무런 차이가 없습니다. 따라서 디지털 콘텐츠는 대체물이라고 볼 수 있습니다. 반면에 아날로그 콘텐츠 중에서 미술저작물이나 사진저작물, 건축저작물 같은 작품들은 원본(원작)이라는 개념이 있기 때문에 부대체물에 해당합니다. 인간의 사상이나 감정이 창작적으로 표현된 콘텐츠를 저작물이라고 하고, 그 표현이 맨 처음 고정된 유체물(물건)을 원본이라고 합니다. 그 원본을 토대로 인쇄, 사진촬영, 복사, 녹음, 녹화 등의 방법을 통해 원본과 동일하게 만들어낸 것을 복제물이라고 하고요.

원래 디지털 콘텐츠는 원본과 복제물의 구분이 어렵기 때문에 대체물이라고 볼 수 있지만, 디지털 콘텐츠(예를 들어, 디지털 이미지)를 민팅해 블록체인상의 토큰으로 만들게 되면 단 하나뿐인 NFT로 바꿀 수 있습니다. 대체물인 디지털 콘텐츠를 부대체물로 탈바꿈시켜 새로운 원본이 하나 탄생하는 것입니다.

'민팅'이란?

'민팅'(minting)은 블록체인 자산을 생성하는 과정으로 서로 다른 암호화폐가 상대편 체인에 생성되고 교환되는 것을 의미하며, 코인을 주조하는 행위를 뜻합니다. NFT와 관련해서 '민팅' 또는 'NFT 민팅'이라고 하면, 디지털 콘텐츠를 NFT화시키는 과정으로서 디지털 콘텐츠에 NFT를 부여하는 행위를 의미합니다.

NFT의 특징 ③ — 디지털 자산에 소유권을 부여하다

NFT는 암호화폐에 사용되는 기술인 블록체인을 통해 거래 내역이 검증된 고유한 디지털 아이템을 뜻합니다. NFT는 출처, 소유권의 이력, 희소한 정도가 명확하게 기록되고, 투명하게 공개되며, 네트워크에 영원히 존재할 수 있습니다.

▶ 맷 포트나우·큐해리슨 테리, 《NFT 사용설명서》, 여의도책방(2021), 25쪽 참조.

블록체인에 저장된 정보는 누구든 접근할 수 있다는 공개성과 투명성 때문에 위조나 변조가 거의 불가능하다고 알려져 있습니다. 따라서 블록체인 기술을 기반으로 한 NFT는 자산의 소유권을 명확히 하는 데 확실한 수단이 된다는 점에서 매우 유용합니다. 블록체인 기술을 기반으로 한 NFT는 원본과 복제물의 구분이 어려웠던 디지털 콘텐츠에 원본이라는 개념을 부여함으로써, 디지털 자산의 소유권을 분명히 확인할 수 있게 해줍니다. 또한 블록체인에 저장된 디지털 콘텐츠를 복제하거나 기타 방법으로 이용하면 그 기록이 블록체인 위에 남기 때문에 무단 복제 등의 불법 행위를 추적하고 단속하는 것이 용이해져 저작물의 불법 유통을 방지할 수 있습니다.

NFT의 특징 ④ — 디지털 콘텐츠에 가치를 불어넣다

더 나아가 무한 복제가 가능했기에 가격을 매길 수 없었던 디지털 콘텐츠가 NFT를 통해 복제 불가능한 유일성을 가지는 콘텐츠가 됨으로써 가격을 매길 수 있게 되었습니다. NFT의 등장으로 디지털 콘텐츠에 금전적 가치를 부여하는 혁신이 일어나게 된 것입니다.

캔버스에 그려진 그림이나 조각 작품 같은 아날로그 미술저작물은 원본과 복제물의 구분이 분명했습니다. 그러나 요즘 대세를 이루는 디지털 아트 분야는 디지털 파일 형태의 작품이기 때문에 원본인지 복제물인지 구별이 어렵습니다. 또 원래 원본 개념이 있던 미술 작품도 그 작품을 촬영하거나 스캔해서 디지털 파일로 만들면 역시 원본과 복제물의 구별이 불분명해지게 됩니다. 그랬던 것이 NFT가 등장함으로써 다시금 분명한 원본의 개념이 생겨나게 된 것입니다. 이것이 최근 NFT 거래가 주로 미술 작품을 위주로 이루어지고 있는 이유라고 할 수 있습니다.

앞으로 NFT의 미래는 단순히 미술품에만 그치지 않을 것입니다. 당장은 미술품 쪽으로 NFT 거래가 몰리고 있지만, 조만간 NFT는 인간의 지적 능력이 발휘되는 모든 콘텐츠 분야로 확대될 것입니다. 혹자는 향후 미술품 시장은 전체 NFT 시장의 100분의 1도 채 되지 않을 것이라고 했습니다. 최근 어느 유명 유튜버가 NFT는 "재능을 암호화폐화한 것이다"라고 했는데, 상당히 공감이 가는 말입니다. 저는 이 말을 다음과 같이 바꿔보겠습니다. "NFT는 IP(Intellectual Property, 지적재산)를 암호화폐화한 것이다."

NFT와 NFT 콘텐츠는 구별해야 한다

NFT는 콘텐츠(작품)의 제호, 출처, 발행 시간 및 발행 횟수, 유일 에디션인지 오픈 또는 한정 에디션인지 등 에디션의 개수, 소장 이력, 작품이 판매될 때마다 받을 수 있는 재판매 수익 비율과 같은 계약 조건, 디지털 콘텐츠 원본 파일에 연결되는 링크 등의 정보를 담고 있는 메타데이터의 일종으로 작품 자체는 아닙니다. 민감한 개인정보 등을 담고 있는 디지털 형태의 저작물을 온체인(on chain) 상에 저장하는 것은 여러모로 제약이 있기 때문에 저작물 자체는 블록체인 밖, 즉 오프체인(off-chain)에 저장되어 있는 경우가 많습니다.

이렇듯 NFT 자체에는 메타데이터만 포함되어 있고, 그 NFT를 통해 연결되는 원본 디지털 콘텐츠는 다른 곳에 저장되어 있는 경우가 대부분이라, NFT를 구매할 때 원본 디지털 콘텐츠에 대한 소유권까지 가져오는 것인지는 불분명합니다. 이 점은 일반적인 미술 작품, 음반, 도서 등의 거래와 NFT 거래의 중요한 차이점 중 하나입니다.

따라서 NFT와 NFT 콘텐츠를 구별할 필요가 있습니다. NFT가 블록체인 기술을 통해 소유권, 거래 내역 등의 고유한 정보가 저장된 고유한 해시 값이 있는 토큰 자체라면, NFT 콘텐츠는 NFT와 연결되어 있는 또는 NFT를 통해 거래되는 이미지, 영상, 음원, 텍스트 등의 디지털 콘텐츠를 의미합니다.

그러므로 NFT를 구매할 때는 거래소 약관이나 구매계약서에 기재된 매매 대상에 NFT 콘텐츠에 대한 소유권이 포함되어 있는지를 확인할 필요가 있습니다. 현재 NFT 콘텐츠에 대해 정립된 명칭은 없으며, 통상적으로 NFT 작품, NFT 저작물, NFT 아트 등 다양한 용어로 불리고 있습니다.

온체인이란?

온체인(on-chain)은 블록체인 거래를 기록하는 방식 중 하나로, 네트워크에서 발생하는 모든 전송 내역을 블록체인에 저장하는 방식입니다. 반면 오프체인(off-chain)은 블록체인 밖에 거래 내역을 기록하는 방식입니다. 오프체인은 온체인에서 해결하지 못하는 문제, 예를 들어 처리 속도, 개인정보 보호, 비용 등의 문제를 해결하기 위해 사용됩니다.

NFT 거래자들이 부딪히는
법적 문제

NFT와 관련된 법률 문제는 주로 NFT 판매자가 거래소에 올린 NFT를 구매자가 구입하는 과정에서 발생합니다. 그런데 NFT 판매자와 구매자, 거래소가 부딪히는 법률 문제는 각각 성격이 다릅니다. 이 장에서는 NFT 판매자와 구매자, 그리고 거래소가 주의해야 할 법률 문제와 그 해결 방안을 알아봅니다.

04-1 • NFT 판매자가 주의할 사항
04-2 • NFT 구매자가 주의할 사항
04-3 • NFT 거래소가 주의할 사항

04-1 NFT 판매자가 주의할 사항

남의 콘텐츠를 NFT로 제작해 거래소에 올리려면?

내 콘텐츠가 아닌 다른 사람의 콘텐츠를 NFT로 제작하려면, 두 가지 경우로 나누어 생각해 보아야 합니다. NFT로 제작하려는 다른 사람의 콘텐츠, 즉 NFT의 대상이 저작권의 보호를 받는 경우와 그렇지 않은 경우(예를 들어, 창작성이 없거나 보호기간이 만료된 콘텐츠)입니다.

> ▶ 타인의 콘텐츠를 허락 없이 민팅하여 NFT 거래소에 올리게 되면, 그 콘텐츠가 저작물일 경우 저작권 침해의 책임을 지게 되고, 저작물이 아니라 하더라도 부정경쟁방지법이나 상표법 등의 책임을 질 수 있습니다.

저작권의 보호를 받는 콘텐츠인 경우

먼저 NFT로 제작하려는 대상인 다른 사람의 콘텐츠가 저작물로서 저작권의 보호를 받는 콘텐츠인 경우에는, 그 콘텐츠를 민팅하여 NFT 거래소에 올리기 위해서 두 가지 방법 중 하나를 택해야 합니다. 첫째는 그 저작물의 저작권을 '양도'받는 것이고, 둘째는 그 저작물에 대한 '이용허락'을 받는 것입니다. 저작권 전체에 대해 양도를 받거나 이용허락을 받을 수도 있지만, 저작재산권 중 민팅과 판매에 필요한 지분권만 양도받거나 이용허락을 받을 수도 있습니다. 이러한 양도 또는 이용허락 없이 타인의 저작물을 NFT로 제작하면, 그 행위 유형에 따라 저작재산권 중 연관된 지분권을 침해하는 것이 되고, 따라서 민형사상 책임을 져야 합니다.

보통 콘텐츠를 NFT로 민팅하는 과정에서 복제권을 침해하게 되고, 그것을 거래소에 올리는 과정에서 전송권을 침해하게 됩니다. 또한 메타데이터의 정보 중 저작자 이름 등을 잘못 표시하면 저작인격권 중 성명표시권을 침해하게 됩니다.

'지분권'이란?

첫째마당 02-2에서 살펴보았듯이 저작권에는 저작인격권과 저작재산권이 있습니다. 저작인격권은 다시 공표권, 성명표시권, 동일성유지권의 3가지 권리로 나뉘고, 저작재산권은 복제권, 공연권, 공중송신권, 전시권, 배포권, 대여권, 2차적저작물작성권의 7가지 권리로 이루어져 있습니다. 즉, 저작인격권에는 3개의 지분권이 있고, 저작재산권에는 7개의 지분권이 있습니다.

양도 및 이용허락의 대상이 되는 것은 저작재산권에 속하는 7개의 지분권입니다. 이 중에서 공중송신권에는 전송권과 방송권, 디지털음성송신권의 3개 권리가 포함됩니다.

양도와 이용허락이 없으면 저작권 침해

저작재산권의 양도와 이용허락은 모두 저작권자와의 '계약'을 통해 이루어집니다. 즉, 저작재산권 양도 계약과 이용허락 계약(라이선스)으로 크게 나누어볼 수 있습니다. 그렇다면 저작재산권의 양도와 이용허락은 어떠한 차이점이 있을까요?

① 저작권 양도

저작재산권을 양도하면 그때부터는 양도받은 사람이 저작재산권자가 되고, 저작자는 더 이상 저작재산권자가 아니게 됩니다. 반면에 이용허락(라이선스)만 해주면, 저작자는 여전히 저작재산권을 보유하되, 이용허락을 받은 사람이 허락받은 범위 내에서 저작물을 이용하고 유통할 수 있습니다. 저작자는 라이선서(licensor)가 되고, 이용자는 라이선시(licensee)가 되는 것입니다.

저작재산권을 양도받으면 그때부터는 양도받은 사람이 주체적으로 저작권자가 되어 저작권이 미치는 모든 행위를 독자적으로 할 수 있습니다. 반면에 이용허락은, 허락받은 사람의 행위는 저작권자가 금지시키지 않겠다는 약속이라고 볼 수 있습니다.

우리나라 저작권법은 저작권 양도를 함에 있어서 반드시 서면 계약서를 요구하지 않습니다. 즉, 구두로 양도 계약을 해도 됩니다. 그러나 저작권을 양도받을 때는 서면 계약서를 작성하는 것이 좋습니다. 미국을 비롯한 일부 국가에서는 저작권 양도를 할 때 반드시 서면 계약서에 의할 것을 요구하고 있기 때문입니다. 또한 향후 분쟁의 가능성을 미리 차단하고 양도의 범위와 내용을 분명히 하기 위해서라도 서면 계약서를 작성하는 것이 필요합니다. 서면 계약서라고 해서 반드시 종이로 작성된 계약서만을 의미하는 것은 아니며, e-mail에 첨부된 디지털 문서(전자문서)도 서면 계약서의 효력을 가집니다.

② 저작권 이용허락

이용허락(라이선스)은 일반적으로 이용허락 계약에 명시된 기간 동안 지정된 지역 내에서만 유효합니다. 그런데 NFT는 어느 특정 지역에

국한되지 않고 전 세계적으로 판매될 수 있습니다. 재판매의 경우엔 더욱 그렇고요. 그리고 NFT 판매자는 자기가 판매한 NFT가 영구적으로 보존될 수 있도록 해줄 의무가 있습니다. 따라서 NFT 제작을 위해서는 지역적으로는 전 세계에서, 시간적으로는 영속적으로 유효한 이용허락을 받을 필요가 있습니다.

이용허락 계약에 포함되어야 할 내용

① **라이선스 대상** : 저작물(음악, 텍스트, 영상, 이미지, 그림, 일러스트, 사진 등), 사람의 이름, 초상권, 음성, 상표 등

② **라이선스 제품** : 제작, 생산되어 판매될 제품(NFT도 포함)

③ **계약 지역** : 이용이 허락되는 지역. NFT의 경우 인터넷을 통해 전 세계에 판매되므로 '전 세계'가 되어야 함

④ **계약 기간** : 라이선스 지속 기간

⑤ **독점권** : 권리자가 계약 기간 중 계약 지역 내에서 다른 누군가에게 같은 권리를 라이선스할 수 있는지 여부

⑥ **로열티율** : 전체 판매 금액에서 이용허락을 해주는 권리자가 갖게 되는 금액의 비율

⑦ **선지급금** : 권리자가 받게 되는 선지급금(없을 수도 있음)

⑧ **최저보증금** : 판매 금액에 관계없이 권리자가 받게 되는 최소한의 로열티(없을 수도 있음)

이런 어려움이 있기 때문에 NFT를 비롯한 콘텐츠를 제작하는 창작자들은 이른

▶ 공유저작물 제공 사이트는 셋째마당 319쪽을 참고하세요.

바 '공유저작물'을 활용하는 경우가 많습니다. 공유저작물은 여러 웹사이트에서 구할 수 있는데, 이런 사이트에서는 로열티 프리(royalty-free) 이미지와 동영상에 대한 라이선스를 제공해, 무료로 이미지와

동영상을 이용할 수 있습니다. 하지만 무료로 제공하는 대신 특정한 제약이나 별도의 조건이 있을 수 있으므로 해당 사이트에서 규정하고 있는 라이선스 조건을 잘 확인해 봐야 합니다. 일례로, 상업적인 용도로는 이용할 수 없다거나 출처를 표기하도록 하는 경우가 있습니다. 출처 표시만 하면 된다면, NFT 내에 해당 이미지나 동영상의 출처를 기록하면 됩니다.

지분권을 제각기 분리해서 양도 및 이용허락을 할 수 있나?

저작재산권을 구성하는 7가지 지분권은 각각 나눠서 양도하거나 이용허락을 해줄 수 있습니다. 예를 들어, '라이온킹' 영화의 복제권과 배포권은 A 영화사에게, 공연권(상영권)은 B 영화관에게, 뮤지컬로 만드는 권리(2차적저작물작성권)는 C에게 각각 나누어 양도하거나 이용허락을 할 수 있습니다.

또 7가지 지분권을 지역이나 기간을 구분해 양도하거나 이용허락 할 수도 있습니다. 예를 들어, 한국에서의 공연권은 A에게, 일본에서의 공연권은 B에게, 미국에서의 공연권은 C에게 각각 나누어 양도하거나 이용허락 할 수 있습니다.

그러므로 저작권과 관련된 계약을 체결할 때는 이런 부분에 세심한 주의를 기울여야 합니다. A가 뮤지컬의 저작자이지만 국내 공연권을 B에게 양도한 경우, C가 국내에서 공연을 하기 위해서는 B와 계약을 체결해야지 이미 국내 공연권을 양도한 A와 계약을 해서는 아무 소용이 없습니다.

또한, 이 뮤지컬을 공연이 아니라 영상으로 찍어 유튜브에 올리기 위해서는 이 뮤지컬에 대한 복제권과 전송권을 누가 가지고 있는지를 확인해서 그 사람과 계약을 체결해야 합니다. 영상으로 촬영하는 것은 '복제'에 해당하고, 유튜브에 올리는 것은 '전송'에 해당하는데, 이는 공연과는 별개의 행위이기 때문입니다. 또 이 영상을 민팅해서 NFT 거래소에 올리기 위해서는 그 부분도 특정해서 계약을 체결하는 것이 좋습니다. 유튜브에 올리는 것도 전송이고 NFT 거래소에 올리는 것도 전송이지만, 이 두 가지는 성격이 전혀 다른 별개의 행위이기 때문입니다. 구체적인 행위를 특정하지 않고 막연히 복제 및 전송에 대한 이용허락만 받는다면 나중에 가서 그것이 유튜브에 올리는 것만을 의미하는 것인지, 아니면 NFT 거래소에 올리는 것까지를 포함하는지를 두고 다툼이 발생할 가능성이 있습니다.

그리고 뮤지컬을 촬영해 민팅해서 NFT 거래소에 올리기 위해서는 최소한 복제와 전송에 대한 권리 처리가 필요합니다. 따라서 그 뮤지컬에 대한 복제권을 가진 사람과 전송권을 가진 사람이 각기 다르다면 두 사람 모두와 계약을 체결해야 합니다. 공연권만 가진 사람과 계약을 체결해서는 아무 소용이 없습니다.

이런 부분을 잘못 처리했다가는 크게 낭패를 보게 됩니다. 엉뚱한 사람과 계약을 체결하는 바람에 로열티(사용료)를 다 지불하고도 저작권 침해자로 몰려 애써 녹화한 영상을 사용도 못하고 막대한 손해배상 책임을 지는 것은 물론이고, 전과자가 되고 벌금까지 내야 할 수 있습니다.

'단순 이용허락'과 '독점적 이용허락'의 차이는?

이용허락은 크게 두 종류로, '단순 이용허락'(non-exclusive license)과 '독점적 이용허락'(exclusive license)이 있습니다.

저작권자 A가 B에게 단순 이용허락을 해주었다면, A는 C에게도 중복해서 이용허락을 해줄 수 있습니다. 그러나 B에게 독점적 이용허락을 해주었다면, C에게 중복해서 이용허락을 해주는 것은 B에 대한 계약 위반이 됩니다.

어떤 영화에 대해 A가 저작권을 가지고 있습니다. B는 A로부터 그 영화 중 일부 장면을 민팅해서 NFT 거래소에 올리는 것에 대한 이용허락을 받았습니다. 그런데 제3자 C가 그 영화를 불법 복제한 파일로 허락 없이 민팅해서 NFT 거래소에 올렸다면 B는 C를 상대로 저작권 침해를 주장할 수 있을까요?

B가 단순 이용허락을 받은 경우라면 C를 상대로 저작권 침해를 주장할 수 없습니다. 그러나 독점적 이용허락을 받은 경우엔 가능합니다. 만약에 C가 불법으로 복제(민팅)해 올린 것이 아니라 C 역시 A로부터 이용허락을 받아 올린 것이라면 어떨까요? B가 단순 이용허락을 받은 경우라면 B는 아무런 권리도 행사할 수 없습니다. 단순 이용허락이 원래 다른 사람에게 이중으로 이용허락을 하는 것이 가능하기 때문입니다.

그런데 B가 독점적 이용허락을 받은 경우라면 상황이 다릅니다. 우선 B는 A에 대해 독점적 이용허락 계약을 위반하고 이중으로 이용허락을 했음을 이유로 계약을 파기하거나 손해배상을 청구할 수 있습니다. 그런데 B가 제3자인 C를 상대로 손해배상 청구를 하는 것도 가능할까요? 원래 계약은 계약 당사자 사이에서만 효력을 갖기 때문에 B는 계약 상대방이 아닌 C에 대해서는 손해배상 청구를 할 수 없는 것이 원칙입니다.

그러나 독점적 이용허락을 받았다는 사실을 알면서도 C가 A와 적극적으로 공모하거나 사기, 협박 등 불법적인 수단을 사용해 A와 이용허락 계약을 체결한 경우와 같이 특별한 사정이 있는 때에는 C를 상대로 손해배상 청구를 할 수 있습니다.

저작권 양도 및 이용허락 계약서는 어떻게 작성하나?

일반인은 물론이고 법률 전문가인 변호사들조차도 저작권 양도 또는 이용허락 계약서를 작성하는 일은 쉽지 않습니다. 그러나 아주 편리하고 좋은 방법이 있습니다. 문화체육관광부에서 제정·배포하는 '저작권 표준계약서'를 활용하는 것입니다. '저작권 표준계약서'는 문화체육관광부 홈페이지(www.mcst.go.kr)에서 내려받을 수 있습니다. 공연, 만화, 프로스포츠, 영화, 출판, e스포츠, 방송, 미술, 게임, 드라마대본, 시나리오, 가창, 연주, 연기 등 분야별로 표준계약서 서식을 제공하고 있으니 편리하게 이용하세요.

저작권의 보호를 받지 못하는 콘텐츠인 경우 ① — 저작물의 보호 기간이 만료된 콘텐츠

NFT로 제작하려는 다른 사람의 콘텐츠가 저작물이기는 하지만 이미

저작재산권 보호 기간이 끝난 경우엔 어떻게 할까요? 예를 들면 고흐나 고갱과 같이 오래전에 사망해서 사후 70년의 저작재산권 보호 기간이 만료된 저작물인 경우에는 마음대로 민팅해서 NFT 거래소에 올려도 될까요? 이 경우 저작권 침해 문제는 발생하지 않습니다. 그러나 소유권자의 권리를 침해할 수 있으니 그 부분을 주의해야 합니다. 즉, 고흐의 '해바라기' 그림을 민팅해서 NFT로 제작하면 고흐의 저작재산권은 이미 소멸하였으므로 저작권 침해 문제는 없지만, '해바라기' 그림을 소유하고 있는 '반 고흐 미술관'의 소유권을 침해하는 것이 될 수 있습니다.

> **사례** 홍익대학교에 소장된 이중섭 화가의 '흰 소' 그림
>
> 홍익대학교는 이중섭 화가의 '흰 소' 그림 1점을 소장(소유)하고 있습니다. 이중섭은 1956년에 사망하였으므로 저작재산권 보호 기간이 만료되었습니다. 2013년 개정 저작권법에 따라 1963년 당시 생존해 있던 저작자의 저작재산권 보호 기간은 사후 70년으로 연장되었지만, 그 이전에 사망한 저작자의 작품은 그런 혜택을 받지 못하고 사후 50년까지만 보호를 받기 때문입니다. 그렇다면 홍익대학교에 소장된 '흰 소' 그림을 마음대로 사진촬영해서 이용해도 될까요? 저작재산권은 소멸했지만 홍익대학교의 소유권은 여전히 살아 있기 때문에 홍익대학교의 허락 없이는 함부로 이용할 수 없습니다.

저작권의 보호를 받지 못하는 콘텐츠인 경우 ② — 창작성이 없는 콘텐츠

첫째마당에서 설명한 대로 모든 콘텐츠가 다 저작물이 되어 저작권의 보호를 받는 것은 아닙니다. 콘텐츠 중에는 창작성이 없어서 저작물

이 될 수 없는, 그래서 저작권의 보호를 받지 못하는 콘텐츠들도 많이 있습니다. 또 사람의 정신활동이 개입하지 않고 순수하게 인공지능에 의해서만 작성된 콘텐츠는 아직 보호해 주는 법률이 없어서 저작물이 라 볼 수 없고, 역시 저작권의 보호를 받지 못합니다.

이렇게 NFT로 제작하려는 대상이 저작물이 아닌 경우에는 허락을 받 지 않더라도 저작권 침해 문제는 생기지 않습니다. 다만, 저작물이 아 닌 콘텐츠도 부정경쟁방지법의 보호를 받을 수 있다는 점을 유의해야 합니다.

성과 도용 행위

부정경쟁방지법 제2조 제1호 파목은 "타인의 상당한 투자나 노력으로 만들어진 성 과 등을 공정한 상거래 관행이나 경쟁질서에 반하는 방법으로 자신의 영업을 위하 여 무단으로 사용함으로써 타인의 경제적 이익을 침해하는 행위"를 '성과 도용 행위' 라고 하여 부정경쟁행위의 한 유형으로 규제하고 있습니다.

예를 들어, 연예인이나 유명인사를 촬영한 '파파라치 사진'의 경우 창 작성이 없어서 저작권의 보호를 받을 수 없다는 판례가 있습니다. 그 렇지만 이런 사진을 촬영하기 위해서는 상당한 투자나 노력이 들어가 게 됩니다. 촬영 장비도 구입해야 하고 여러 루트를 통해 파파라치 대 상 인물에 대한 정보를 입수한 후 오랜 시간 잠복하고 기다려야 하지 요. 이렇게 상당한 투자와 노력이 들어간 파파라치 사진을 허락 없이 NFT로 제작해 거래소에 올리게 되면 부정경쟁방지법 위반이 되어 손 해배상 등 책임을 질 수 있습니다.

남의 '상표'를 NFT로 제작하려면?

NFT로 제작하려는 콘텐츠가 상표(trademark) 등록이 되어 있거나 디자인 등록이 되어 있는 경우도 있습니다. 그런 콘텐츠를 허락 없이 NFT로 제작해 올리게 되면 상표권 침해 또는 디자인권 침해가 될 수 있다는 점도 알아두셔야 합니다. 저작물은 아니지만 상표 등록이 되어 있는 경우도 있으니 주의해야 합니다. 주요 기관 및 단체의 로고나 심볼(symbol), 문양, 문장 등은 창작성은 없지만 상표 등록이 되어 있는 경우가 많습니다. 올림픽 오륜마크 같은 것을 예로 들 수 있습니다. 나아가 상표 등록이 되어 있지 않더라도 국내에 널리 알려진 타인의 성명, 상호, 상표, 상품의 용기·포장, 그 밖에 타인의 상품 또는 영업임을 표시한 표지(標識)와 동일하거나 유사한 것을 사용해 NFT를 제작하는 것 역시 부정경쟁방지법 위반이 될 수 있습

▶ 여기서 '표지'는 상품 판매·서비스 제공 방법 또는 간판·외관·실내장식 등 영업 제공 장소의 전체적인 외관을 포함합니다.

니다. 예를 들어, 코카콜라 병의 모양은 세계적으로 널리 알려진 형상이므로, 이 모양을 허락 없이 이용한 콘텐츠를 NFT로 제작한다면 부정경쟁방지법 위반이나 상표권 침해가 될 수 있습니다. 샤넬이나 루이비통 로고, 버버리 문양, 닥스 문양 등도 마찬가지입니다.

상표권 침해가 성립하려면 '상표적 사용'이어야 한다

다른 사람의 상표를 사용한 것이 상표권 침해가 되기 위해서는 그 사용이 '상표적 사용'이어야 합니다. 무슨 말인지 헷갈리지요? 그러나 어렵지 않습니다. 상표의 본질적 기능은 '출처 표시 기능'입니다. 그

상품의 출처, 다시 말해 제조원이 누구인지를 알려주는 것이 상표의 본질적 기능입니다. 감자스낵 '포카칩'의 상표권은 ㈜오리온이 가지고 있습니다. 따라서 감자스낵에 '포카칩'이라는 상표가 붙어 있으면 그 제품의 출처, 즉 제조원이 ㈜오리온이라는 것을 나타냅니다. ㈜오리온에서 제조한 감자스낵이 아닌데도 '포카칩'이라는 상표를 붙이면 출처를 오인하게 만들어 그 상표가 가지고 있는 '출처 표시 기능'을 손상하게 됩니다. 이것이 바로 상표권 침해입니다.

그러면 상표를 사용했지만 '상표적 사용'이 아닌 경우는 어떤 경우일까요? 예를 들어 A 출판사가 가지고 있는 '개념원리'라는 상표가 있습니다. A 출판사가 아닌 다른 출판사가 수학책을 출판하면서 '개념원리'라고 상표를 붙이면 상표권 침해가 됩니다. 마치 그 수학책이 A 출판사에서 나온 것처럼 출처를 오인시킬 수 있기 때문입니다. 그런데 수학강사 B가 A 출판사에서 출판된 '개념원리' 수학책을 기본 교재로 써서 동영상 강의를 촬영하고, 그 영상을 유튜브에 올리면서 '개념원리 제1강'이라고 영상 제목을 붙이는 것은 상표권 침해일까요? 이 경우에는 상표를 사용했지만 상표권 침해가 되지 않습니다. 이 동영상 강의에 '개념원리'라는 명칭을 붙인 것은 그 동영상 강의를 A 출판사에서 제작했다는 의미가 아니라, 그 동영상 강의가 '개념원리'를 기본 교재로 쓰고 있다는 것을 설명하기 위함입니다. 요컨대 '개념원리'라는 상표를 출처(제조원) 표시, 즉 상표적으로 사용한 것이 아니라 B의 상품(인터넷 강의)의 내용을 설명하기 위해 사용한 것일 뿐입니다.

다른 예를 하나 더 들어보겠습니다. '리눅스'라는 명칭은 A 출판사에서 출판하는 서적의 상표로 등록되어 있습니다. A와 아무런 관계가 없는 B는 리눅스 프로그램 사용법을 알려주는 '리눅스 내가 최고야'라는 제목의 책을 출판했습니다. B는 A의 상표권을 침해한 것일까요? 침해가 아닙니다. B가 '리눅스'라는 명칭을 제목으로 사용한 것은 자신의 책이 A 출판사에서 출판한 책이라는 의미가 아니라, 그 책의 내용이 '리눅스 사용법'에 관한 것이라는 점을 설명하기 위함입니다. '리눅스'라는 명칭을 사용한 것이 '출처 표시', 즉 '상표적 사용'을 한 것이 아니라 제품의 '내용'을 설명하기 위한 것이므로 상표권 침해가 되지 않습니다.

이런 경우는 실제로 많이 있습니다. 따라서 어떤 콘텐츠를 민팅해서 NFT 거래소에 올리면서 그 메타 정보에 누군가의 상표를 사용했더라도 그 사용이 상표적 사용이 아니라 콘텐츠의 내용을 정확히 설명하기 위한 것이었다면 상표권 침해의 책임을 면할 수 있습니다.

출처의 혼동이 없어도 상표권 침해가 되는 경우가 있다

다시 말하지만, 상표권 침해가 되기 위해서는 '상표적 사용', 즉 출처의 혼동 우려가 있어야 합니다. 그런데 예외적으로 출처의 혼동이 없는데도 상표권 침해가 되는 경우가 있습니다. 상표의 '희석화'(dilution)와 '손상'(tarnishment)을 상표권 침해로 보는 경우입니다. 희석화 또는 손상을 금지하는 것은 혼동 가능성과 상관없이 상표 자체의 재산적 가치를 보호하기 위해서입니다. 유명 상표와 동일한 또는 유사한 상표를 사용하기는 했지만, 전혀 별개의 상품이어서 소비자들이 혼동을 일으킬 가능성은 없되 그로 인해 상표 자체가 가지는 고유함과 명성이 손상당하는 경우가 여기에 해당합니다.

> **사례** **호텔 체인 명칭 하얏트는 오로지 하얏트만의 것! — 상표 희석화 사례**
>
> 잘 알다시피 하얏트(Hyatt)는 국제적으로 유명한 호텔 체인 명칭입니다. 그런데 하얏트 호텔과 전혀 관계없는 A가 법률사무소를 운영하면서 '하얏트 법률 서비스'(Hyatt Legal Service)라는 명칭을 사용했습니다. 공교롭게도, 그 법률사무소의 설립자 이름이 조엘 하얏트(Joel Hyatt)였습니다. 하얏트 호텔 측은 이 법률사무소의 명칭이 하얏트라는 유명 상표의 고유함을 떨어뜨리는 '희석화'(dilution)에 해당한다고 주장했고, A는 법률사무소 명칭에 설립자 이름을 사용하는 것은 변호사 업계의 관행이므로 문제가 되지 않는다고 주장했습니다. 법원은 하얏트 호텔의 주장을 받아들여 법률사무소에 하얏트라는 명칭을 사용하지 못하도록 금지했습니다. 호텔과 법률사무소는 전혀 다른 업종이고, 소비자들이 이 법률사무소가 하얏트 호텔에서 운영하는 것이라고 그 출처를 오인할 우려는 없지만, 세계적인 호텔 체인으로 유명한 하얏트라는 상표의 고유성이 희석될 수 있다는 점을 인정한 것입니다(Hyatt Corp. v. Hyatt Legal Services, 736 F.2d 1153 (7th Cir. 1984), cert. denied, 469, U.S. 1019 (1984), on remand, 610 F. Supp. 381 (N.D. Ill. 1985)).

> **사례** **맥주 상표 버드와이저의 품격을 위하여! — 상표 손상 사례**
>
> 버드와이저(Budweiser)는 유명한 맥주 상표입니다. 흔히 버드(Bud)라는 약칭으로 불리며, "Where there's life, there's Bud"라는 표어를 광고 문구로 사용하고 있었습니다. 그런데 살충 성분이 포함된 마루광택제를 판매하는 B가 자신의 광택제를 선전하면서 "Where there's life, there's bugs"라는 광고 문구를 사용했습니다. 원고 버드와이저는 이 광고 문구가 자신의 유명 상표를 손상(tarnishment)시킨다며 사용 금지를 해줄 것을 법원에 청구하였습니다. 법원은 유명 상표를 열등하거나 외설적인 상품에 사용하는 경우는 물론이고, 소비자로 하여금 원고 상표와 불유쾌한 연관 관계를 연상하게 하는 경우에도 상표 손상이 일어날 수 있다고 하여 피고 B의 위 광고 문구 사용을 금지했습니다(Chemical Corp. of America v. Anheuser-Busch, Inc., 306 F.2d 433 (5th Cir. 1962), cert. denied, 372 U.S. 965 (1963)).

최근 NFT 거래소에서 거래되는 NFT들을 보면 유명 제품의 디자인이나 로고 등을 차용 또는 패러디한 경우를 드물지 않게 볼 수 있습니다. 이런 NFT 콘텐츠는 출처 혼동 우려가 있는 경우는 물론이고, 출처 혼동의 우려가 없는 경우에도 상표 희석화 또는 손상에 해당하여 상표권 침해가 될 수 있음을 유의해야 합니다.

상표처럼 보이지 않는 슬로건이나 표어 같은 것도 함부로 사용하지 않아야 합니다. 회사의 이름이나 로고, 슬로건 옆에 등록 상표를 나타내는 ®, TM, SM 같은 표기가 없다고 해서 그 로고, 이름, 슬로건을 마음대로 쓸 수 있는 것은 아닙니다. NFT 콘텐츠를 제작하면서 이런 것들을 함부로 이용함으로써 마치 그 회사에서 제작한 것이거나 적어도 그 회사의 허락을 받은 특수관계인이 제작한 것이라는 오해를 불러올 소지가 있다면 상표권 침해나 부정경쟁방지법 위반이 될 수 있습니다.

똑같이 베끼지 않아도 저작권 침해 — 2차적저작물작성권

다른 사람의 저작물을 모방, 변형해서 실질적으로 유사한 저작물을 만들면 2차적저작물작성권 침해가 됩니다. 즉, 다른 사람의 저작물을 그대로 가져다 NFT로 제작하거나 똑같은 콘텐츠를 만들어 NFT로 제작하면 복제권 침해가 되고, 똑같지는 않지만 '실질적 유사성'(substantial similarity)이 있는 콘텐츠로 변형해서 NFT를 제작하면 2차적저작물작성권 침해가 됩니다. 따라서 다른 사람의 저작물을 모방하더라도 아이디어만 차용하거나 완전히 변형시켜 실질적 유사성이 없는 저작물로 만들어 이용해야 저작권 침해의 책임을 면할 수 있습니다.

다만, 다른 사람의 저작물의 표현을 모방했지만, 모방한 부분이 다른 방법으로는 표현하기 곤란하거나(융합), 사실상 표준화된 부분이거나(사실상의 표준), 통상적이고 진부한 표현(필수 장면)인 경우에는 저작권 침해가 되지 않습니다.

저작권만 피하면 될까? 소유권도 따져야!

다른 사람이 저작권을 가지고 있는 미술 작품을 허락 없이 NFT로 제작해서 올리면 저작권 침해가 된다는 것은 당연합니다. 그런데 저작권과 별도로 또 주의해야 할 권리가 있습니다. 바로 '소유권'입니다. 저작권과 소유권은 별개의 권리이기 때문에, 저작권자와 소유권자가 다른 경우도 많습니다. 진기한 물건이나 동물 같은 것은 저작물(작품)이 아니기 때문에 저작권자는 없습니다. 그러나 그 물건이나 동물의 소유권자는 있습니다. 미술 작품의 경우에는 저작권자도 있고 소유권자도 있습니다.

저작권자와 소유권자가 다른 경우 소유권자 입장에서 자기 소유의 물건이나 동물, 미술 작품 등을 제3자가 허락 없이 촬영(복제)하여 이용하는 것을 금지할 수 있는지 알아보겠습니다. 우리나라에는 아직 뚜렷한 사례가 없는데, 법체계가 비슷한 일본에서 이 문제를 다룬 몇 가지 판례가 있어 살펴보겠습니다.

'안진경 신첩' 사건

일본 최고재판소에서 판결한 일명 '안진경 신첩'(顏眞卿 身帖) 사건입니다(일본 최고재판소 1959. 1. 20. 선고 昭和58(オ) 171호 판결). 원고는 중국 서예가인 안진경의 친필 신첩(원본)을 소장하게 되었는데, 피고가 원고 이전에 그 신첩을 소유하고 있던 사람으로부터 허락을 받아 촬영한 신첩의 사진판을 사용해서 복제물을 출판·판매했습니다. 원고는 그것이 신첩의 소유권자인 원고의 사용수익권을 침해한다는 이유로 출판금지 등을 청구했습니다. 안진경은 중국 당나라 때 서예가이므로 이 신첩의 저작권은 이미 소멸한 상태였습니다.

이 사건에서 일본 최고재판소는, "미술저작물의 원작품은 그 자체가 유체물이지만 동시에 무체물인 미술저작물을 체현하고 있는바, 소유권은 유체물을 객체로 하는 권리로서 유체물을 배타적으로 지배할 수 있는 권능에 그치고, 무체물인 미술저작물 자체를 배타적으로 지배할 수 있는 권능은 아니다"라고 하며, "저작권의 보호 기간이 만료된 후에는 저작권자가 가지고 있던 저작물에 대한 복제권 등이 소유권자에게 복귀하는 것이 아니며, 저작물은 공중의 영역(public domain)에 들어가 누구라도 저작자의 인격적 이익을 침해하지 않는 한 자유로이 이를 이용할 수 있는 것이다"라고 하여 원고의 청구를 기각했습니다.

이 판결은 소유권과 저작권의 관계에 대해 명확한 판단을 내린 것으로 주목을 받고 있습니다. 일본에서는 이 판결에 의해 소유권은 물건의 유형적 측면에 대한 사용·수익 권한으로 한정되고 그 물건을 활용해 그림을 그리는 등의 무형적 이용에는 미치지 않으며, 저작권법은 보호 기간 만료 후의 저작물을 '공중의 영역'에 속하게 하여 만인이 자유롭게 이용 가능하게 함으로써 문화 발전을 도모하는 것을 목적으로 한다는 점을 분명히 한 것으로 보입니다. 실제로, 보호 기간 만료 후에 소유자가 소유권에 기반해 저작물의 무형적 이용을 독점할 수 없음이 명백해졌다고 평가하는 견해가 있습니다(中山信弘, 《저작권법》(윤선희 옮김), 법문사, 181쪽 참조).

〈안진경 건중고신첩〉, 예스24.

'광고용 애드벌룬' 사건

'안진경 신첩' 사건과는 반대로, 소유권에 의해 제3자의 이용을 금지할 수 있다는 판결도 상당수 있습니다. 일본 동경지방법원에서 판결한 '광고용 애드벌룬' 사건이 그렇습니다(일본 동경지방법원 1977. 3. 17. 선고 昭和48(ワ) 7540호 판결). 광고회사인 원고는 각종 광고의 선전 매체로 활용하려고 독일의 한 업체에 주문해 아주 독특한 모양의 기구(애드벌룬)를 제작했고, 이를 A 단체가 주관하는 행사장에 선전용으로 임대해 주었습니다. 그런데 A가 이 기구를 공개한 직후 직업사진가인 B가 이를 촬영해 피고에게 그 사진을 광고용 포스터로 제작·사용하게 해주었습니다. 이에 원고는 소유권에 기한 사용수익권이 침해되었음을 이유로 손해배상 청구 소송을 제기한 사안입니다.

이 사건에서 일본 동경지방법원은, "물건의 소유권자는 그 소유권의 범위를 일탈하거나 타인의 권리를 침해하지 않는 범위 내에서 그 소유물을 모든 수단과 방법으로 사용수익할 수 있고, 제3자는 소유자로부터 승낙을 받은 경우를 제외하고는 직접 또는 간접적으로 타인의 소유물을 무단 이용함으로써 소유권자의 사용수익을 침해할 수 없다"라고 하며, "이 사건에서 원고가 광고 매체로 활용하여 이익을 얻고자 했던 기구를 원고의 허락 없이 특정 회사의 선전용으로 사용한 것은 원고의 소유권자로서의 사용수익권을 침해한 것"이라고 판시했습니다.

▶ 다만, 위 광고용 애드벌룬 사건에서 법원은, 피고가 소유권자인 원고의 사용수익권을 침해한 것은 인정이 되지만 피고로서는 원고의 손해 발생에 대한 예견 가능성이 없었다는 이유로 결론적으로는 손해배상 책임의 성립을 부정하였고, 항소심에서도 비슷한 이유(피고의 침해 행위와 원고의 손해 발생 사이에 인과관계가 있음을 입증할 증거가 없다는 이유)로 손해배상 책임을 부정하였습니다.

이외에도 다른 하급심 판결인 일명 '꼬리긴 닭' 사건에서는, 국가의 천연기념 ▶ 고치지방법원 1984. 10. 29. 판결, 판례타임즈 599호, 291쪽.

물인 꼬리긴 닭의 소유자가 그 꼬리긴 닭을 사진촬영해서 그림엽서 등에 복제 판매한 자를 상대로 권리를 주장한 데 대해, 꼬리긴 닭은 저작물은 아니지만 그것을 사진으로 촬영해 그림엽서 등에 복제해 타인에게 판매하는 행위는 꼬리긴 닭 소유자의 권리를 침해하는 것이라고 판시했습니다.

또한 역시 하급심 판결인 일명 '크루저 사진' 사건에서는, 크루저 선박의 소유권자는 그 선박의 사진 등이 제3자에 의해 무단으로 선전 광고 등에 사용되지 않도록 금지할 권리 ▶ 고베지방법원 이타미지원 1991. 11. 28. 판결, 판례시보 1412호, 136쪽. 를 갖고 있다고 판결하였습니다.

저작자와 소유자가 다를 땐 소유자의 허락도 받아야!

이상과 같이 일본에서는 안진경 신첩 사건과 그 외 사건들의 판례가 엇갈리는 것처럼 보이지만, '안진경 신첩' 사건 판결도 사실은 제3자의 저작물에 대한 이용이 유체물로서의 원작품에 대한 배타적 지배를 침해하여 이루어진 경우에는 법적 책임을 물을 수 있다는 여지를 남겨두고 있습니다. 위 '안진경 신첩' 사건은 현재 신첩 소유권자인 원고보다 앞서서 신첩을 소유했던 전 소유자로부터 피고가 이미 허락을 받아 촬영해 두었던 사진판을 사용해 복제한 경우입니다. 따라서 원고가 소유권을 가지게 된 이후에 원고의 허락 없이 신첩을 촬영한 경우라면 결론이 달라졌을 가능성이 높습니다. 그러므로 안진경 신첩 사건의 판결만 보고 소유권은 물건의 유형적 측면에 대한 사용·수익 권한일 뿐이고, 그 물건을 활용해 그림을 그리는 등의 무형적 이용 행위에는 미치지 않는다고 단순하게 해석할 것은 아닙니다.

오히려 광고용 애드벌룬 사건이나 꼬리긴 닭 사건, 크루저 사건 판결의 흐름에 비추어볼 때 일본 판례의 입장은, 원칙적으로 소유권자는 배타적 사용수익권에 기초하여 자신의 소유물을 제3자가 사진촬영 등의 방법으로 허락 없이 이용하는 것을 금지할 권리를 가진다고 보는 입장입니다. 일본의 학설도, 타인의 소유물을 사진촬영하는 것은 그 소유자의 명시적 또는 묵시적 허락이 없는 한 소유권 침해에 해당하고, 이 경우 소유자는 불법 행위에 기한 손해배상 청구뿐만 아니라 소유권에 기한 방해배제 내지 방해예방 청구로서 복제 행위의 금지나 복제물의 폐기도 청구할 수 있다는 견해가 유력합니다.

▶ 辻正美, 《所有權と著作權, 裁判實務大系: 知的財産關係訴訟法》, 靑林書院(1997), 400쪽.

저작권과 무관해도 남의 물건을 함부로 NFT로 제작하는 것은 불법!

저작권법을 비롯한 지적재산권법에 의해 보호되지 않는 콘텐츠라도 경우에 따라서는 허락 없이 이용하면 일반 불법 행위나 부정경쟁방지법상의 부정경쟁행위를 구성할 수 있습니다. 물론 개별 지적재산권법에서 보호하지 않는 콘텐츠는 기본적으로 자유이용이 가능하고 그 콘텐츠를 사용해 경쟁하는 것도 자유롭습니다. 법적 안정성의 관점에서도 단순히 그러한 콘텐츠를 사용했다는 것만으로 섣불리 불법 행위의 성립을 인정해서는 안 됩니다.

그러나 콘텐츠의 소유자가 그것을 취득하고 관리해 온 경위, 피고가 그 콘텐츠에 접근한 방법, 피고의 이용 행위가 원고의 영업과 경쟁관계에 있는지 등 이용 행위의 형태 및 성질과 전체적인 부당성, 그로 인해 콘텐츠의 소유자가 받게 되는 피해 등을 종합적으로 검토해 상거래 관행상 건전한 거래질서를 어지럽히는 부당함이 인정되는 경우에는 불법 행위가 성립할 수 있을 것입니다. 따라서 접근이 금지된 장소에 허락 없이 침입해서 사진촬영을 하는 것과 같은 불법적인 방법으로 타인 소유의 물건이나 동물 등을 소유권자의 허락 없이 사용하는 것은 물론이고, 소유자의 명시적 또는 묵시적 허락 없이 사진촬영하는 등의 방법으로 이

▶ 내가 소유권을 가지고 있는 작품, 예를 들어 시중에서 구입한 그림이나 사진, 음반, 옷, 가방, 액세서리 등도 저작권을 비롯한 지적재산권은 창작자에게 남아 있는 경우가 대부분이므로 허락 없이 NFT로 제작해서는 안 됩니다.

용하는 것은 위법하여 손해배상 책임을 질 수 있습니다. 타인 소유의 물건 등을 위법하게 촬영한 자 또는 그러한 사정을 알고 있는 자가 그 사진의 영상을 사용해 복제물을 작성·배포하는 행위까지도 소유권자의 사용수익권을 침해하는 것으로 볼 수 있을 것입니다.

NFT 판매자가 주의해야 할 법적 문제 핵심 정리!

1. NFT 거래소에 올린 콘텐츠가 제3자의 저작권이나 기타 권리를 침해하지 않아야 합니다.
   - 제3자가 저작권을 가지고 있는 콘텐츠를 허락 없이 NFT 거래소에 올리면 저작재산권, 특히 복제권, 공중송신권 중 전송권, 2차적저작물작성권 등을 침해하게 됩니다.
   - 제3자의 초상(肖像)이나 이름, 음성 등을 승인 없이 사용하면 초상권과 퍼블리시티권을 침해하게 됩니다.
   - 제3자 소유의 물건이나 동물, 미술 작품 등을 소유자 허락 없이 함부로 촬영하여 NFT 거래소에 올려서는 안 됩니다.
2. 판매자는 차후에 불필요한 분쟁이 발생하지 않도록, 구매자가 해당 콘텐츠를 활용할 수 있는 범위를 메타데이터 정보 또는 거래소 약관이나 특약 사항 등을 통해 명확하게 알려주어야 합니다.
   - 거래소 약관 및 거래 조건을 확인하고, NFT 콘텐츠의 메타태그(metatag) 안에 이용 조건을 어떻게 명시할 것인지 검토해야 합니다.
3. NFT로 판매되면 다시 구매하지 않는 한 해당 콘텐츠를 회수할 수 없다는 점을 염두에 두고, 판매자는 NFT 판매로 인해 자신의 사업이나 작품 활동에 어떤 영향이 미칠 것인지 미리 검토해 보아야 합니다. 특히 작품을 NFT로 판매하면서 복제권이나 2차적저작물작성권을 함께 양도하면, 그 작품과 동일한 또는 실질적으로 유사한 작품을 아예 창작할 수 없게 될 수 있다는 점을 주의해야 합니다.

04-2 NFT 구매자가 주의할 사항

NFT 구매자가 가장 주의해야 할 것은, NFT를 구매했다고 해서 NFT 콘텐츠에 대한 저작권까지 양도받은 것은 아니라는 점입니다. 저작권과 소유권은 엄연히 구별되는 권리이고, NFT 거래는 원칙적으로 소유권을 양도하는 거래이지 저작권까지 양도하는 거래가 아니기 때문입니다.

따라서 저작권의 내용이 되는 복제, 공연, 공중송신(전송, 방송, 디지털 음성송신), 전시, 배포, 2차적 저작물 작성 등의 이용 행위를 하기 위해서는 저작권을 양도받거나 이용허락을 받아야 합니다. NFT를 단순히 '소장'만 할 목적이라면 상관없지만, '이용'을 하기 위해서는 NFT 거래 계약과 별도로 저작권 양도 계약이나 이용허락 계약을 체결해야 합니다.

저작권과 소유권을 분명히 구별하라

저작권과 소유권의 구별은 NFT 판매자도 주의해야 하지만, 특히 NFT 구매자들이 가장 주의를 기울여야 할 사안입니다. 최근 NFT 거래가 매우 활성화되고 있는 미술 작품의 경우에 이 문제가 더욱 중요합니다.

소유권은 자기가 소유하는 물건을 배타적으로 사용·수익·처분할 수 있는 권리입니다. 그런데 저작재산권도 저작물을 배타적으로 이용해 그로부터 수익을 얻을 수 있고 또 양도 등 처분 행위를 할 수 있다는 점에서 소유권과 상당히 유사한 면이 있습니다. 소유권과 저작권의 이런 유사성 때문에 혼란이 발생하는 것입니다. 소유권은 그 대상이 된 물건을 배타적으로 지배할 수 있는 권리로서 동일한 물건에 대해 두 사람 이상이 같은 내용의 권리를 갖는 것이 불가능합니다. 저작재산권 역시 저작물을 배타적·독점적으로 지배할 수 있는 권리이지요.

그러나 저작권은 저작자의 정신적 창작 활동의 산물인 무형의 저작물에 대해 성립하는 권리라는 점에서 유형의 물건에 대해 성립하는 소유권과 구별됩니다. 예를 들어 소설가가 작품을 써놓은 원고지는 유형물(유체물)이고 소유권의 대상이 되지만, 그 원고지에 기재된 소설의 내용(작가의 사상이나 감정의 표현)은 무형물인 저작물로서 저작권의 대상이 됩니다. 따라서 소설이 기록된 원고지 뭉치를 경매로 구입해 소유권을 취득하더라도, 그 원고지에 기재된 소설에 대한 저작권까지 취득하는 것은 전혀 아닙니다.

소유권은 그 대상이 유형물이기 때문에 이용 방법이 제한되어 있고, 하나의 물건을 동시에 여러 장소에서 사용하는 것이 물리적으로 불가능합니다. 그러나 저작권의 경우에는 그 객체인 저작물의 이용 방법이 훨씬 다양하며, 여러 사람이 서로 다른 장소에서 동시에 이용하는 것도 가능합니다. 예컨대 저작물인 소설은 출판을 통해 이용할 수도 있고, 동시에 영화화하여 상영한다든가 방송도 할 수 있습니다. 각색해서 연극으로 상연할 수도 있습니다. 그러나 소설이 씌어진 원고지

뭉치는 한 사람이 이용하고 있으면 다른 사람은 이용할 수 없습니다. 소유권은 그 유형물이 존속하는 한 영구히 존속하는 권리이지만, 저작권은 법에서 정한 보호 기간이 경과되면 소멸하여 누구라도 그 저작물을 자유롭게 이용할 수 있게 됩니다. 그래서 고흐나 고갱의 그림처럼, 저작자 사후 70년이 지나 저작권은 소멸하였지만 그 그림을 소유하고 있는 박물관이나 미술관의 소유권은 살아 있는 경우가 무척 많습니다. 또 소유권은 절대적 권리로서 거의 제한을 받지 않지만, 저작물은 문화유산으로서 널리 이용되어야 할 필요성이 있으므로 소유권과는 달리 법으로 저작권의 행사를 제한할 수 있는 경우가 광범위하게 인정되고 있습니다.

편지를 발송해서 수신자에게 전달된 경우, 편지라는 유체물에 대한 소유권은 수신인이 갖게 되지만 그 편지에 담겨 있는 내용, 즉 발신인의 사상이나 감정의 표현인 창작물에 대한 저작권은 여전히 발신인에게 남아 있습니다. 따라서 그 편지에 대한 소유권과 편지 내용에 대한 저작권의 귀속 주체가 달라지게 됩니다. 유명 연예인 A가 B에게 보낸 은밀한 편지를 B로부터 입수하여 민팅한 후 NFT 거래소에 올리려면 A와 B 두 사람 모두의 허락을 받아야 합니다. A는 저작권자로서 편지의 내용(저작물)에 대해 복제권 및 전송권 등 저작재산권을 가지며, 이와 별도로 B는 소유권자로서 그 편지(물건)에 대한 사용·수익·처분권을 갖기 때문입니다. 나아가 편지 같은 사적인 콘텐츠는 저작권과 소유권뿐만 아니라 프라이버시권과 초상권, 퍼블리시티권 등의 문제도 생길 수 있다는 점을 염두에 두어야 합니다.

구매한 NFT의 이용 가능 범위를 확인하라

다시 말하지만, NFT 구매자가 취득하는 것은 NFT 콘텐츠에 대한 소유권이지 저작권이 아닙니다. 일반적으로 NFT 구매자는 거래를 통해 NFT와 링크된 NFT 콘텐츠의 소유권을 가집니다. 그러나 저작권과 소유권은 별개이기 때문에, NFT 구매자는 NFT 거래를 통해 NFT 콘텐츠에 대한 저작권까지 구매한 것은 아닙니다. 특별한 약정이 없는 이상 NFT 콘텐츠가 거래된 이후에도 그 콘텐츠에 대한 저작권은 창작자 또는 발행자가 계속 보유하게 됩니다. 따라서 저작권이 미치는 행위, 즉 복제, 공연, 공중송신(전송, 방송, 디지털음성송신), 전시, 배포, 대여, 2차적 저작물 작성 등의 행위는 NFT 구매자가 마음대로 할 수 없습니다.

예를 들어 디지털 아트 형태로 된 NFT 콘텐츠를 구매한 사람은 그 NFT 콘텐츠를 감상하거나 재판매하는 것은 원칙적으로 자유롭게 할 수 있습니다. 그것은 소유권자의 당연한 권리입니다. 그러나 그 콘텐츠를 복제하거나, 공중이 보는 앞에서 상영하거나, 자신의 블로그에 배경화면으로 사용하거나, 그 콘텐츠를 변형해서 유사한 형태의 조각이나 회화로 제작하는 행위는 할 수 없습니다. 이러한 행위는 저작권이 미치는 행위이기 때문에, 아무리 소유권자라 하더라도 저작권자의 허락 없이는 할 수 없습니다. 따라서 이러한 이용 행위를 하고자 하는 구매자는 NFT 판매자와 저작권 양도 계약이나 이용허락 계약을 별도로 체결해야 합니다.

그러므로 NFT 구매자가 자신이 구매한 NFT 콘텐츠를 충분히 활용하기 위해서는 NFT 콘텐츠의 이용 범위를 규정한 NFT 거래소의 이용약관을 확인할 필요가 있습니다. 이용약관에 복제, 공연, 공중송신, 전시, 배포, 2차적 저작물 작성 등 이용과 관련한 아무런 언급이 없으면 이러한 행위는 할 수 없다고 보아야 합니다. 또한 허용한다면 모든 행위가 전부 허용되는지 아니면 일부 행위만 허용되는지, 허용되는 범위가 어디까지인지를 확인해야 합니다. 예를 들어 복제 및 전송을 허용하면서도, '구매일로부터 3년 동안' 또는 '대한민국 내에서' 식으로 이용할 수 있는 시간적·공간적 범위를 제한할 수도 있기 때문에 별도의 제한 내용이 있는지 확인하고 구매해야 합니다.

미술 작품 NFT 구매 시 주의할 점은?

이처럼 무형물에 대한 권리인 저작권과 유형물에 대한 권리인 소유권은 명확하게 구분됩니다.

그런데 미술 작품처럼 하나의 저작물이 특별히 한정된 매체(예컨대 원본)에만 수록되어 있다면 두 가지 권리, 즉 그 저작물에 대한 저작권과 그것이 수록된 매체에 대한 소유권이 하나의 대상(매체)에 화체(化體)되어 있기 때문에 저작권과 소유권 사이에 혼동이 일어나기 쉽습니다. 이는 저작물과 그 저작물이 수록된 원본 매체가 분리되기 어려운 미술저작물이나 사진저작물의 경우에 특히 더 그렇습니다. 예를 들어 그림이 그려진 캔버스, 인물이 조각된 석고상과 같이 한 번에 한 작품만 만들어지는 이른바 '일품제작'(一品製作)의 저작물인 경우에는 저작물과 그것이

▶ 보통 '원본'이라고 하면 인간의 사상이나 감정의 표현이 최초로 유형물에 고정된 것을 말하며, 그 원본을 인쇄, 사진촬영, 복사, 녹음, 녹화 등의 방법으로 유형물로 다시 제작한 것을 '복제물'이라고 합니다.

수록된 매체를 분리하는 것이 사실상 곤란합니다. 그럼에도 불구하고 화랑에서 그림이나 조각 작품 원본을 구입한 사람은 그 작품이 표현된 유체물인 캔버스나 석고상에 대한 소유권을 취득하는 것일 뿐 저작권까지 양도받는 것은 아닙니다. 그림 또는 조각 원본을 구입한 사람은 원본 소유자로서 소유권에 기하여 그 원본(유체물인 캔버스나 석고상)에 대한 사용, 수익, 처분을 자유롭게 할 수 있을 뿐, 저작권은 여전히 저작자에게 남아 있습니다. 따라서 그 작품에 대해 저작재산권의 내용인 복제, 공연, 공중송신, 전시, 배포, 2차적저작물작성권 등의 이용 행위는 할 수 없습니다. 원본에 기재된 작가의 성명이나 작품 자체를 함부로 변경하면 성명표시권 및 동일성유지권 등 저작인격권을 침해하는 행위도 됩니다.

예를 들어, 유명 서양화가 갑의 그림을 구입해 보유하고 있는 을이 그

그림을 병에게 잠시 보관만 시켰는데, 병이 갑과 을 그 누구의 허락도 받지 않고 그 그림을 디지털 카메라로 촬영하고 민팅해서 NFT 거래소에 올려 판매했다면 갑과 을 중에서 누가 병에게 손해배상 청구 등의 권리를 행사할 수 있을까요? 정답은 '갑과 을 모두 권리를 행사할 수 있다'입니다. 갑은 그림에 대한 저작재산권자로서 가지는 복제권 및 전송권 침해를 이유로 권리를 행사할 수 있고, 을은 소유권자로서 사용 및 수익권의 침해를 이유로 손해배상 청구 등의 권리를 행사할 수 있습니다. 따라서 저작권 및 소유권 침해에 대한 책임에서 자유로우려면 갑과 을 두 사람의 허락을 모두 받아야 합니다. 마찬가지로 A 박물관이 소장하고 있는 레오나르도 다빈치의 유명한 그림 '모나리자'를 직접 촬영해서 민팅한 후 NFT 거래소에 올린다면 어떻게 될까요? 비록 다빈치는 사망한 지 70년이 넘어 저작권은 소멸되었지만, A 박물관의 소유권을 침해한 책임은 면할 수 없습니다.

NFT 판매자가 적법한 권리자인지 확인하라

NFT 판매자가 NFT 콘텐츠의 저작권자와 반드시 일치하는 것은 아닙니다. 타인이 저작권을 가지고 있는 콘텐츠를 그 타인의 허락을 받지 않고 민팅하거나 모방(표절)하여 NFT 거래소에 올리는 경우가 있을 수 있습니다. 이러한 NFT 콘텐츠는 타인의 저작권(복제권 또는 2차적저작물작성권)을 침해하는 것이 됩니다.

따라서 NFT 구매자는 구매하고자 하는 NFT 콘텐츠에 대해 판매자가 적법한 권리자인지, 특히 해당 콘텐츠에 대해 확실하고 충분한 저작권을 가지고 있는지 여부를 확인할 필요가 있습니다. 물론 NFT 거래소 약관에는 NFT 판매자에 대해 해당 콘텐츠를 민팅하여 NFT 거래소에 올릴 적법한 권한이 있음을 보증하게끔 하는 규정이 명시되어 있는 경우가 대부분입니다. 하지만 그와 동시에 판매자가 거래소를 속여 불법으로 민팅한 NFT를 거래소에 올릴 경우 그 NFT를 구매한 구매자에 대하여 거래소는 책임을 지지 않는다는 면책 규정을 약관에 못박아두고 있는 경우도 많이 있습니다. 따라서 불법 NFT를 구매한 경우 거래소를 상대로 배상을 받아내기는 어려울 수 있습니다. 물론 판매자를 상대로 직접 손해배상을 구하는 방법이 있지만, 불법 판매자의 행방을 찾을 수 없거나 그에게 배상 능력이 없다면 그마저도 소용이 없습니다.

규모가 큰 거래소의 경우 판매자가 적법한 권리를 가지고 있는지, 다른 사람의 저작권 등 권리를 침해하는 콘텐츠는 아닌지 등을 외부 전문가나 자문단 등을 통해 심사하는 절차를 거치고 있기는 합니다. 그렇지만 외부 전문가나 자문단도 결국 저작권등록증이나 계약서 같은 서류를 가지고 일반적인 심사를 할 뿐, 판매자가 과연 그 NFT 콘텐츠에 대해 적법한 권리를 가지고 있는지, 다른 사람의 저작물을 표절한 것은 아닌지 등을 정확하게 가려내는 것은 쉽지 않습니다. 이는 무형물인 콘텐츠의 거래가 갖는 어쩔 수 없는 한계입니다.

구매한 NFT 콘텐츠가 적법한 권리 없이 제작되었거나 타인의 저작권 등 권리를 침해한 불법 콘텐츠인 경우에 판매자에 대해 직접 책임을 묻는 것이 쉽지 않은 이유는 또 있습니다. NFT 콘텐츠가 다른 사람의 작품을 모방한 경우에는 그것이 다른 사람의 저작권을 침해한 표절 작품인지, 아니면 단순히 아이디어만 모방하거나 실질적 유사성이 없어서 저작권 침해가 되지 않는 적법한 작품인지 여부를 판단해야 하는데, 아무래도 매우 주관적인 판단이 될 수밖에 없습니다. 따라서 판매자가 불법 콘텐츠가 아니라고 끝까지 부인할 경우 결국 재판밖에 방법이 없는데, 재판을 해보신 분은 아시겠지만 보통 소모적인 일이 아닙니다.

따라서 NFT 구매자는 구매하고자 하는 NFT 콘텐츠가 적법한 콘텐츠인지, 다른 사람의 저작권 등 지적재산권을 침해하지 않은 콘텐츠인지 여부 및 진위 여부를 스스로 확인할 필요가 있습니다.

NFT 콘텐츠가 제3자의 작품을 모방한 저작권 침해 콘텐츠인 경우, 그 제3자가 구매자를 상대로 손해배상이나 사용 금지 등의 소송을 제기할 수도 있습니다. 이런 상황이 닥치면, 구매자는 판매자가 올린 NFT 콘텐츠가 다른 사람의 저작권을 침해한 불법 콘텐츠인지 알 수 없었다는 점을 들어 자신은 책임이 없다고 주장할 수 있을 것입니다. 구매한 NFT 콘텐츠가 불법 콘텐츠라는 사실을 알지 못했고, 알 수도 없었다면 고의·과실이 없기 때문에 형사 책임이나 민사상 손해배상 책임은 피할 수 있습니다. 그러나 민사상 정지 책임, 즉 사용중지 책임은 고의·과실을 불문하고 져야 합니다. 즉, 사용중지 책임은 설사 자신이 구매한 NFT 콘텐츠가 불법 콘텐츠라는 사실을 알지 못했고 알 수도 없었다 하더라도 면할 수 없는 책임입니다. 그러므로 사유가 어떻든 간에 불법 시비가 발생하면 많은 돈을 지급하고 구입한 NFT 콘텐츠를 사용하지 못할 수 있다는 점을 유의해야 합니다.

불법 콘텐츠로 인한 민형사상 책임

형사 책임	5년 이하 징역, 또는 5천만원 이하 벌금	고의인 경우에만 해당
민사 책임	손해배상 책임	고의, 과실의 경우에 해당
	정지 책임(사용중지 책임)	고의, 과실 불문

구매할 NFT의 에디션 수량을 확인하라

NFT는 유일무이합니다. 바로 이 점이 NFT의 가치를 만듭니다. 하지만 NFT 창작자가 완전히 같은 콘텐츠, 즉 같은 이미지나 같은 이름, 또는 같은 설명으로 또 다른 NFT를 다시금 못 만들 이유는 없습니다. 세상에 하나밖에 없는 줄 알고 구매했는데, 구매하고 보니 그렇지 않은 경우를 만나게 될 가능성은 언제든지 열려 있습니다.

앞에서 보았듯이 NFT 구매자가 NFT를 구매했다고 하더라도 별도로 저작권 양도 계약을 체결하지 않는 이상 NFT 콘텐츠 자체에 대한 저작권까지 양도받은 것은 아닙니다. 따라서 NFT 콘텐츠를 판매한 콘텐츠 저작권자는 판매 이후에도 그 콘텐츠의 저작권을 활용해 복제, 공연, 공중송신, 전시, 배포, 2차적 저작물 작성 등의 행위를 자유롭게 할 수 있습니다. NFT 거래소의 약관에, 하나의 콘텐츠에 대해 한 번만 NFT로 거래할 수 있다고 규정되어 있다고 하더라도, 콘텐츠 저작권자가 다른 NFT 거래소에 동일한 콘텐츠를 또다시 NFT로 제작해 올리는 것을 원천적으로 막을 수는 없습니다.

다른 한편으로, 콘텐츠를 민팅하여 NFT를 발행할 때 판화나 사진처럼 다수의 에디션, 즉 '오픈 에디션'(open edition) 또는 '한정판 에디션'(limited edition)으로 발행할 수도 있습니다.

따라서 NFT 구매자가 자신이 구매한 NFT 콘텐츠의 가치를 올바로 평가하고 적절한 가격을 지불하기 위해서는 유일한 에디션인지, 아니면 오픈 또는 한정판 에디션인지를 확인하고, 아울러 해당 거래소 약관에서 동일한 콘텐츠를 다른 거래소에 재차 올리는 것을 금지하고 있는지, 금지 규정을 위반할 경우 판매자에게 어떠한 제재가 가해지는지, 위반 시 구매자가 손해를 보전받을 방법과 배상금액의 기준은 어느 선인지 등을 확인할 필요가 있습니다.

NFT 콘텐츠의 접근 경로를 확인하라

일반적으로 NFT 구매자는 NFT 거래를 통해 NFT와 링크된 NFT 콘텐츠의 소유권을 가지게 됩니다. 앞에서도 말했듯이 NFT 거래는 콘텐츠 자체의 거래라기보다는 콘텐츠를 증명하는 메타데이터 기록의 거래라 할 수 있습니다. 즉 NFT에는 디지털 형태로 열람 또는 다운로드할 수 있는 NFT 콘텐츠의 파일 주소(링크, URL)만 포함되어 있을 뿐입니다. 그러니 만약, 파일 주소로 연결되는 가상공간에 실제 NFT 콘텐츠 파일이 존재하지 않는다면 큰일이겠죠? 황당한 일이지만, 이렇게 감쪽같이 속여서 NFT를 판매하는 경우가 있을 수 있습니다. 따라서 NFT에 기록된 메타데이터만 확인하고 NFT를 구매하는 것은 위험합니다.

NFT 구매자가 주의해야 할 법적 문제 핵심 정리!

1. 구매한 NFT 콘텐츠를 어느 범위까지 활용할 수 있는지 사전에 확인합니다.

    - 구매한 NFT 콘텐츠에 대한 저작권은 콘텐츠 창작자에게 남아 있는 것이 보통 입니다. 구매자가 저작권이 미치는 행위, 즉 복제, 공연, 공중송신(전송, 방송, 디지털음성송신), 전시, 배포, 대여, 2차적 저작물 작성 등의 행위를 하기 위해 서는 판매자와 특별한 약정을 맺어야 합니다.

    - NFT 콘텐츠의 사용 가능한 이용 형태와 범위 등을 거래소 약관이나 계약서를 비롯한 거래소 플랫폼 이용 조건 및 NFT 메타태그에 명시된 정보를 통해 확 인해야 합니다.

2. 콘텐츠가 동일한 품목이 여러 차례 판매될 수 있으므로, 유일한 콘텐츠인지 오픈 에디션 또는 한정 에디션인지를 확인합니다.

    - NFT 판매자가 비슷한 작품들을 NFT로 판매하는 것을 법으로 금지하고 있지 않습니다.

    - 구매하려는 NFT 콘텐츠가 유일한 콘텐츠라 하더라도 다른 거래소에 동일한 또는 유사한 작품이 존재할 가능성이 있다는 것을 감안해야 합니다.

3. 일반적으로 NFT를 구매하더라도 저작권을 취득하는 것은 아니기 때문에, 제3자 가 권한 없이 유사한 작품을 판매하고 있더라도 구매자가 저작권에 기초하여 민 형사상 청구를 제기할 수 없다는 것을 감안해야 합니다.

4. A 거래소에서 구매한 NFT를 블록체인 프로토콜이 다른 B 거래소에서는 거래할 수 없는 경우가 있기 때문에, 구매자는 자신이 취득한 NFT를 다시 판매할 수 있 는 거래소인지, 다른 거래소와 호환성이 있는지 등을 확인해야 합니다.

04-3 NFT 거래소가 주의할 사항

NFT 판매자가 정당한 권리자인지 확인하라

NFT 거래소는 무엇보다도 NFT 판매자가 해당 NFT 콘텐츠에 대한 정당한 권리자인지를 확인해야 합니다. 이는 NFT 거래소의 법적 의무이기도 하지요.

콘텐츠를 NFT로 제작해서 거래소에 올리기 위해서는 그에 대한 저작권을 가지고 있거나, 저작권자로부터 이용허락을 받아야 합니다. 콘텐츠를 NFT로 제작해 거래소에 올리기 위해 꼭 필요한 권한은 복제권과 전송권입니다. 콘텐츠를 NFT로 제작할 때 복제가 이루어지고, 거래소에 올릴 때 전송이 일어나기 때문입니다. 따라서 NFT 거래소에서는 NFT 판매자가 해당 콘텐츠에 대한 복제권과 전송권을 가지고 있거나, 아니면 그에 대한 이용허락을 받았음을 보증하도록 하고, 그에 대한 증빙으로 저작권등록증이나 이용허락 계약서 등의 자료를 제출하게 해야 합니다. 그리고 제출된 증빙서류들을 확인하고 검증하는 세부 절차와 방법을 약관에 명시해 두어야 합니다. 이러한 확인과 검증 작업을 수행하기 위한 전담 인력을 두거나, 외부 전문가 또는 검증위원단 등을 구성해서 운영해야 하고요.

NFT 거래소는 판매자가 올린 NFT 콘텐츠가 타인의 저작재산권이나 저작인격권, 저작인접권, 초상권, 퍼블리시티권 등 어떠한 권리도 침해하지 않았음을 판매자 자신이 보증하도록 하는 내용의 규정을 약관에 명시해야 합니다.

또한, 거래소에 등록된 NFT 콘텐츠에 대해 제3자의 저작권이나 기타 권리 침해를 이유로 이의제기 등 분쟁이 발생하거나 거래소 자체 모니터링에 의해 권리 침해에 대한 합리적 의심을 가질 만한 사정이 발생한 경우, 판매자에 대한 경고, 권리자에 대한 통보, 콘텐츠 게시 중단 및 삭제, 판매자 계정 해지 등의 필요한 조치를 단계별로 취해야 하며, 이러한 절차에 대해 약관에 명시해 두어야 합니다.

정리하면, NFT 거래소는 판매자에 대해 거래소 약관을 통해 다음과 같은 사항을 고지할 필요가 있습니다.

NFT 거래소 약관 예시

- 판매자는 NFT 콘텐츠를 판매할 수 있는 모든 적법한 권리를 보유하고 있어야 합니다.
- 판매자는 등록한 콘텐츠가 제3자의 저작재산권, 저작인격권, 저작인접권, 초상권, 퍼블리시티권, 상표권 등 일체의 권리를 침해하지 않음을 보증해야 합니다.
- 판매자가 거래소에 올린 콘텐츠가 제3자의 권리를 침해한 것으로 확인되거나, 제3자가 자신의 권리가 침해되었음을 상당한 증빙을 갖추어 주장하는 등 제3자의 권리를 침해하는 것으로 의심할 만한 사정이 있는 경우에는, 언제든지 판매자와 협의 없이 거래소의 재량으로 해당 NFT 콘텐츠의 게시를 중단 또는 삭제할 수 있습니다. 거래소는 제3자의 권리를 침해하는 콘텐츠를 반복하여 등록한 판매자에 대해서는 계정을 해지할 수 있습니다.

저작권법 시행령 제40조에서 제43조에서는 온라인 서비스 제공자(OSP)가 불법 저작물 등에 대해 취해야 할 조치에 관해 규정하고 있습

니다. NFT 거래소는 온라인 서비스 제공자라고 보기 어려운 면이 있지만, 이 규정은 NFT 거래소에도 일정한 가이드라인이 될 수 있으므로 매우 유용합니다. 이 규정을 NFT 거래소에 유추 적용해 보면 NFT 거래소는 다음과 같은 절차를 마련하고, 이를 약관 등에 규정해 놓는 것이 좋습니다.

NFT 거래소 약관 예시

제00조(게시 및 판매 중단 요청) ① 거래소에 등록된 NFT 콘텐츠가 자신의 저작권 등 법적 권리를 침해하였음을 이유로 게시 및 판매를 중단시킬 것을 요구하려는 자(이하 "권리주장자"라 한다)는 다음 각 호의 어느 하나에 해당하는 소명자료(전자문서 포함, 이하 같음)를 첨부하여 거래소에 게시 및 판매 중단 요청서를 제출하여야 합니다. 다만, 권리주장자가 저작권 신탁관리업자이거나 최근 1년 이내에 반복적인 침해 행위에 대하여 권리자임을 소명할 수 있는 자료를 이미 거래소에 제출한 사실이 있는 경우에는 요청서만 제출하여도 됩니다.

1. 자신이 그 콘텐츠의 권리자로 표시된 저작권 등의 등록증 사본 또는 그에 상당하는 자료

2. 자신의 성명이나 이명 등으로서 널리 알려진 것이 표시되어 있는 저작물 등의 사본 또는 그에 상당하는 자료

② 권리주장자는 정당한 권리 없이 복제·전송의 중단을 요구한 경우 그에 따른 손해를 배상하고, 정당한 권리가 없음을 알면서 고의로 복제·전송의 중단을 요구하여 거래소의 업무를 방해한 경우 관련 법규에 따라 처벌을 받겠다는 취지의 진술서를 제1항에 따른 요청서에 첨부하였을 때에는 제1항 각 호의 어느 하나에 해당하는 소명자료를 첨부하지 아니할 수 있습니다. 이 경우 제1항 각 호의 어느 하나에 해당하는 소명자료를 첨부하기 어려운 정당한 사유가 있어야 합니다.

제00조(게시 및 판매 중단 통보) ① 본 약관에 따라 거래소가 등록된 콘텐츠의 게시 및 판매를 중단시킨 경우에는 그 중단시킨 날부터 3일 이내에 권리주장자 및 판매자에게 권리주장자가 제출한 요청서를 첨부하여 통보합니다.

② 거래소는 판매자에게 위 제1항에 따른 통보를 할 때 자신의 등록이 정당한 권리에 의한 것임을 소명하여 게시 및 판매의 재개를 요구할 수 있음을 알려줍니다.

제00조(게시 및 판매 재개 요청) ① 전 조 제2항에 따라 게시 및 판매의 재개를 요구하려는 판매자는 거래소로부터 게시 및 판매 중단을 통보받은 날부터 30일 이내에 재개요청서에 다음 각 호의 어느 하나에 해당하는 소명자료를 첨부하여 거래소에 제출하여야 합니다.

1. 자신이 그 콘텐츠의 권리자로 표시된 저작권 등의 등록증 사본 또는 그에 상당하는 자료

2. 자신의 성명 또는 널리 알려진 이명 등이 표시되어 있는 그 콘텐츠 등의 사본 또는 그에 상당하는 자료

3. 저작권 등을 가지고 있는 자로부터 적법하게 게시 및 판매의 허락을 받은 사실을 증명하는 계약서 사본 또는 그에 상당하는 자료

4. 그 콘텐츠의 저작재산권 등 권리의 보호 기간이 끝난 경우 그 사실을 확인할 수 있는 자료

② 게시 및 판매의 재개를 요구하는 판매자는 정당한 권리 없이 게시 및 판매의 재개를 요구한 경우 관련 법규에 따라 손해를 배상하고, 정당한 권리가 없음을 알면서 고의로 게시 및 판매의 재개를 요구하여 거래소의 업무를 방해한 경우 관련 법규에 따라 처벌을 받겠다는 취지의 진술서를 제1항에 따른 재개요청서에 첨부하였을 때에는 제1항 각 호의 어느 하나에 해당하는 소명자료를 첨부하지 아니할 수 있습니다. 이 경우 제1항 각 호의 어느 하나에 해당하는 소명자료를 첨부하기 어려운 정당한 사유가 있어야 합니다.

제00조(게시 및 판매의 재개 통보 등) ① 본 약관에 따라 재개 요구를 받은 거래소는 게시 및 판매의 재개를 요구받은 날부터 3일 이내에 판매자의 게시 및 판매가 정당한 권리에 의한 것인지의 여부를 결정하고, 정당한 권리에 의한 것으로 인정되면 게시 및 판매의 재개 예정일을 정한 통보서를 권리주장자에게 송부합니다.

② 제1항에 따른 재개 예정일은 그 게시 및 판매의 재개를 요구받은 날의 7일 이후부터 14일까지의 기간 중에 속하는 날로 합니다.

판매자가 올린 NFT 콘텐츠가 다른 사람의 저작권이나 기타 법적 권리를 침해한다는 것을 거래소가 알았거나 알 수 있었음에도 불구하고 적절한 조치를 취하지 않은 채 방관한 경우 거래소 역시 저작권법 위반 등의 방조 책임을 질 수 있습니다.

NFT 메타데이터에 정확한 정보를 기재하도록 지도 감독하라

NFT 거래소는 NFT 판매자가 NFT의 메타데이터에 발행자 및 저작자 성명, 저작물의 제호 등 저작물과 관련된 주요 사항에 대해 허위 정보를 저장하지 않도록 지도, 감독해야 합니다. 특히 저작자의 성명을 잘못 표시하면 저작인격권 중 성명표시권 침해가 될 수 있고, 제호를 잘못 기재하면 동일성유지권 침해가 될 수 있다는 점을 유의해야 합니다. 저작자 성명의 경우, 저작자가 자신의 작품에 본명이 아닌 이명(가명, 예명 등)을 기재한 경우에는 메타데이터에도 동일한 이명을 기재해야 합니다. 무명으로 한 경우에는 무명으로 메타데이터 정보를 저장해야 하고요. 이 경우에는 본명을 밝히게 되면 오히려 성명표시권 침해가 될 수 있습니다.

따라서 거래소는 판매자에 대해 다음 사항을 확인하고 보증할 것을 요청할 필요가 있습니다.

NFT 거래소 약관 예시

- 본인(판매자)이 등록한 NFT 콘텐츠에 대한 게시 및 판매에 필요한 저작권 등 일체의 권리를 본인이 보유하고 있음을 확인 및 보증합니다.
- 본인(판매자)이 등록한 NFT 콘텐츠에 대한 작가 및 작품의 정보를 올바로 기재하였음을 확인합니다.

NFT 콘텐츠를 거래소에 게시하는 데 대한 동의를 받아라

NFT 거래소는 NFT 콘텐츠를 게시함으로써 구매자들이 링크 등을 통해 열람하고 내려받을 수 있도록 해야 하는데, 이러한 행위들은 모두 저작재산권의 범위에 포함됩니다. 물론 NFT 판매자가 저작권자라면 NFT를 거래소에 올려 게시하게 한 것 자체가 이러한 행위들에 대해 동의를 한 것으로 볼 수도 있습니다. 그러나 NFT 판매자가 저작권자가 아닌 경우도 있을 수 있습니다. 따라서 분명히 하기 위해서 거래소는 아래와 같은 약관을 통해 NFT 저작권자로부터 이러한 행위들을 하는 것에 대한 이용허락을 받는 것이 안전합니다.

NFT 거래소 약관 예시

- 본인(판매자)은 거래소가 NFT 판매를 위하여 NFT 콘텐츠를 게시함으로써 구매자들이 링크 등을 통하여 열람하고 다운로드할 수 있도록 하는 것에 대하여 동의하거나 금지할 적법한 권한을 가지고 있음을 보증합니다.
- 본인(판매자)은 거래소가 NFT의 홍보 및 판매를 위하여 필요한 상당한 범위 내에서 다음과 같은 행위를 할 수 있는 비독점적 이용권을 부여합니다.
  - NFT 콘텐츠의 복제(저장)
  - 분산 파일 저장 시스템, 노드 클러스트 기타 데이터베이스 내 NFT 콘텐츠의 호스팅 또는 저장
  - 거래소 플랫폼 기타 플랫폼으로의 NFT 콘텐츠 전송
  - NFT 콘텐츠 복제물의 배포

NFT 거래로 이전되는 권리의 내용과 범위를 명확히 알려라

NFT 거래소는 NFT 거래를 통해 NFT 판매자로부터 NFT 구매자에게 이전되는 권리의 내용과 범위를 명확하게 규정한 약관을 제정하고, 이를 판매자와 구매자가 잘 알 수 있도록 공고해야 합니다. 특히 NFT 콘텐츠에 대한 저작재산권이 이전되는지, 이전된다면 전부 이전되는지 일부 지분권이 이전되는지, 이용허락이라면 그 범위는 어디까

지인지 등을 약관을 통해 명확히 고지해야 합니다.

이러한 점을 약관으로 명확하게 규정해 놓지 않으면 NFT 거래가 이루어지더라도 법의 일반 원칙에 따라 NFT 콘텐츠(민팅을 통해 유일성 또는 원본성을 갖게 된 콘텐츠)에 대한 소유권만 구매자에게 이전될 뿐, NFT 콘텐츠 자체에 대한 저작권이나 기타 권리는 이전되지 않습니다. 이로 인해 권리의 내용과 범위를 둘러싸고 판매자와 구매자 사이에 불필요한 분쟁이 생길 수 있으므로, 거래소는 법적 분쟁을 예방하기 위해서라도 이전되는 권리의 내용과 범위 또는 이용허락의 범위 등에 관해 약관에 명확하게 기재하여 고지하는 것이 필요합니다.

NFT 거래소가 주의해야 할 법적 문제 핵심 정리!

1. 법적 분쟁을 피할 수 있도록, 거래소는 사용 조건을 통해 거래 당사자들 사이의 권리관계를 명확히 하고, 거래소와 플랫폼 이용자가 부담하는 책임의 한계 및 기타 법적 고지 사항을 분명하게 명시해야 합니다.

2. 거래소는 불법적이거나 승인되지 아니한 NFT 거래를 선제적으로 예방할 수 있는 조치와, 거래가 일어났을 때 사후적으로 취할 조치에 대한 절차와 방법을 정해 약관을 통해 공지해야 합니다.

3. 거래소는 자사 플랫폼 서비스 중단으로 인해 NFT 구매자가 피해를 입지 않도록 자료의 저장과 서비스 지속 및 승계 방법을 정해 시행해야 합니다.

4. 거래소는 자사 플랫폼 시스템의 보안과 개인정보 보호에 필요한 적절한 조치를 취해야 합니다.

05

NFT 관련
Q&A

이 장에서는 구체적인 사례들을 중심으로 Q&A를 정리해 보았습니다. 이를 통해
NFT 판매자와 구매자, 그리고 거래소가 주의해야 할 법률 문제에 대한 해결책을 알
아봅니다.

001 ― **037** • NFT 판매자를 위한 Q&A

038 ― **040** • NFT 구매자를 위한 Q&A

041 ― **042** • NFT 거래소를 위한 Q&A

001 보호받지 못하는 콘텐츠는 아무나 민팅해도 되나요?

모든 콘텐츠가 저작권의 보호를 받는 것은 아니라고 하는데, 어떤 콘텐츠가 저작권의 보호를 받지 못하는 콘텐츠인가요? 저작권의 보호를 받지 못하는 타인의 콘텐츠는 누구나 민팅해서 NFT 거래소에 등록하더라도 아무런 문제가 없을까요?

저작권 침해는 피할 수 있지만 다른 법률에 주의해야

 다른 사람이 만든 콘텐츠를 허락 없이 민팅하는 것은 저작권 침해가 된다고 보통 이야기합니다. 그런데 과연 항상 그럴까요? 콘텐츠 중에는 저작권의 보호를 받지 못하는 콘텐츠들도 상당히 많습니다. 어떤 콘텐츠(작품)가 저작권의 보호를 받기 위해서는 '창작성'(originality)이 있어야 합니다. 창작성이 있다는 것은 두 가지 조건이 충족되었다는 것을 뜻합니다. 하나는 남의 것을 베끼지 않았다는 것이며(not copying, independently create), 다른 하나는 최소한의 개성이 있다는 것입니다(minimum creativity). 여기서 최소한의 개성이 있다는 것은, 누가 하더라도 같거나 비슷하게 표현되는 것이 아니어야 한다는 것을 말합니다. 즉, 저작권의 보호를 받는 콘텐츠(저작물)가 되기 위해서는 남의 것을 베끼지 않은 것으로서, 누가 하더라도 같거나 비슷하게 표현되는 것이 아니어야 합니다.

결국 남의 것을 베낀 콘텐츠는 창작성이 없어서 저작권의 보호를 받을 수가 없고, 또 누가 해도 같거나 비슷하게 될 수밖에 없어 최소한의 개성이 없는 콘텐츠들도 창작성이 없어서 저작권의 보호를 받을 수 없습니다.

저작물의 성립 요건인 '창작성'은 남의 것을 베끼지 않고, 누가 하더라도 같거나 비슷하지 않을 정도의 개성만 갖추면 되므로, 창작성을 갖추는 것이 크게 어려운 일이 아닌 듯 보이지만, 실제로는 그렇지 않은 경우도 꽤 있습니다. 특히 경제적으로 막대한 수익을 올린 저작물 중에 창작성이 없어서 저작권의 보호를 받지 못하는 것들이 적지 않습니다.

몇 가지 예를 들면, 1999년 말 10대 청소년층에게 엄청나게 팔려 국내에서 품귀 현상까지 빚었던 '빤짝이 곰' 인형은 창작성이 없다고 대법원 판결까지 났습니다. 유명 스포츠 스타의 밀회 장면을 포착한 파파라치 사진, 아동들에게 글자 카드로 한글을 가르치는 '신기한 한글나라', 수십억원의 설계비를 지급한 지하철 설비 도면 등의 대형 콘텐츠들도 창작성이 없다는 이유로 저작권의 보호를 받지 못했습니다. 평범하고 무표정한 토끼 캐릭터 인형 '슈크레'는 창작성이 있는지 여부를 둘러싸고 치열한 법정 공방을 벌인 끝에 대법원 판결로 간신히 창작성을 인정받았고요.

이렇게 창작성이 없는 콘텐츠들도 상당수 존재합니다. 그러나 창작성이 없어서 저작권의 보호를 받지 못하는 콘텐츠들도 다른 법률에 의해 보호받는 경우가 있습니다. 대표적인 것이 부정경쟁방지법과 상표법 등입니다. 따라서 저작권과 상관없다는 이유로 남의 콘텐츠를 함부로 민팅해서는 NFT 거래소에 올려서는 안 됩니다.

▶ 부정경쟁방지법과 상표법 위반에 해당하는 행위는 뒤에서 살펴보겠습니다 (003, 007, 012, 014, 030 Q&A 참조).

외국인의 저작물도 우리 저작권법의 보호를 받나요?

국내에 아직 소개되지 않은, 해외에서 만들어지거나 외국인이 만든 콘텐츠를 민팅해서 우리나라 NFT 거래소에 올리는 것은 괜찮을까요? 외국 콘텐츠도 우리나라에서 저작권의 보호를 받나요?

외국인의 저작물도 국내에서 보호받는다고 생각해야

　특허나 상표는 '속지주의'라고 해서 등록을 한 국가에서만 보호를 받습니다. 따라서 우리나라의 발명품이나 상표가 다른 나라에서 보호를 받기 위해서는 그 나라 특허청에 등록이 되어 있어야 합니다. 그러나 저작물은 다릅니다. WTO 가맹국에서 만들어지거나 그 가맹국 국민이 창작한 저작물이라면 우리나라에서 따로 등록하지 않더라도 창작이 된 순간부터 저작권의 보호를 받습니다. 마찬가지로 우리나라 저작물도 따로 등록을 하지 않더라도 창작 순간부터 모든 WTO 가맹국에서 보호를 받게 됩니다.

현재 세계 대부분의 나라가 WTO에 가입되어 있기 때문에, 사실상 모든 나라의 저작물이 별도의 해외 등록을 하지 않아도 전 세계에서 보호를 받는다고 할 수 있습니다. 중국은 물론이고 북한도 WTO에 가입되어 있습니다.

따라서 해외에서 만들어지거나 외국인이 창작한 콘텐츠라도 창작성만 있으면 우리나라에서 저작권 보호를 받게 되므로, 저작권 침해의 책임을 질 수 있습니다.

003 작품의 아이디어만 모방하면 괜찮을까요?

저작권에 대한 어떤 책에서 창작물의 아이디어만 차용하는 것은 표절이 아니라는 글을 읽은 적이 있습니다. 그렇다면 다른 사람이 그린 그림의 아이디어를 모방해서 디지털 아트 작품을 만들어 NFT 거래소에 올리는 것은 어떨까요? 예를 들어, 널리 알려진 조영남씨의 화투 그림 아이디어를 모방해서 화투를 주제로 한 디지털 그림을 제작해서 거래소에 올려도 괜찮을까요?

저작권 침해는 피할 수 있지만 부정경쟁방지법에 주의해야

 아이디어만 차용한다면 원칙적으로 저작권 침해는 아닙니다. 아이디어 문제는 저작권과 관련해서 가장 많이 오해하거나 혼동하는 부분 중 하나입니다. 저작물은 '사상이나 감정을 창작적으로 표현한 것'을 말합니다. 이때 '사상이나 감정'을 통틀어 '아이디어'(idea)라고 하는데, 아이디어는 저작권의 보호를 받지 못합니다. 따라서 다른 사람의 아이디어를 모방해도 저작권 침해는 아닙니다. 다만, 부정경쟁방지법 등 다른 법에 의한 규제를 받을 수는 있습니다. 저작권으로 보호받는 것은 표현, 그중에서도 '창작적 표현'만입니다.

저작권법에서 아이디어에 해당하는 것으로 보는 대표적인 예는, '게임의 진행 방식, 어떤 일이나 작업을 수행하기 위한 방법, 프로세스, 해법, 규칙, 규약(프로토콜), 표준, 학습 방법 등'을 들 수 있습니다. 이런 종류의 아이디어를 새로 개발한 사람들이 저작권 보호를 받을 줄 알고 투자를 했다가, 보호를 받지 못해 낭패를 보는 경우가 자주 있습니다.

일례로, 어린이들의 감성지수(EQ)를 측정하는 새로운 기법을 개발한 교육학자가 있었습니다. 이 사람은 자기가 개발한 기법이 저작권의 보호를 받아, 독점 사업이 될 것으로 생각했습니다. 그래서 은행으로부터 많은 돈을 빌려서 사업을 시작했습니다. 그러나 이런 기법은 일종의 '방법'으로서 아이디어에 해당해 저작권의 보호를 받지 못합니다. 누구나 따라 해도 됩니다. 이 사업은 학부모들에게 선풍적인 인기를 끌었으나 오래지 않아 그 기법을 모방한 경쟁회사들이 우후죽순으로 생겨나고, 자금력 있는 대기업까지 뛰어들면서 결국에는 사업을 접을 수밖에 없었습니다.

마찬가지로 다른 사람의 사업 아이디어를 모방해서 메타버스 같은 가상공간에서 사업을 시작해도 저작권 침해는 되지 않습니다. 아이디어(사상)를 보호하는 법은 특허법인데, 특허법은 모든 아이디어를 보호하는 것이 아니라 '자연법칙을 이용한 기술적(technical) 아이디어'만 보호합니다. 철학적 사상이나 역사적 사상 같은 것은 기술적 사상이 아니고, 또 자연법칙을 이용한 것도 아니기 때문에 특허법의 보호를 받지 못합니다. 물론 저작권법의 보호는 당연히 받을 수 없지요. '암기법'이나 '독서법' 같은 것도 일종의 아이디어라 할 수 있는데, 이런 아이디어는 자연법칙을 이용한 것이 아니라 인간의 심리법칙을 이용한 것이고, 또 기술적인 아이디어도 아니기 때문에 특허법의 보호를 받지 못합니다. '사업적 아이디어' 역시 자연법칙을 이용한 기술적 아이디어가 아니기 때문에 모방해도 특허권 침해가 되지 않습니다.

작품 창작의 근본이 되는 주제, 테마, 소재 등도 아이디어의 영역에 속한다고 봅니다. 우리가 흔히 '화풍'이라고 말하는 그림을 그리는 기법도 아이디어에 해당한다고 보는 것이 일반적인 해석입니다. 따라서 조영남씨의 그림에서 화투를 '소재'로 한다는 것 자체는 일종의 아이디어에 속하므로, 화투를 소재로 디지털 그림을 창작하는 것은 저작권 침해가 되지 않습니다. 물론, 조영남씨의 특정 그림과 소재가 같다는 데서 끝나지 않고 '구체적 표현'까지 동일하거나 실질적으로 유사한 그림을 그린다면 저작권 침해(표절)가 될 수 있습니다. 그러나 화투를 '소재'나 '테마'로 삼은 것만으로는 저작권 침해가 되지 않습니다.

마지막으로 하나 더 주의할 것이 있습니다. 화투를 테마로 하면서 조영남씨의 그림 기법과 화풍까지 그대로 흉내내 구매자를 비롯한 감상자들로 하여금 조영남씨가 그린 그림으로 '혼동'(confusion)을 일으키게 한다면 부정경쟁방지법 위반이 될 수 있습니다. 그림의 '테마', 기법, 화풍은 모두 아이디어의 영역에 속해 저작권의 보호를 받을 수 없지만, 이런 부분들을 모방함으로써 구매자나 감상자들에게 다른 사람의 그림과 혼동을 일으키게 한다면, 혼동을 방지하는 법인 부정경쟁방지법 위반이 될 수 있는 것입니다.

부정경쟁방지법은 아이디어의 모방인지 표현의 모방인지와 상관없이 소비자가 혼동을 일으키는지를 기준으로 삼아 침해 여부를 판단합니다.

부정경쟁방지법

제2조 제1호의 '부정경쟁행위' 중 가목

국내에 널리 인식된 타인의 성명, 상호, 상표, 상품의 용기·포장, 그 밖에 타인의 상품임을 표시한 표지(標識)와 동일하거나 유사한 것을 사용하거나 이러한 것을 사용한 상품을 판매·반포(頒布) 또는 수입·수출하여 타인의 상품과 혼동하게 하는 행위

004 스포츠 동작에도 저작권이 있나요?

스포츠 동작에도 저작권이 있나요? 예를 들어, 유명한 필라테스(요가) 강사의 동작을
따라한 영상을 민팅해서 NFT 거래 사이트에 올리려 하는데 괜찮을까요?

예능적 요소가 있는 동작은 무용저작물이 될 수 있어

 원칙적으로 스포츠 동작에는 저작권이 없다고 봅니다.
필라테스(요가) 동작이라든가 에어로빅 동작, 태권도나
검도와 같은 무예의 품세, 헬스 트레이너의 PT(physical
training) 동작 같은 것들은 아이디어의 영역에 속하는 것으로서, 저작
권의 보호를 받을 수 없다고 보는 게 일반적입니다.

그러나 피겨스케이팅, 리듬체조, 수중발레와 같이 기술적 요소와 예
능적 요소가 함께 어우러지는 종목은 경우가 조금 다릅니다. 이런 스
포츠 종목에서 규정 동작이 아닌 자유 연기 부분은 안무적 요소가 매
우 강합니다. 따라서 창작적 표현이 발휘되는 범위 내에서 연극저작
물(무용저작물)로 보호받을 가능성이 있습니다.

주의해야 할 것은, 이런 동작들이 저작권의 보호를 받는지 못 받는지
와 관계없이 그 동작을 영상으로 촬영한 영상물은 영상저작물로 보호
를 받을 수 있다는 점입니다. 따라서 내가 촬영한 영상이 아니라 '다른
사람'이 촬영하거나 제작한 스포츠 동작 영상물을 함부로 민팅해서
NFT 사이트에 올리는 행위는 저작권 침해가 될 수 있습니다.

또 유명한 PT 강사나 에어로빅 강사, 필라테스 강사들의 동작을 촬영

한 영상물을 함부로 민팅해서 올리면, 저작권 침해와는 별도로 그 강사들의 초상권과 퍼블리시티권을 침해할 수 있습니다. '퍼블리시티권'은 재산적 권리라는 점에서 인격적 권리인 초상권과 차이가 있습니다. 즉, 초상권 침해에 대해서는 위자료 배상만 해주면 되지만, 퍼블리시티권 침해에 대해서는 재산적 손해배상도 해주어야 합니다. 지명도가 높은 강사나 연예인인 경우 매우 고액이 될 수도 있습니다.

저작권법

제4조(저작물의 예시 등) ① 이 법에서 말하는 저작물을 예시하면 다음과 같다.

1. 소설·시·논문·강연·연설·각본 그 밖의 어문저작물

2. 음악저작물

3. 연극 및 무용·무언극 그 밖의 연극저작물

4. 회화·서예·조각·판화·공예·응용미술저작물 그 밖의 미술저작물

5. 건축물·건축을 위한 모형 및 설계도서 그 밖의 건축저작물

6. 사진저작물(이와 유사한 방법으로 제작된 것을 포함한다)

7. 영상저작물

8. 지도·도표·설계도·약도·모형 그 밖의 도형저작물

9. 컴퓨터 프로그램 저작물

005 판매된 그림을 다시 민팅하고 싶어요!

화가 A는 자신이 그린 그림을 모두 스캔해서 디지털 파일로 보관하고 있습니다. A는 이미 판매된 작품 가운데 몇 작품을 골라서, 디지털 파일을 민팅해 NFT 거래소에 올리려고 합니다. 이미 판매되어 다른 사람의 소유가 된 작품인데, A가 마음대로 NFT로 판매해도 괜찮은 것인가요?

원칙적으로 허용되나 기망이 되지 않도록 주의해야

앞으로 문제가 될 소지가 큰 사례라고 볼 수 있습니다. 결론부터 말하면, 현행 저작권법으로는 화가 A의 행위를 막을 수 없을 것으로 보입니다. 화가 A가 그린 그림을 사간 구매자는 그 그림에 대한 소유권만 취득한 것이지 저작권까지 취득한 것은 아니기 때문에 저작권은 여전히 화가 A에게 남아 있습니다. 따라서 A는 자신의 저작권에 기초해서 그 작품을 복제하거나 공연, 공중송신, 전시, 배포, 대여, 2차적 저작물 작성 등 저작권의 대상이 되는 행위를 자유롭게 할 수 있습니다. 민팅하는 것은 '복제'에 해당하고, 거래소에 올리는 것은 '전송'에 해당합니다. 이는 모두 저작권의 영역에 속하기 때문에 저작자인 A만이 이러한 행위를 할 수 있습니다. 오히려 구매자가 이런 행위를 하게 되면 A는 구매자의 그러한 행위를 금지할 수도 있습니다.

그런데, 이렇게 될 경우 미술품 원본을 구매하는 사람 입장에서는 구매 동기가 크게 떨어질 것이고, 이는 결국 미술품 시장을 위축시키는 결과를 초래할 가능성이 있습니다. 창작자인 화가들에게도 바람직한 상황은 아닌 것이지요. 이러한 문제점이 발생하는 것은, 현재의 저작권법이 NFT 시장을 미처 생각지 못한 상태에서 만들어졌기 때문이기도 합니다. 따라서 향후 저작권법 개정을 통해 이 문제를 해결할 수 있는 입법적 조치가 이루어져야 할 것으로 판단됩니다.

006 요리 레시피도 저작권과 관계가 있나요?

요리 레시피도 저작권이 있는지요? 예를 들어, 백종원씨의 레시피를 그대로 따라한 요리 영상을 제작해서 민팅하거나, 레시피 자체를 민팅해서 NFT 거래 사이트에 올려도 될까요? 요즘 유명 레스토랑에 가보면 요리도 요리지만 플레이팅을 정말 예쁘게 해놓은 걸 볼 수 있는데, 이런 독특한 플레이팅을 레스토랑 허락 없이 촬영해서 민팅하는 것은 어떨까요?

레시피는 허용되나 플레이팅은 주의해야

 레시피(recipe)는 조리법을 뜻하는 단어로서, 음식을 만드는 재료와 순서, 방법을 기재한 일종의 설명서입니다.

레시피라는 용어가 의미하는 것처럼, 이것은 일종의 '방법' 내지 '프로세스'이기 때문에 앞의 003번 질문에서 살펴본 '아이디어'의 영역에 속합니다. 따라서 레시피 그 자체는 저작권의 보호를 받지 못합니다. 그러므로 백종원씨의 레시피를 기재한 텍스트를 만들어 민팅하거나, 그 레시피를 그대로 따라서 요리하는 장면을 촬영한 후 민팅해 NFT 거래소에 올리더라도 백종원씨에 대한 저작권 침해가 되지는 않습니다.

그러나 재료와 조리 방법, 조리 순서를 평이한 단어와 문장으로 설명문처럼 단순하게 기재한 레시피가 아니라, 나름 독창적인 묘사와 창의적이고 개성적인 표현, 주관적 감상을 곁들인 레시피, 그리고 개성 있는 사진과 그림 등을 곁들인 레시피는 저작권의 보호를 받을 수 있습니다. 그

> ▶ 저작권 보호의 대상이 되는 것은 레시피의 개성적 표현에 한정됩니다. 요리 방법은 얼마든지 따라해도 됩니다.

런 창의적이고 개성적인 표현을 그대로 베껴서 레시피 텍스트를 만들어 민팅해 올린다면 저작권 침해가 될 수 있습니다.

메뉴판 같은 것도 그냥 음식 이름과 가격만 평이하게 기재한 것은 저작권의 보호를 받지 못합니다. 그러나 미술적으로 도안되어 독창적이고 개성적인 표현으로 만들어진 메뉴판은 미술저작물로 보호될 수 있습니다. 블로그나 인스타그램을 보면 디자인이 멋진 메뉴판을 촬영해서 올리는 경우가 있습니다. 물론 그 레스토랑을 홍보하는 것도 되기 때문에 레스토랑에서 사실상 허락을 한 것으로 볼 수 있습니다. 하지만 그런 메뉴판을 허락 없이 민팅해서 올리게 되면 저작권 침해의 책임을 질 수 있다는 점을 유의할 필요는 있습니다.

다음으로, 플레이팅에 대해 알아보겠습니다. 레스토랑이 자체적으로 고안한 플레이팅은 창작성이 있으면 저작권의 보호를 받을 수 있습니다. 일종의 디자인이라고 할 수 있지요. 즉, 독자적으로 만들어지고 누가 하더라도 같거나 비슷하게 되지 않을 정도의 개성을 가진 것으로서, 디자인적으로 표현된 플레이팅이라면 미술저작물(응용미술저작물)이 될 여지가 있습니다. 물론, 플레이팅은 일시적으로 그릇에 표현되었다가 음식을 먹기 시작하면 바로 사라집니다. 그러나 저작물이 되기 위해서 '고정'(fixation)을 요건으로 하고 있는 미국 저작권법과 달리 우리나라 저작권법은 고정을 요건으로 하고 있지 않습니다. 따라서 그릇에 음식을 담아놓은 플레이팅의 미적 형상이 잠시 후에는 사라진다고 해도, 일단 창작적으로 그릇에 모양이 표현된 이상 저작물이 될 가능성이 있는 것입니다.

그러나 003번 질문에서 본 것처럼, 저작권으로 보호되는 것은 '표현'이지 '아이디어'는 보호를 받지 못합니다. '담음새'라는 우리말 표현이 말해 주듯이, 플레이팅은 음식과 접시의 모양에 따라 음식을 효율적이고 보기 좋게 담는 일종의 '방법'(method, solution)입니다. 따라서 저작권의 보호를 받지 못하는 아이디어의 영역에 속할 가능성이 높습니다. 또 저작권의 보호를 받는 표현에 해당하더라도 그 표현 외에 달리 표현할 수 있는 방법이 없거나 극히 제한되어 있는 경우라면 저작권의 보호를 받지 못합니다. 저작권은 다양한 표현 방법이 있을 때 그 중 하나를 표현한 사람을 보호해 주는 것이지, 달리 표현할 방법이 없는 표현은 보호해 주지 않습니다. 이런 경우를 '아이디어와 표현의 합체'(idea expression merger) 또는 '필수 장면', '사실상의 표준'(de facto standard)이라고 합니다. 달리 표현할 방법이 없는 플레이팅을 저작권으로 보호해 주면, 다른 사람은 그 음식을 효율적으로 플레이팅할 방법이 없어집니다. 따라서 플레이팅이 어떤 성질의 것이냐, 독자적인 표현이고 누가 하더라도 같거나 비슷하게 되지 않는 표현이냐, 다른 효율적인 표현 방법이 존재하느냐에 따라 저작권의 보호 여부는 달라질 수 있습니다.

모창이나 흉내는 법에 저촉되지 않겠죠?

배우의 연기나 가수의 노래에도 저작권이 있나요? 예를 들어, 유명한 마술사가 하는 마술 연기를 그대로 흉내 낸 영상을 촬영한 후 민팅해서 NFT 거래소에 올려도 될까요? 유명 걸그룹의 노래를 모창하는 영상을 촬영해서 민팅하면 어떤가요?

모창은 가능하나 퍼블리시티권 침해에 주의해야

 배우나 가수, 마술사 같은 사람들을 '실연자'(performer) 라고 합니다. 실연자는 저작자가 아니므로 저작권이 없습니다. 그러나 실연자에게는 저작권과 유사한 '저작인접권'(neighbouring right)이라는 권리가 있습니다. 저작인접권은 실연자의 연기나 노래를 복제, 배포, 공연, 방송, 전송 등을 하는 것을 금지하거나 허락할 수 있는 권리입니다. 다만, 실연자들에게는 자신의 연기나 노래를 그대로 '복제'하는 행위, 즉 녹음하거나 녹화하는 것에 대한 권리만 있을 뿐 '모방'하는 것을 금지할 권리는 없습니다. 따라서 가수나 배우, 마술사 등의 노래나 연기 등을 '모방'하는 것은 저작권법상으로는 문제가 되지 않습니다. 즉, 모방 연기나 모창을 하는 영상을 촬영해서 거래소에 올려도 저작인접권 침해가 아닙니다. 그러나 모방이 아니라 실연자들이 '직접' 연기, 가창, 연주 등을 한 영상을 민팅한다면, 실연자들이 가지고 있는 저작인접권인 복제권을 침해하는 행위가 됩니다.

실제로, 손담비의 노래 '미쳤어'를 모창한 어린 소녀의 영상을 소녀의 아빠가 유튜브에 올렸다가 문제가 된 사건에서 법원은, 이런 영상을 촬영하여 올리는 것은 개인의 헌법상 기본권인 '표현의 자유'에 해당한다고 하여 저작권 침해가 되지 않는다고 판결하였습니다.

모창이나 모방은 저작권이나 저작인접권 침해가 되지 않아 저작권법적으로는 문제가 없습니다. 촬영해서 민팅을 해도 마찬가지입니다. 다만, 다음과 같은 점을 주의해야 합니다.

유명 배우나 가수, 마술사 같은 이들은 고객을 끌어들이는 힘이 있기 때문에, 자신의 용모, 이름, 음성 등을 광고에 사용하는 것을 금지할 수 있는 '퍼블리시티권'을 가집니다. 따라서 모방 행위가 저작권법적으로는 문제가 되지 않더라도, 광고나 상품 판매 등 영리를 목적으로 인기 배우나 가수, 마술사 등 이른바 '셀럽'들의 이름, 용모, 음성 등을 함부로 사용하거나 모방하면, 퍼블리시티권 침해가 될 수 있습니다.

그동안 우리나라에는 퍼블리시티권을 보호하는 법률이 따로 없어서 퍼블리시티권이 우리나라에서도 보호되는 권리인지에 대해 논란이 있었습니다. 법원의 판례도 오락가락하다가 최근에는 퍼블리시티권 침해를 민법상 일반 불법 행위로 보아 손해배상을 인정하는 추세였습니다.

그러던 중 2022년 4월 20일부터 시행된 부정경쟁방지법 제2조 제1호 타목에서 퍼블리시티권을 보호하는 규정이 신설되었습니다. 이에 따르면 "국내에 널리 인식되고 경제적 가치를 가지는 타인의 성명, 초상, 음성, 서명 등 그 타인을 식별할 수 있는 표지를 공정한 상거래 관행이나 경쟁질서에 반하는 방법으로 자신의 영업을 위하여 무단으로 사용함으로써 타인의 경제적 이익을 침해하는 행위"를 부정경쟁행위라고 정의해 퍼블리시티권을 보호합니다. 또한 2022년 국회 통과가 예상되는 저작권법 개정안에도 '초상 등 재산권'이라고 하여 퍼블리시티권을 보호하는 신설 규정이 들어 있습니다.

따라서 유명 연예인의 용모, 이름, 음성 등을 허락 없이 사용해 콘텐츠를 제작하고, 그 콘텐츠를 민팅해 NFT 거래소에 올린다면 민법상 일반 불법 행위가 되는 것은 물론이고, 부정경쟁방지법이나 개정 저작권법에도 위배될 수 있으니 주의가 필요합니다.

결론적으로 유명 연예인의 연기나 가창을 모방하는 행위는 저작권 침해가 되지 않습니다. 그러나 연예인을 모방함으로써 고객을 유인하거나, 모방 행위를 통해 유명 연예인의 인기를 이용하는 경우, 또 보거나 듣는 사람으로 하여금 진짜 연예인이 연기나 노래를 하는 것으로 오인·혼동하게 하여 경제적 이익을 취하는 경우엔 퍼블리시티권 침해로 인한 민법상 불법 행위가 될 수 있고, 특히 2022년 4월 20일 이후로는 부정경쟁방지법 위반 및 저작권법 위반에 해당할 수 있음을 유의해야 합니다.

한 가지 더, 상표법도 주의해야 합니다. 유명 연예인의 이름이나 '대장금', '태양의 후예' 같은 드라마 및 영화의 제목, 주인공 이름, 책 제목 등은 상표로 등록되어 있는 경우도 많기 때문에, 상표권 침해가 될 가능성도 있습니다. 요즘은 '셀럽 마케팅' '인플루언서 마케팅'이라고 해서 유명인의 인지도를 이용한 마케팅이 많이 이루어집니다. 따라서 유명인의 이름, 초상, 용모, 음성 등에 대한 권리의식도 점점 높아지고 있으므로 이런 것을 함부로 이용했다가는 위법 행위가 될 수 있다는 점을 유의해야 합니다.

판례 퍼블리시티권을 더욱 넓게 인정하는 미국

미국은 우리나라보다 퍼블리시티권을 훨씬 더 넓게 인정합니다. 따라서 미국 연예인의 초상이나 성명, 음성 등을 허락 없이 이용하는 것은 더욱 조심해야 합니다.

퍼블리시티권 관련 미국 법원의 판례로, 바나 화이트(Vanna White)가 삼성전자를 상대로 제소한 사건을 들 수 있습니다. 삼성전자의 미국 현지 법인이 제소된 사건으로, 우리나라 언론을 통해서도 소개된 바 있습니다. 원고인 바나 화이트는 미국에서 인기 있는 장수 퀴즈 프로그램의 하나인 '휠 오브 포춘'(Wheel of Fortune)에서 출연자들이 퀴즈의 정답을 맞힐 때마다 게임판의 정답을 뒤집어 보여주거나 상품을 소개하는 역할을 맡고 있는 공동진행자입니다. 피고인 삼성전자는 자사 제품인 비디오카세트 레코더(VCR) 광고를 제작하면서 이 퀴즈 프로그램을 소재로 이용했습니다. 원고를 연상시키는 금발 로봇이 원고가 퀴즈 프로그램에서 늘상 취하는 자세로 서서 피고의 VCR을 소개하는 광고인데, "서기 2012년, 가장 오래된 퀴즈 프로그램"이라는 광고 자막을 내보냄으로써 20년 후인 2012년이 되어도 피고의 전자제품은 여전히 사용되고 있을 거라는 메시지를 담아냈습니다.

출처 : 보스턴 헤럴드, 2021. 1. 3.

미국 법원은 이 사건에서 피고의 광고에 등장한 로봇이 원고의 외모를 그대로 묘사 또는 모방한 것이 아니라는 점은 인정하면서도, 퍼블리시티권은 반드시 특정 인물의 이름이나 외모 등을 사용함으로써만 침해되는 것이 아니라 동일성을 인정할 수 있을 정도로 그 인물의 특정한 배역이나 역할을 묘사, 모방하는 것을 통해서도 침해될 수 있다고 판시하였습니다. 결국 원고의 청구를 인용하면서 403,000달러(약 5억원)의 손해배상을 명했습니다(Vanna White v. Samsung Electronics America, Inc., 971 F.2d 1395(9th Cir. 1992), petition for rehearing and rehearing en banc denied, 989 F.2d 1512 (9th Cir.), cert. denied, 113 S.Ct. 2443(1993)).

▶ 바나 화이트는 1982년부터 '휠 오브 포춘'의 진행자로 활동하고 있는 미국의 방송인으로, 2022년까지 계약이 되어 있다고 합니다.

008 허락 없이 저작물을 이용할 수 있는 경우는?

허락을 받지 않아도 저작물을 자유롭게 이용할 수 있는 경우가 있다고 하는데, 어떤 경우인가요?

저작권법 규정에서 정한 기준을 충족해야

저작권법의 목적은 문화 및 관련 산업의 발전에 이바지하는 데 있습니다(저작권법 제1조). 문화의 발전을 위해서는 창작자의 권리를 보호해 주는 것도 중요하지만, 창작물이 일반 대중들에게 널리 감상되고 이용되는 것 또한 중요합니다. 그래서 저작권법에는 저작권자의 허락을 받지 않고도 자유롭게 저작물을 이용할 수 있는 여러 가지 규정을 마련해 두고 있습니다. 그중에는 완전 자유이용이 가능한 경우도 있고, 허락은 받지 않아도 되지만 일정한 보상금을 지급해야 하는 경우도 있습니다.

자유이용의 가장 대표적인 경우는 저작권법 제28조의 '공표된 저작물의 인용'과 제35조의5의 '저작물의 공정한 이용(fair use)'입니다.

그런데 허락 없이 자유이용이 가능한 경우라 하더라도 민팅해서 거래소에 올리는 건 판단이 다를 수 있으니 주의가 필요합니다.

저작권법

제28조(공표된 저작물의 인용) 공표된 저작물은 보도·비평·교육·연구 등을 위하여는 정당한 범위 안에서 공정한 관행에 합치되게 이를 인용할 수 있다.

제35조의5(저작물의 공정한 이용)

① 제23조부터 제35조의4까지, 제101조의3부터 제101조의5까지의 경우 외에 저작물의 통상적인 이용 방법과 충돌하지 아니하고 저작자의 정당한 이익을 부당하게 해치지 아니하는 경우에는 저작물을 이용할 수 있다.

② 저작물 이용 행위가 제1항에 해당하는지를 판단할 때에는 다음 각 호의 사항 등을 고려하여야 한다.

  1. 이용의 목적 및 성격

  2. 저작물의 종류 및 용도

  3. 이용된 부분이 저작물 전체에서 차지하는 비중과 그 중요성

  4. 저작물의 이용이 그 저작물의 현재 시장 또는 가치나 잠재적인 시장 또는 가치에 미치는 영향

009 사진을 모사한 그림을 민팅하는 것은?

사진을 그대로 그림으로 모사해 민팅해서 NFT 거래소에 올리는 것은 괜찮은가요? 미국의 유명한 팝아트 화가인 '앤디 워홀'(Andy Warhol)은 1950년대 유명 여배우였던 마릴린 먼로의 사진을 그대로 모사한 그림, 미키마우스 사진을 그대로 모사한 그림을 그려 지금도 엄청나게 비싼 가격에 팔리고 있는데요?

아직 명확한 기준 없어! 예술적 가치와 법적 문제는 별개

 최근 실제로 문제가 된 사안입니다. 그동안 국내외 미술계에서는 특정 사진작가의 작품을 토대로 그린 그림 작품은 저작권이 제한되는 자유영역, 즉 '공정한 이용'(fair use)에 해당한다고 하여 저작권 침해가 ▶ 우리 저작권법 제35조의5; 미국 저작권법 제107조.

되지 않는다고 여겨왔습니다.

그런데 최근 미국에서 이런 통상적인 관념에 의문을 제기하는 판결이 나왔습니다. 앤디 워홀 재단을 상대로 저작권 침해를 주장한 사건이 그 발단인데요.

사진작가인 '린 골드스미스'(Lynn Goldsmith)는 1981년 미국의 유명 팝 아티스트인 프린스(Prince)의 사진을 촬영했습니다. 그런데 앤디 워홀이 이 사진을 그대로 모사해서 16점의 다채로운 색상의 실크스크린 그림을 제작했습니다. 이에 린 골드스미스가 2017년 저작권 침해를 주장하면서 미국 맨해튼 연방지방법원에 소송을 제기했습니다.

1심인 맨해튼 연방지방법원은 2019년 "워홀의 작품은 원본 사진의 '변형적 이용'(transformative use)에 해당하며, '미술계에 새로운 것을

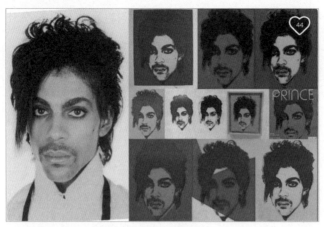

프린스 사진(좌)과 앤디 워홀의 프린스 스크린 시리즈.
출처 : https://s3.amazonaws.com/media.ai-ap.com/dam/cropped/
2017/08/08/top_9LLqAVc.jpg

더한 것'(add something new to the world of art)"이라는 이유로 '공정한

이용'에 해당하고, 따라서 저작권 침해가 아니라고 판결하였습니다.

그러나 골드스미스의 항소로 진행된 2심 재판의 결론은 달랐습니다.

항소심인 미국 연방항소법원은 2021년 3월, "작품이 변형적인지 여부

는 단지 예술가의 명시적으로 인식된 의도 또는 비평가(또는 판사)가 작

품에서 끌어내는 의미나 인상에만 의존할 수 없다"면서 앤디 워홀의

프린스 시리즈는 변형적 이용에 해당하지 않는다고 판결하였습니다.

피고인 앤디 워홀 재단이 연방대법원에 상고를 제기한 상태이므로,

이 사건의 결론은 아직 기다려보아야 합니다. 그러나 현재 앤디 워홀

재단 등 관련 사이트에서는 프린스 스크린 그림과 관련된 작품은 모

두 삭제된 상태라고 합니다. 아마도 항소심 판결에 따라 임시 집행 처

분이 내려진 것으로 보입니다. 미국 연방대법원이 최종적으로 이 사건

을 어떻게 판결하느냐에 따라 그동안 여러 사진작가들의 사진을 모사

해 그림을 그려온 앤디 워홀은 줄소송을 　▶ 비즈월드 인터넷 뉴스, 2022. 1. 7.

당할 수도 있을 것으로 보입니다. 　　　　참조

010 사적인 이용은 허락받지 않아도 된다는데요?

다른 사람이 만든 콘텐츠를 비영리적이고 개인적인 목적으로만 이용하는 경우에도 허락을 받아야 하나요? 예를 들어 친한 친구 서너 명만 방문하는 제 개인 블로그에 배경음악이나 좋아하는 영상을 올려도 침해가 되는지요? 개인적으로 복사해 두었던 이미지를 민팅해서 NFT 거래소에 올리는 것은 어떤가요?

공중의 접근이 가능하다면 사적 이용으로 볼 수 없어

저작물을 자유롭게 이용할 수 있는 경우의 하나로 저작권법은 '사적 복제' 규정을 두고 있습니다(저작권법 제30조). "공표된 저작물을 영리를 목적으로 하지 아니하고 개인적으로 이용하거나 가정 및 이에 준하는 한정된 범위 안에서 이용하는 경우"에는 저작권자의 허락 없이도 저작물을 복제할 수 있도록 한 규정입니다.

이 규정에 의거해, 나 혼자 또는 내 가족이나 10명을 넘지 않는 소그룹에서 이용하기 위해 시나 소설 같은 텍스트, 음악, 영상 등을 복사, 녹음, 녹화하는 것은 허용된다고 보고 있습니다. 그러나 이렇게 복사한 콘텐츠를 인터넷 블로그나 카페, 또는 유튜브 같은 플랫폼에 올리는 것은 복사를 넘어 '전송'이 됩니다. '사적 복제' 규정은 복사, 녹음, 녹화 같은 복제만 허용하고 있지 전송까지 허용하는 것은 아닙니다. 따라서 타인의 콘텐츠를 허락 없이 개인 블로그에 배경음악이나 영상으로 올리는 것은 저작권 침해가 될 수 있습니다. 설사 그 블로그에 나와 가까운 친구 서너 명만 들어온다고 해도, 일반인의 접근 가능성이 열려 있다면 마찬가지입니다.

저작재산권의 지분권 중 하나인 '전송권'으로 통제할 수 있는 '전송'은 공중(public)을 대상으로 합니다. 따라서 일반 공중을 대상으로 하지 않고 이메일이나 카톡, 메신저 같은 개인적인 송신 수단을 이용해서 특정 개인에게만 콘텐츠를 보내는 것은 '전송'에 해당하지 않아 '전송권' 침해가 아닙니다.

그러나 그렇게 보낸 콘텐츠가 의도치 않게 공중이 접근할 수 있는 인터넷 등을 통해 퍼지게 되는 경우가 있습니다. 천만 관객을 동원할 정도로 흥행에 성공한 국내 영화가 개봉 전에 영상 파일이 유출되는 바람에 크게 문제가 된 적이 있습니다. 사건을 조사해 보니, 영화 필름 제작업체의 직원이 자기가 보관 중이던 영상 파일을 혼자만 보라고 친구에게 보내준 것이 인터넷에 유출된 것으로 밝혀졌습니다. 이런 경우 고의성이 없어 형사 책임은 면할 수 있을지 몰라도 민사 책임으로 막대한 손해배상을 해주어야 할 수 있습니다. 형사 책임은 고의범만 처벌하지만, 민사 책임은 과실(실수)의 경우도 책임을 져야 하기 때문입니다.

개인적인 목적으로 복사해 둔 이미지도 민팅해서 NFT 거래소에 올리게 되면 더 이상 개인적 목적이라고 볼 수 없습니다. 또한 거래소에 올리는 것 자체가 '전송'에 해당하고, 판매를 목적으로 하는 것이므로 비영리적이라고 볼 수 없기 때문에 사적 복제 규정이 적용될 여지가 없습니다. 당연히 저작권 침해가 성립합니다.

011 비영리 목적이라면 괜찮은가요?

비영리적이고 교육적인 목적으로 청년들에게 유익한 책을 읽어주거나 요약해 주는 동영상 콘텐츠를 제작해서 메타버스나 유튜브에 올리려고 합니다. 혹시 책에 대한 저작권 침해가 되는 것은 아닐까요?

비영리, 교육 목적이라고 모두 허용되는 것은 아냐

 자유이용이 허용되는 대표적인 경우로 저작권법 제28조의 '공표된 저작물의 인용'을 들 수 있습니다. 논문을 쓰면서 다른 사람의 책이나 논문을 인용하는 것, 인문학 강연을 하면서 다른 사람이 쓴 책을 인용하는 것(이런 종류의 유튜브 영상은 매우 많습니다) 등이 여기에 해당합니다.

저작권법 제28조는, "공표된 저작물은 보도·비평·교육·연구 등을 위하여는 정당한 범위 안에서 공정한 관행에 합치되게 이를 인용할 수 있다"고 규정하고 있습니다. 따라서 자유이용이 허용되기 위해서는 그 인용이 ① '정당한 범위 안에서' ② '공정한 관행에 합치되게' 이루어져야 합니다. 그런데 이 기준이 매우 추상적이어서, 구체적으로 어떤 범위에서 어떤 방법으로 인용을 해야 자유이용이 허용되는지는 일률적으로 말하기 어렵습니다. 결국 제28조가 적용될 수 있는지 여부는 케이스 바이 케이스(case by case)로, 그때그때 관련 판례나 학설 등을 통해 유사한 사례들을 검토해 보고 판단할 수밖에 없습니다.

다만, 반드시 비영리적이어야만 '공표된 저작물의 인용'이 허용되는 것은 아닙니다. 물론 비영리성이 강할수록 자유이용의 가능성이 높아지는 것은 사실입니다. 유튜브에 영상을 올리면 조회수나 구독수, 시청 시간 등에 따라서 수익이 발생하므로, 유튜브 영상에 영리성이 전혀 없다고는 볼 수 없습니다. 그러나 교육적 목적이 크고, 영리적 수익이 그리 크지 않다면 자유이용이 허용될 가능성이 높아집니다. 메타버스에 올리는 것은 상황에 따라 영리성 여부가 달라질 것입니다. 영리적 목적이 전혀 없이 올리는 경우도 있을 것이고, 회사나 기업의 홍보용으로 올리는 경우도 있을 것입니다. 후자라면 영리성이 있다고 보아야 할 것입니다.

특히 시중에서 판매되는 책을 인용하거나 읽어주는 영상의 경우, 영상에 인용된 책의 저자나 출판사는 오히려 책을 판매할 기회를 상실하게 될 가능성이 있습니다. 영상만 보고 책은 구입하지 않는 독자들이 있고, 실제로 이런 영상들은 굳이 돈과 시간을 투자해서 책을 사서 읽지 않아도 되게끔 제작이 되기 때문입니다. 이렇게 책을 읽어주는 영상 콘텐츠가 시장에서 책과 경쟁하는 관계에 있게 되면, 즉 영상이 책의 대체재가 되면, 자유이용의 허용 가능성은 낮아집니다. '공표된 저작물의 인용' 규정을 비롯한 자유이용 규정이 적용될 수 있는지 여부를 판단할 때는, 이용된 저작물의 현재 시장 또는 잠재적 시장에 얼마나 부정적 영향을 미치는지를 매우 중요한 요소로 고려합니다. 따라서 저작물의 현재 시장 또는 잠재적 시장에 부정적 영향을 많이 미칠수록 자유이용의 허용 가능성은 낮아집니다.

012 유명 캐릭터를 소품으로 사용한 영상은?

어린이를 위한 키즈(kids) 영상 콘텐츠를 제작하는 업체입니다. 디즈니 영화 '라이온 킹'에 나오는 '심바' 캐릭터 인형을 가지고 놀이를 하는 어린이용 영상을 제작했습니다. 이 영상을 민팅해서 NFT 거래소나 유튜브 등의 플랫폼에 올리려고 하는데, 디즈니사로부터 사전에 허락을 받아야 하나요? 이 영상 중 일부 장면을 잘라낸 일명 '짤' 이미지를 민팅해서 NFT 거래소에 올리는 것은 어떤가요?

아직 명확한 판례는 없지만 주의해야

'키즈(kids) 콘텐츠'는 유튜브는 물론이고 케이블TV, IPTV 등 대부분의 플랫폼에서 가장 높은 시청률을 자랑하는 킬러 콘텐츠입니다. 우리나라의 IPTV 방송이 빨리 자리를 잡게 된 데에는 '뽀로로'나 '타요' 같은 키즈 콘텐츠의 역할이 컸다는 것이 업계의 평가입니다.

캐릭터 장난감을 가지고 놀이를 하는 유튜브 영상은 이미 어린이들에게 큰 인기를 끌면서 막대한 수익을 내고 있습니다. 그런데 이런 영상을 올리려면 캐릭터 저작권자의 허락을 받아야 하는 것인지, 아니면 자유이용이 가능한 것인지 의문이 생깁니다.

실제로 얼마 전에 유사한 문제로 재판을 한 사례가 있습니다. 재판에서는 판결까지 가지 않고, 캐릭터 장난감이 등장한 유튜브 영상을 모두 내리고, 앞으로 그런 유튜브 영상을 올릴 때는 사전에 캐릭터 저작권자의 서면 허락을 받는다는 내용으로 원고와 피고 사이에 조정(합의)이 이루어졌습니다. 명확한 판결이 내려진 것은 아니지만, 캐릭터 저작물을 이용한 영상을 별다른 생각 없이 유튜브나 NFT 거래소 등 플랫폼에 올렸다가는 소송으로 비화되어 곤란을 겪을 수 있다는 점을 유의해야 합니다.

영상 중 일부를 잘라내서 '짤' 이미지로 만든 경우도, 그 짤 이미지에서 캐릭터 등 저작물의 본질적 특징이 직접 느껴질 수 있다면 역시 저작권 침해가 될 가능성이 있습니다.

온라인 게임을 하고 있는 장면을 영상으로 촬영해 케이블 방송을 통해 방영한 것이 문제가 된 사례도 있습니다. 유명 게이머들의 스타크래프트 게임 실황을 촬영해 케이블 방송으로 송출한 것이 발단이 되었는데, 스타크래프트 저작권을 가지고 있는 '블리자드'사에서 저작권 침해라고 주장한 것입니다. 스타크래프트 게임의 스크린샷이 계속해서 화면에 비춰지기 때문에 저작권 침해가 된다는 것이지요. 이 사건 역시 케이블 방송사가 블리자드의 요구 사항을 일정 부분 수용하는 것으로 합의가 이루어졌다고 합니다.

다른 한편으로, 유명 캐릭터나 게임은 그 자체로 고객 흡인력과 마케팅 능력을 가지고 있습니다. 따라서 이런 캐릭터나 게임을 상업적으로 이용하는 것은 부정경쟁방지법이 금지하는 부정경쟁행위가 될 가능성도 있습니다.

각종 디지털 기기나 제품 등 저작물이 아닌 물건의 사용 방법을 제품 박스를 뜯는 것부터 시작해서 구체적인 조작 방법까지 영상을 통해 설명해 주는 이른바 '언박싱'(unboxing) 영상 콘텐츠도 있습니다. 이런 언박싱 영상에는 어쩔 수 없이 그 기기나 제품의 모습이 촬영될 수밖에 없는데, 이런 것은 저작권법 제28조의 '공표된 저작물의 인용' 규정에 따라서 자유이용이 가능한 것으로 보고 있습니다. '공표된 저작물의 인용' 규정은 보도, 비평, 교육, 연구 등의 목적을 위한 경우로서 특히 비영리성이 강한 경우에 적용될 여지가 많습니다. 이런 언박싱 프로그램은 교육적 목적이 크다고 볼 수 있고 상대적으로 영리성도 약하기 때문에 자유이용이 허용될 가능성이 높습니다.

각종 게임의 요령이나 방법을 알려주거나 엑셀, 파워포인트 같은 소프트웨어의 사용법을 알려주는 이른바 '공략법' 영상 콘텐츠도 유튜브에 많이 올라와 있습니다. 이러한 '공략법' 콘텐츠에는 부득이 그 게임이나 소프트웨어의 스크린샷이 많이 사용될 수밖에 없습니다. 이런 콘텐츠도 '공표된 저작물의 인용' 규정에 따라 자유이용이 허용되어야 한다고 생각합니다. 다만, 아직 분명한 판례가 나온 것은 아니기 때문에 주의할 필요는 있습니다.

결론적으로, 질문과 같은 사례에서 저작권 침해의 책임이 면제되기 위해서는 가급적 영리성이 없어야 합니다. 가장 많이 문제가 되는 저작권법 제28조의 경우 반드시 비영리적이어야만 자유이용이 허용되는 것은 아니지만, 영리적 성격이 강할수록 면책을 받기가 어려워집니다. 저작권법 제35조의5 공정한 이용 규정도 마찬가지입니다. 그런데 NFT 사이트에 올리기 위해서 민팅을 하는 것은 영리성이 있다고 볼 수밖에 없습니다. 따라서 대부분의 경우 면책이 되기 어려울 것으로 생각됩니다. 저작권법에는 자유이용이 가능한 다양한 면책 규정이 있지만, 민팅을 하게 되면 대부분 적용될 수 없을 것입니다.

013 배경음악을 넣을 땐 어떤 점에 유의해야 하나요?

배경음악이 들어간 영상 콘텐츠를 제작해 NFT 거래소에 올리려고 합니다. 영상 콘텐츠에 배경음악을 삽입할 때 유의할 점은 무엇인지요?

3개 신탁관리단체의 이용허락을 받아야

 영상에 배경음악을 삽입하려면 저작권자의 허락을 받아야 합니다. 그럼 누구로부터 어떤 허락을 받아야 하는지, 허락을 받는 절차와 방법은 무엇인지 알아보겠습니다.

한 곡의 음악에는 권리자가 여러 명 있습니다. 대중가요를 예로 들면, 먼저 ① 작사자와 ② 작곡자가 있습니다. 경우에 따라서는 편곡자가 있기도 하지요. 이들을 '저작자'라고 합니다. 다음으로 노래를 부른 ③ 가수와 연주를 한 ④ 연주자가 있습니다. 이들을 '실연자'라고 합니다. 그다음으로 노래와 연주를 녹음한 ⑤음반제작자가 있습니다. 실연자와 음반제작자를 합쳐서 저작인접권자라고 하며, 이들이 가지는 권리를 저작자가 가지는 저작권과 구별하여 '저작인접권'이라고 합니다.

음악의 권리자들	저작권자	작곡자
		작사자
		편곡자
	저작인접권자	실연자 : 가수, 연주자
		음반제작자
		방송사업자

따라서 배경음악을 삽입하려면 이들 모두로부터 허락을 받아야 합니다. 편곡된 곡인 경우에는 편곡자의 허락도 받아야 합니다. 이렇게 관련된 사람이 많은데, 이들의 이름과 연락처를 일일이 파악해 연락을 하고 허락을 받는다는 것은 매우 어렵고 불편합니다. 그래서 음악 권리자들의 권리를 집합적으로 관리해 주는 '신탁관리단체'가 있습니다. 작사자, 작곡자, 편곡자의 권리를 신탁관리하는 '한국음악저작권협회'(KOMCA), 가수 및 연주자(실연자)의 권리를 신탁관리하는 '한국음악실연자연합회', 음반제작자의 권리를 신탁관리하는 '한국음반산업협회'가 존재합니다. 이 협회들은 문화체육관광부의 인가를 받아 저작자 및 저작인접권자들의 권리를 신탁관리할 수 있는 권한을 가지고 있습니다. 따라서 이 세 단체로부터 허락을 받으면 음원을 이용할 수 있습니다.

현재 우리나라에서 활동하는 대부분의 대중가요 작사·작곡자는 한국음악저작권협회의 회원들이어서, 이 협회가 우리나라 대중가요 거의 전부를 신탁관리하고 있습니다. 그러나 우리나라에서 발행된 음반 가운데 한국음반산업협회가 신탁관리하는 음반의 비율(이 비율을 '관리비율'이라고 합니다)은 30%가 채 되지 않습니다. 따라서 녹음된 음원(음반)을 배경음악으로 사용하고 싶은 경우에는 한국음반산업협회에서 신탁관리하는 음원인지를 협회에 확인해야 합니다. 만약 신탁관리하는 음원이 아니라면, 그 음원을 녹음한 음반제작자에게 개별적으로 허락을 받을 수밖에 없습니다.

이들 신탁관리단체로부터 허락을 받는 방법은 각 협회 홈페이지에 자세하게 안내되어 있습니다. 예를 들어 한국음악저작권협회 홈페이지에서는 이용허락 신청 안내와 함께 관련 서식을 제공합니다. 신청서 서식은 이용 형태에 따라 '전송 이용허락 신청서', '방송·웹캐스팅·영상물·광고 이용허락 신청서', '무대공연 이용허락 신청서' 등 매우 세부적으로 분류되어 있으므로, 유형에 맞는 서식을 잘 찾아야 합니다.

▶ 어느 신청서를 사용해야 할지 모르겠으면 전화 상담을 받아 정확한 안내를 받으시기 바랍니다.

전송 허락을 받아야 하는데 잘못해서 방송 이용허락 신청서를 작성해 제출하면, 사용료를 지불하고도 정당한 허락을 받지 않은 것으로 간주되어 저작권 침해 책임을 질 수 있으니 주의해야 합니다.

영상 콘텐츠를 민팅해 거래소에 올리면, 그 과정에서 영상에 배경으로 들어간 음악이 복제되고 전송됩니다. 따라서 위 협회들로부터 복제와 전송에 대한 이용허락을 받는 것이 필요합니다. 예를 들어 A 작곡가와 B 작사가가 창작한 대중가요로, 가수 C가 노래를 부르고, 연주자 D가 연주를 하고, E 음반사에서 녹음을 한 음원을 사용하는 경우를 가정해 보겠습니다. 이 경우 A와 B의 저작권은 한국음악저작권협회, C와 D의 저작인접권은 한국음악실연자연합회, 그리고 E의 음반에 대한 저작인접권은 한국음반산업협회에서 이용허락을 받으면 됩니다.

이 경우 앞에서 설명한 대로 우리나라 대부분의 대중가요 작사·작곡자들은 저작권을 한국음악저작권협회에 신탁하고 있어서 별다른 문제가 없습니다. 그러나 가수나 연주자 등 실연자와 음반제작자는 신탁관리단체에 가입하지 않은 경우도 꽤 있습니다. 특히 SM엔터테인먼트 같은 메이저(대형) 음반사들은 거의 다 음반을 직접 관리합니다. 만약 C, D, E가 신탁관리단체에 저작인접권을 신탁하지 않았다면 이들에게는 개별적으로 이용허락을 받을 수밖에 없습니다. 그러므로 배경음악으로 쓸 음원의 권리자들이 신탁관리단체 회원인지 여부를 협회에 먼저 확인해 볼 필요가 있습니다.

한편, 음악과 영상이 함께 수록된 뮤직비디오 같은 영상물은 영상제작자의 허락도 받아야 합니다. 저작권법에는 영상저작물의 저작권을 영상제작자가 모두 갖는 것으로 추정하는 '영상저작물에 관한 특례' 규정이 있습니다.

저작권법 제5장 영상저작물에 관한 특례

제100조(영상저작물에 대한 권리)

① 영상제작자와 영상저작물의 제작에 협력할 것을 약정한 자가 그 영상저작물에 대하여 저작권을 취득한 경우 특약이 없는 한 그 영상저작물의 이용을 위하여 필요한 권리는 영상제작자가 이를 양도받은 것으로 추정한다.

② 영상저작물의 제작에 사용되는 소설·각본·미술저작물 또는 음악저작물 등의 저작재산권은 제1항의 규정으로 인하여 영향을 받지 아니한다.

③ 영상제작자와 영상저작물의 제작에 협력할 것을 약정한 실연자의 그 영상저작물의 이용에 관한 제69조의 규정에 따른 복제권, 제70조의 규정에 따른 배포권, 제73조의 규정에 따른 방송권 및 제74조의 규정에 따른 전송권은 특약이 없는 한 영상제작자가 이를 양도받은 것으로 추정한다.

이 특례 규정에 따라 영상제작자는 영상에 수록된 음악의 저작권자나 저작인접권자들의 권리를 모두 양도받아 가지고 있는 경우가 많습니다. 그런 영상물이라면 영상제작자 한 사람의 허락만 받으면 됩니다. 그러나 영상제작자가 저작자들의 권리를 양도받았더라도 영화관 상

영에 대한 권리만 양도받고, 유튜브나 NFT 거래소에 올리는 것에 대해서는 양도받지 못한 경우도 있습니다. 따라서 영상제작자가 NFT 거래소에 올리는 권리까지 가지고 있는지를 확인해야 합니다. 영상제작자에게 그런 권리가 없다는 게 확인되면, 결국 음악 저작권자 및 저작인접권자, 그리고 영상제작자의 허락을 모두 별도로 받아야 합니다.

음원 하나를 이용하려고 이렇게 여러 사람으로부터 허락을 받는 것은 사실 매우 귀찮고 복잡한 일입니다. 따라서 배경음악 정도는 누구나 자유롭게 이용할 수 있는 공유저작물을 이용하는 것도 방법입니다. 문화체육관광부가 공공저작물 이용을 활성화하기 위해 개발한 공공저작물 자유이용 사이트인 '공공누리' 사이트(www.kogl.or.kr) 또는 한국저작권위원회가 제공하는 '공유마당' 사이트(gongu.copyright.or.kr)를 방문해 보기 바랍니다. 이런 사이트에서는 자유롭게, 또는 일정한 조건 아래 이용할 수 있는 백만 건 이상의 공유저작물을 영상, 텍스트, 음원, 이미지, 서체 등 유형별로 구분해 제공하고 있습니다. 또 유튜브 자체에도 구글에서 제공하는 자유이용이 가능한 음원이나 서체들이 있습니다.

014 흔한 인터넷 이미지는 허락받지 않고 사용해도 되나요?

NFT 거래소에 올릴 디지털 아트 작품을 제작하면서, 작품 속에 인터넷 사이트에서 복사해 온 구름 모양 이미지를 삽입하려고 합니다. 예술적 가치가 별로 없는 평범한 이미지이고, 작품으로 올려놓은 것도 아니어서 특별히 알아볼 사람도 없을 것 같은데, 괜찮을까요?

디지털 콘텐츠는 고유한 해시 값을 가지고 있으므로 주의해야

 인터넷 사이트에서 퍼온 이미지나 영상은 가급적 이용하지 않는 것이 좋습니다. 방문자가 별로 없고 잘 알려지지 않은 사이트에서 퍼온 이미지나 영상도 마찬가지입니다.

디지털 기술과 네트워크 환경이 발달하면서 인터넷을 비롯한 다양한 플랫폼에서 다른 사람이 올려놓은 콘텐츠를 복사해 오는 것이 아주 쉬워졌습니다. 그러나 허락 없이 사용한 콘텐츠를 검색해서 적발하는 기술도 그만큼 발전했다는 점을 염두에 두셔야 합니다. 인터넷을 통해 수집할 수 있는 콘텐츠는 디지털 파일 형태로 되어 있기 때문에, 고유한 해시(hash) 값이나 DNA 값을 가지고 있습니다. 이런 해시 값이나 DNA 값을 '디지털 지문'(digital finger printing)이라고 하는데, 디지털 지문을 대조해서 허락 없이 퍼간 콘텐츠를 모니터링하거나 필터링하는 디지털 기술이 급속도로 발전하고 있습니다.

물론 이런 이미지나 영상들 중에는 누가 하더라도 같거나 비슷할 수밖에 없어서 창작성을 인정하기 어려운 것들도 많이 있습니다. 일상에서 흔하게 볼 수 있는 이모티콘이나 아이콘, ☎ 🖥 📖 ✈ 같은 도안(출판용 약물), 제품 사진 등도 최소한의 개성이 없어서 저작권의 보호를 받지 못하는 경우가 많습니다. 그러나 평범한 구름 모양과 같이 별다른 예술성이 없는 콘텐츠도 디지털 파일로 제작하는 과정에서 포토샵 등의 가공이 들어갈 수 있는데, 그렇게 되면 저작권의 보호를 받을 가능성이 높아집니다. 또한 이런 이미지나 영상을 다수 제작해서 상업적으로 판매하는 '이미지 라이브러리'나 '게티이미지' 같은 업체들이 제공하는 이미지나 영상을 함부로 퍼오면, 저작권 침해는 물론이고 부정경쟁방지법 위반이나 민법상 불법 행위가 될 수 있습니다.

간혹 인터넷 쇼핑몰을 운영하는 사람들이 자신이 취급하는 상품을 일일이 촬영해 올리는 것이 귀찮아서 제조업체 홈페이지에 올려진 이미지를 복사해 자기 쇼핑몰 페이지에 올리는 경우가 있습니다. 그러나 이런 제품 사진들도 그래픽 처리나 포토샵 처리가 되어 있으면 저작권으로 보호받을 수 있다는 점을 주의할 필요가 있습니다. 특히 소규모 여행사를 운영하는 사람들이 자기 홈페이지나 블로그, 유튜브 등을 통해 여행 상품을 소개하면서 인터넷 등에서 퍼온 여행지 사진이나 영상을 올렸다가 적발되는 경우가 종종 있습니다. 이런 사진이나 영상은 당연히 저작권의 보호를 받으므로 함부로 사용하지 않도록 주의해야 합니다.

015 연예인 사진이 프린트된 옷을 입고 촬영하면?

유명 아이돌 그룹의 얼굴이 그려진 티셔츠를 팬클럽 행사 때 받았습니다. 이 티셔츠
를 촬영해서 이미지 처리한 후 NFT 거래소에 올려도 될까요? 그것이 안 된다면, 우
리 팀원 중 한 사람이 이 티셔츠를 입고 촬영한 영상을 민팅해서 NFT 거래소에 올리
는 것은 어떤가요? 내가 받은 내 소유의 티셔츠인데도 문제가 되나요?

원칙적으로 허용되나 중심 피사체가 되지 않도록 주의해야

 모든 권리에는 그 권리 자체가 가지고 있는 '내재적 한
계'가 있습니다. 그 한계를 벗어나서 권리를 행사하는 것
은 권리의 남용이 되어 허용되지 않습니다. 저작권도 권
리로서 내재적 한계가 있습니다.

유명 연예인의 사진이 인쇄된 티셔츠를 입고 영상을 촬영해 거래소
에 올리면, 그 사진에 공중이 접속할 수 있게 되므로 외형적·형식적으
로는 '전송'에 해당합니다. 저작권법이 저작자의 권리로서 '전송권'을
부여하고 있기 때문에, 원칙적으로 '전송'을 하기 위해서는 저작권자
(전송권자)의 허락을 받아야 합니다.

따라서 팬미팅 행사 때 선물로 받은 티셔츠는 비록 내 소유라 하더라
도 촬영해서 거래소에 올리면 저작재산권 중 복제권과 전송권을 침해
하는 것이 됩니다. 사진촬영은 '복제'에, 거래소에 올리는 것은 '전송'
에 해당하기 때문입니다.

그러나 저작물이나 연예인의 모습이 인쇄된 제품을 소품으로 사용하

거나 그런 티셔츠를 입고 촬영하는 것까지 저작권자 또는 연예인의 허락을 받아야 한다면, 우리의 생활이 너무나 불편해질 것입니다. 법에는 '드 미니미스'(De minimis, 최소허용보조)라는 원칙이 있습니다. '최소한의 것' 또는 '사소한 것'이라는 의미인데, 법률이 지나치게 사소한 영역이나 최소한의 영역에까지 개입해서는 안 된다는 원칙입니다. 질문의 사례 정도의 행위는 외형적·형식적으로 저작권을 침해하는 것으로 보이더라도 눈감아주어야 한다고 생각합니다. 그렇지 않으면 TV 프로그램이나 영상물을 제작하는 사람들은 출연자들이 혹시 미술저작물이 인쇄된 의상을 착용하지 않았는지, 화면 배경에 저작물에 해당할 만한 것들이 걸려 있지는 않은지 매번 신경을 바짝 써서 살펴야 합니다. 의상에 주로 사용되는 버버리 무늬나 닥스 무늬 같은 것도 미술저작물이 될 가능성이 있기 때문입니다. 하지만 이는 우리의 일상생활에 지나친 제약을 가하는 것이 되어 현실적으로도 맞지 않습니다.

특히 유명 연예인은 '공인'이기 때문에 국민의 '알권리'와 '표현의 자유'를 위해 사생활이 일부 노출되거나 얼굴, 이름 등이 사용되는 것에 대해 어느 정도는 감수해야 합니다.

그러나 주의할 점이 있습니다. 저작물이나 연예인의 얼굴이 인쇄된 티셔츠를 입고 영상 촬영을 하면서, 의도적으로 그 저작물이나 연예인의 얼굴에만 포커스를 맞추어 촬영한다면 문제가 달라질 수 있습니다. 일례로, 2002년 한일 월드컵 당시 '비더레즈'(be the reds)라는 응원 문구를 도안화한 미술저작물이 온 나라를 뒤덮다시피 했습니다. 그런데 이 문구가 인쇄된 티셔츠를 착용한 모델을 촬영한 영상물이 재판에 넘겨졌습니다. 대법원은, 영상 촬영 과정에서 '비더레즈' 그림이 그대로 촬영되었고, 전체적인 구도에 비추어볼 때 이 그림이 전체 사진이나 영상 속에서 종속적으로 수반되거나 우연히 배경으로 포함되는 경우처럼 부수적으로 이용된 것이

출처 : 조선일보 인터넷 뉴스, 2003. 1. 3.

아니라 주된 피사체가 되었다면 저작권 침해가 될 수 있다고 판시했습니다(대법원 2014. 8. 26. 선고 2012도10777 판결).

영상 배경에 찍힌 행인들은 어떻게 처리해야 하나요?

영상 작품을 제작하려고 유명 관광지에서 영상을 촬영했는데, 영상의 배경에 지나가
던 일반인들이 얼굴을 알아볼 수 있을 정도로 함께 촬영이 되었습니다. 그대로 민팅
해서 NFT 거래소에 올려도 될까요?

중심적, 지속적 노출은 위험해

 앞에서 유명 연예인에게는 퍼블리시티권이 있다고 했습
니다. 그런데 퍼블리시티권이 반드시 유명 연예인에게만
있는 것은 아닙니다. 퍼블리시티권은 자신의 초상(얼굴,
용모)이나 이름 등을 광고에 사용하게 해줄 권리입니다. 최근엔 유명
연예인만 광고에 나오는 것이 아니라 일반인이 모델로 등장하는 광고
도 많이 있고, 또 평범한 일반인이 광고에 등장했다가 유명해지는 경
우도 있습니다.

따라서 일반인들을 촬영해 NFT 거래소 등 각종 플랫폼에 올리는 것
도 문제가 될 수 있습니다. 흔한 예로, 레스토랑이나 카페 등에서 찍은
사진과 영상을 유튜브에 많이 올리는데, 그 배경에 일반 고객들의 모
습이 알아볼 수 있을 정도로 찍혀 있는 것을 볼 수 있습니다. 이런 경
우엔 그 고객들의 모습이 지속적으로 노출되지 않도록 모자이크 등의
이미지 처리를 해주는 것이 좋습니다.

그러나 행인들이 많은 거리에서 촬영한 영상은 배경에 등장하는 모든
행인을 모자이크 처리하는 것이 쉽지 않고 도리어 영상의 감상적 가

치를 떨어뜨릴 수도 있습니다. 이런 경우에는 행인들의 모습이 어느 정도 노출되어도 무방하다고 보고 있습니다. 식당이나 카페는 사적인 공간의 성격이 있기 때문에 배경에 찍힌 고객들의 모습을 허락 없이 공개하는 것은 문제가 될 수 있습니다. 그러나 사람이 많이 다니는 거리나 광장은 어차피 공개된 장소이기 때문에 거리에서 영상이나 사진 등에 우연히 일시적으로 촬영되었다고 해서 초상권이나 퍼블리시티권의 침해라고 보기는 어렵다는 판단인 것이지요.

그러나 이는 어디까지나 촬영하는 배경에 행인들이 우연히 일시적·부수적으로 등장하는 경우를 말합니다. 거리에서 영상을 촬영하면서 지나가는 행인 중 특정인을 지속적으로 또는 중심적인 모델로 삼아 촬영하는 것은 초상권 또는 퍼블리시티권 침해가 됩니다.

또 명예훼손이나 모욕적인 영상이어서는 안 됩니다. 예를 들면, 도박의 위험성과 중독성을 알리는 보도 영상을 방영하면서, 카지노나 경마장에 입장해 있는 사람들의 모습을 식별 가능할 정도로 보여주는 경우입니다. 이런 경우라면 비록 일시적으로 배경에 등장한다 하더라도 영상에 찍힌 사람들에 대한 명예훼손이 될 수 있습니다. 따라서 모습을 식별할 수 없게 모자이크 처리를 해주는 등의 조치가 필요합니다.

1980년대 후반에 저명한 시사주간지 기자가 '한국 여대생들, 사치풍조에 물들어'라는 제목의 기사를 쓰면서, 명문 여자대학교 정문 앞에서 지나가는 여대생들의 모습을 촬영한 사진을 기사와 함께 내보낸 일이 있었습니다. 그런데 이 사진 중심부에 찍힌 세 명의 여대생의 모습이 식별이 가능했습니다. 이에 피해 여대생들이 그 시사주간지 회사와 기자를 상대로 소송을 제기해 상당한 액수의 손해배상(위자료)을 지급하라는 판결을 받아냈습니다. 또 음주운전으로 면허가 취소돼 교육을 받는 사람이 많다는 내용의 방송 보도에서 음주운전 교육장 모습을 영상으로 내보냈다가, 그 영상에 찍힌 사람이 인격권 침해와 명예훼손을 이유로 소송을 제기한 사례도 있었습니다.

017 건물을 배경으로 한 이미지는?

아름다운 건축물이 많은 파주 '헤이리 예술인 마을'에 가서 독특한 외관으로 유명한 건축물 앞에서 영상을 촬영하려고 합니다. 이 영상을 디지털 아트 작품으로 제작한 후 민팅해서 NFT 거래소에 올려도 될까요?

건축가와 건물 소유자의 동의를 모두 받는 것이 안전해

 건축저작물을 주된 배경으로 해서 광고 사진이나 영상을 촬영하는 경우에 건물 소유자의 동의를 받는 것은 광고 업계에서 어느 정도 관행으로 굳어진 것 같습니다. 그러나 건축가의 동의도 받아야 하는 것인지에 대해서는 아직 확립된 게 없고, 업계에서도 논란이 있는 상황입니다.

이와 관련하여 파주 헤이리 예술인 마을의 '유브이(UV)하우스' 사례를 살펴보겠습니다. 2006년경 방송되었던 국민은행의 프라이빗 뱅킹 텔레비전 광고와 잡지 광고에 건축가 M이 설계한 'UV하우스' 건물이 배경으로 등장하는데, 건물 소유자에게는 촬영 장소 제공에 대한 대가를 지급하였으나 설계를 한 건축가 M에게는 허락도 받지 않았고 사용료를 내지도 않았습니다. 이에 건축가 M은 재산적 손해와 위자료 등을 포함한 손해배상을 청구했습니다.

1심 재판부는 저작권 침해를 인정하지 않았습니다. M은 항소를 했고, 항소심 진행 중에 재판부의 중재에 따라 광고 제작업자(피고)가 건축가 M(원고)에게 1,000만원을 지급하는 것으로 조정(합의)이 성립되어 사건은 종결되었습니다.

만약 UV하우스 사건이 합의 없이 끝까지 갔더라면 어떤 판결이 나왔을까요? 저작권법 제35조 제2항은, "가로·공원·건축물의 외벽 그 밖에 공중에게 개방된 장소에 항시 전시되어 있는 미술저작물 등은 어떠한 방법으로든지 이를 복제하여 이용할 수 있다"고 규정하고 있습니다. 이런 규정을 둔 이유는 무엇일까요? 개방된 장소, 예를

▶ 이 규정에서 '미술저작물 등'은 미술저작물, 사진저작물, 건축저작물의 세 가지 저작물을 통칭하는 용어입니다. 미국 저작권법에는 '시각적 저작물'(visual arts)이라는 용어가 있는데, 이 세 가지 저작물을 비롯해서 영상저작물 등 모든 시각적 작품을 포함하는 더 넓은 개념입니다.

들어 세종로에 있는 충무공 동상이나 남산에 있는 남산타워를 시민들이나 관광객이 사진촬영하는 것은 매우 자연스러운 행위입니다. 그런데 만약 사진촬영을 할 때마다 충무공 동상이나 남산타워 저작권자의 동의를 얻어야 한다면 매우 불편하고 공중의 이익에 배치될 것입니다. 이러한 점을 고려해 저작권법에 위와 같은 규정을 둔 것입니다.

그러나 판매를 목적으로 촬영하는 경우는 예외입니다. 예를 들어 판매용 그림엽서, 연하장, 캘린더, 포스터 등을 제작할 목적으로 개방된 장소에 있는 미술저작물을 촬영하는 것은 허락을 받아야 합니다. 그렇다면 건축저작물을 광고의 배경으로 사용하는 것은 판매를 목적으로 하는 것이어서 허락을 받아야 하는 것일까요? 논란의 소지가 있지만, '판매를 목적으로' 한다는 것은 사진이나 영상 자체를 판매하는 것을 의미한다고 보아야 하지 않을까 생각합니다. 광고는 영리를 목적으로 하는 것이지만, 광고를 볼 때 돈을 내야 하는 것은 아니기 때문에 광고 자체는 판매를 목적으로 한 것이 아니라는 해석이 가능합니다. 그

러나 아직 명확한 판례가 없어 확실한 답변이라고 하기에는 조심스럽습니다.

저작권법

제35조(미술저작물 등의 전시 또는 복제)

① 미술저작물 등의 원본의 소유자나 그의 동의를 얻은 자는 그 저작물을 원본에 의하여 전시할 수 있다. 다만, 가로·공원·건축물의 외벽 그 밖에 공중에게 개방된 장소에 항시 전시하는 경우에는 그러하지 아니하다.

② 제1항 단서의 규정에 따른 개방된 장소에 항시 전시되어 있는 미술저작물 등은 어떠한 방법으로든지 이를 복제하여 이용할 수 있다. 다만, 다음 각 호의 어느 하나에 해당하는 경우에는 그러하지 아니하다.

　1. 건축물을 건축물로 복제하는 경우

　2. 조각 또는 회화를 조각 또는 회화로 복제하는 경우

　3. 제1항 단서의 규정에 따른 개방된 장소 등에 항시 전시하기 위하여 복제하는 경우

　4. 판매의 목적으로 복제하는 경우

③ 제1항의 규정에 따라 전시를 하는 자 또는 미술저작물 등의 원본을 판매하고자 하는 자는 그 저작물의 해설이나 소개를 목적으로 하는 목록 형태의 책자에 이를 복제하여 배포할 수 있다.

④ 위탁에 의한 초상화 또는 이와 유사한 사진저작물의 경우에는 위탁자의 동의가 없는 때에는 이를 이용할 수 없다.

정리하자면, 거리에 항시 전시된 건축물이나 미술 작품을 사진이나 영상으로 촬영하더라도, 판매의 목적이 아니라면 허락을 받지 않아도 될 가능성이 높습니다. 그러나 건축물이나 미술 작품을 단순한 배경이 아니라 주된 피사체로 하여 NFT로 제작하는 것은 판매를 목적으로 하는 것으로 볼 여지가 크기 때문에 건축가(저작자)와 건물 소유자 모두의 허락을 받는 것이 안전합니다.

018 교회나 학교에서 한 공연 영상도 저작권이 있나요?

교회 예배 때 성악을 전공하는 성가대원 1명이 피아노 반주에 맞춰 소프라노 솔로 찬양을 했습니다. 이 찬양을 촬영한 영상 작품을 NFT 거래소에 올리는 것이 문제가 될까요?

실연자에게 비용을 지급한 경우 저작권 침해 우려 커

음악저작물인 찬양곡의 저작자는 작사자와 작곡자입니다. 경우에 따라서는 편곡자도 있을 수 있습니다. 교회에서 신도들 앞에서 찬양을 부르는 것은 저작권법상 공연에 해당합니다. 따라서 원래는 작사자, 작곡자, 편곡자로부터 공연에 대한 허락을 받아야 합니다. 그러나 저작권법 제29조 제1항은 "영리를 목적으로 하지 아니하고 청중이나 관중 또는 제3자로부터 어떤 명목으로든지 반대급부를 받지 아니하는 경우에는 공표된 저작물을 (허락 없이) 공연 또는 방송할 수 있다. 다만, 실연자에게 통상의 보수를 지급하는 경우에는 그러하지 아니하다"라고 규정하고 있습니다. 교회에서 찬양을 할 때 청중이나 관중 또는 제3자로부터 그 찬양(공연)에 대한 대가를 받지는 않습니다. 그러므로 찬양곡의 작사자, 작곡자, 편곡자의 허락을 받지 않아도 찬양하는 것이 가능합니다.

다만, 단서 규정에서 언급하고 있는 것처럼 실연자, 즉 찬양을 부르는 성가대원이나 반주자에게 보수를 지급해서는 안 됩니다. 보수를 지급하는 찬양에 대해서는 그 찬양곡의 작사자, 작곡자, 편곡자의 허락을 받아야 합니다.

한편, 위 규정은 공연과 방송만 허용합니다. 찬양 영상을 촬영하는 것은 '복제'에 해당하고, 그 영상을 NFT 거래소나 교회 홈페이지, 유튜브 등에 올리는 것은 '전송'에 해당합니다. 따라서 교회에서 찬양을 부르는 것은 '공연'으로 허용되지만, 그 영상을 교회 홈페이지나 유튜브에 올리기 위해서는 작사자, 작곡자로부터 별도의 '복제' 및 '전송' 허락을 받아야 합니다.

물론 찬송가 중에는 작사자, 작곡자가 사망한 지 70년이 넘은 것들이 많습니다. 그런 찬송가는 저작권 보호 기간(저작자 사후 70년)이 이미 지났다고 볼 수 있습니다. 그러나 저작권이 소멸했어도 찬송가책에 실려 있는 찬송가들은 대부분 편곡자가 있고, 특히 '대한찬송가공회'라는 단체가 저작권을 가지고 있는 곡들이 많이 있습니다. 따라서 이런 곡들에 대해서는 편곡저작권 등이 살아 있을 가능성이 있다는 점을 주의해야 합니다.

뿐만 아니라 교회 공연 영상을 NFT 거래소에 올리기 위해서는 실연자, 즉 가수와 반주자의 허락을 받아야 합니다. 교회에서 공연하는 것과, 그 공연 영상을 NFT 거래소나 교회 홈페이지, 유튜브 등에 올리는 것은 별개이기 때문입니다. 또 그 찬양 영상의 녹음이나 녹화를 교회가 아니라 외주업체에서 했다면, 그 영상물에 대해서는 특별한 약정을 하지 않은 이상 외주업체가 권리를 가지므로 외주업체의 허락도 받아야 합니다.

유명 연예인들을 쫓아다니며 사진을 촬영해서 신문사나 잡지사에 팔아 돈을 버는 파파라치들이 한때 유행을 했는데요. 그 파파라치들은 연예인들의 허락을 받지 않고 촬영을 했는데도 문제가 되지 않았습니다. 그렇다면 파파라치가 촬영한 연예인들의 동영상을 민팅해 NFT 거래소에 올려 판매해도 괜찮은가요?

퍼블리시티권, 프라이버시권 침해 가능성이 높아

 유명 연예인은 일종의 '공인'(public figure)으로서, 일반 대중의 관심이 많기 때문에 국민의 알권리를 위해 사생활의 자유나 프라이버시에 대한 침해를 어느 정도 감수해야 합니다. 정치인을 비롯한 사회 저명인사도 마찬가지입니다. 또 우연한 기회에 사회적 이슈의 중심에 서게 된 보통 사람도 '공인'이될 수 있습니다. 예를 들면, 종교적 이유로 병역을 거부하거나 종교재단이 설립한 학교에서 종교 수업을 거부했다가 퇴학 처분을 받은 사람들이 뉴스의 중심에 등장하는 경우가 있습니다. 이들은 원래 공인이 아니지만, 사회적 이슈의 중심에 서게 되면서 공인의 지위를 갖게됩니다.

파파라치 사진과 파파라치 영상은 국민의 알권리를 보장하기 위해 어느 정도의 선에서는 피사체가 된 공인들의 허락이 없더라도 허용이될 것으로 예상됩니다.

그러나 정도의 문제입니다. 아무리 공인이라도 지나친 사생활 간섭은 법적 조치가 취해질 수 있습니다. 특히 야간에 주거의 평온을 해칠 정도의 촬영, 연예인 자신이 아닌 가족에 대한 촬영, 극히 개인적이고 선정적인 장면의 촬영, 명예훼손적인 장면의 촬영은 초상권을 비롯한 인격권 침해가 될 가능성이 높습니다.

무엇보다 파파라치 사진이나 영상을 NFT 거래소에 올려 판매하는 것은 국민의 알권리와는 전혀 상관이 없어 보입니다. 따라서 면책을 받을 가능성이 거의 없고, 프라이버시권 또는 퍼블리시티권 침해가 될 것으로 예상됩니다.

020 패러디 영상을 제작해 NFT 거래소에 올리고 싶어요!

다른 사람의 영상이나 작품을 패러디한 영상을 제작하는 것은 어떤가요? 기존 방송 프로그램을 패러디한 영상물을 제작해서 NFT 거래소에 올려도 될까요? 유명 가수의 노래를 패러디한 음악 영상물을 제작해서 올리는 것은 어떤가요?

우리 법원은 패러디를 거의 허용하지 않아

 패러디는 풍자·비평을 위해 기존 저작물을 이용하기 때문에, 원저작물의 저작권을 침해하는 것이 아닌지 의구심이 들 수 있습니다. 대부분의 패러디는 진지한 주제를 가진 원저작물을 우스꽝스럽게 만들어버리기 때문에, 원저작물 저작자로서는 자기 작품을 패러디하는 것이 기분 좋을 리 없습니다. 따라서 패러디물을 만들 때 원저작물 저작자의 허락을 받아야 한다면 패러디는 사실상 만들어지기 어려울 것입니다. 그러나 패러디는 분명 우리의 문화 생활을 윤택하게 해주는 나름의 문화적 가치를 가지고 있습니다. 따라서 일정한 범위 내에서 허락받지 않은 패러디를 허용해 줄 필요가 있습니다.

패러디 허용 여부를 다룬 판례는 거의 없지만, 일부 판례가 원저작자의 허락을 받지 않고 만들어진 패러디의 허용 기준을 제시하고 있습니다. 그런데 그 기준이 매우 까다롭습니다.

첫째, 패러디를 보는 사람이 그것이 패러디라는 사실을 즉시 알 수 있어야 합니다. 즉, 패러디를 보는 사람이 그것이 어떤 작품을 패러디한 것인지를 다른 설명 없이도 즉시 알 수 있어야 합니다. 패러디를 보는 사람이 원작품을 알아채지 못하고 독자적으로 만들어진 작품이라고 느껴서는 안 됩니다.

둘째, 직접적 패러디여야 합니다. 패러디는 '직접적 패러디'와 '매개적 패러디'로 나눌 수 있습니다. 직접적 패러디는 원작품 자체를 풍자하는 것입니다. 이에 반해서 매개적 패러디는 풍자의 대상이 원작품이 아니라 다른 어떤 사회현상인 경우입니다. 즉, 직접적 패러디에서는 풍자의 대상이 원작품 자체이지만, 매개적 패러디에서 풍자의 대상은 다른 사회현상이고, 원작품은 그 사회현상을 풍자하기 위해 이용되는 수단일 뿐입니다. 판례는 직접적 패러디만 허용하고 있습니다.

이렇듯 패러디가 허용되기 위해서는 두 가지 요건이 필요합니다. 그런데 특히 두 번째 요건을 충족하기가 어렵기 때문에, 우리나라에서는 아직 패러디가 허용된 사례가 없습니다. 1990년대 초 최고의 싱어송라이터였던 서태지의 노래 '컴백홈'(Come Back Home)을 이재수라는 가수가 패러디한 사건이 있었는데, 법원은 저작권 침해라고 판결했습니다. 이에 비추어볼 때 결론적으로 패러디는 저작권 침해가 될 위험이 높습니다. 특히 패러디 작품을 NFT 거래소에 올린다면 영리적 목적이 크다고 볼 수 있어 저작권 침해가 될 가능성이 더욱 높아지니, 가급적 조심하는 것이 좋습니다.

021 오마주는 저작권 침해가 아니라던데요?

레전드 가수나 배우를 모방하는 '오마주'는 저작권 침해가 아니라는 이야기를 들었는데, 유명 가수를 모창한 영상물을 NFT 거래소에 올리는 것은 가능한가요?

오마주는 패러디보다 더 위험해

 '오마주'는 영화에서 존경의 표시로 다른 작품의 주요 장면이나 대사를 인용 또는 모방하는 것을 지칭하는 용어입니다. 후배 영화인이 선배 영화인의 예술적 재능과 업적을 기리면서 감명 깊었던 주요 대사나 장면을 모방해 표현하는 행위를 말하는 것이지요. 미국 영화감독 '알프레드 히치콕'의 영향을 받은 '브라이언 드 팔마' 감독이 히치콕의 스릴러 영화 〈사이코〉(Psycho, 1960)에 등장하는 샤워 살인 장면을 자신이 감독한 〈드레스드 투 킬〉(Dressed To Kill, 1980)에서 그대로 오마주한 것은 많이 알려진 사실이죠. 오마주는 영화에만 있는 것이 아니라 음악, 미술, 디자인 등의 분야에서도 쉽게 찾아볼 수 있습니다.

허락받지 않고 오마주를 하는 것이 저작권 침해인지에 관해서는 아직 별다른 논의가 없고, 판례도 찾아보기 어렵습니다. 그러나 패러디를 허용하는 것에 우리 법원이 매우 인색하다는 점에 비추어보면 오마주는 더욱 허용되기 어려울 것으로 예상됩니다.

022 커버 뮤직은 누구한테 허락받아야 하나요?

'나는 가수다', '미스 트롯', '불후의 명곡' 같은 오디션 프로그램을 보면 기존 가요들을 새로운 느낌으로 편곡(리메이크)해서 부르는 경우가 많은데요. 흔히 커버 뮤직(커버곡)이라고 부르는 이런 변형 음악을 부르거나 연주해서 NFT에 올리려면 원곡 작사자나 작곡자의 허락을 받아야 하나요?

2차적저작물작성권이 있는 원저작자의 허락을 받아야

 2차적 저작물에 관한 문제입니다. 우리 저작권법은 2차적 저작물의 예로서 '편곡'을 들고 있습니다. 즉, 기존 가요를 편곡해서 부르는 것은 2차적저작물작성권이 됩니다. 2차적 저작물을 작성할 권리는 원저작자가 가지고 있으므로, 기존 가요를 편곡하기 위해서는 원곡의 저작권을 가지고 있는 작사자와 작곡자의 허락을 받아야 합니다.

앞서 설명했듯이, 우리나라 대부분의 대중가요 작사·작곡자들은 한국음악저작권협회(KOMCA)에 저작권을 신탁하고 있습니다. 따라서 음악을 공연하거나, 녹음하거나, 인터넷에 올리거나(전송), 어떤 형태로든 사용하기 위해서는 KOMCA의 허락을 받으면 됩니다. KOMCA 홈페이지에서 '이용허락 신청서' 양식을 내려받은 후 사용할 곡을 기재해서 제출하고 사용 승인을 받으면 되는 것이죠.

그런데 편곡(리메이크)을 하기 위해서는 KOMCA뿐만 아니라 작사자, 작곡자의 허락을 따로 받아야 합니다. KOMCA는 저작재산권 중 2차적저작물작성권에 대해서는 신탁관리 범위에서 제외하고 있기 때문입니다. KOMCA의 이용허락 신청서 양식에도 개작(편곡)인 경우에는 별도 허락을 받으라고 안내하고 있습니다.

기존 음반을 다시 찍어내는 것은 리메이크가 아니라 '리프레스'라고 합니다. 리프레스는 편곡을 하는 게 아니라 단순히 복제만 하는 것이므로, KOMCA의 허락만 받으면 됩니다.

023 불법 서체를 사용했다면?

제가 제작한 영상 콘텐츠를 NFT 거래소에 올렸습니다. 그런데 그 영상에 사용된 서체가 불법 서체라며 서체 프로그램 회사에서 경고장을 보내왔습니다. 합의를 하려면 그 서체 프로그램 정품을 구입하고, 추가로 합의금 100만원을 지급하라고 요구합니다. 어떻게 해야 하나요?

저작권위원회 자료를 참고해 저작권 침해 여부 판단

 저작권을 침해했다는 이유로 경고장을 받는 사례가 늘고 있습니다. 특히 서체 프로그램과 관련해서 경고장을 받는 경우가 많은 것으로 보입니다. 이런저런 프로그램을 사용하고 인터넷에서 자료를 내려받다 보면, 나도 모르게 내가 구입하지 않은 서체가 내 컴퓨터에 심어져 있는 경우가 있습니다. 다른 사람이 쓰던 컴퓨터를 인수받아 사용하는 경우 이전 사용자가 내려받은 서체들이 삭제되지 않고 계속 남아 있을 수도 있고요.

어떤 경우에 서체 프로그램에 대한 침해가 되는지는 잘 확인해 보아야 합니다. 구입하지 않은 서체 프로그램을 사용했다고 해서 모든 경우에 저작권 침해가 되는 것은 아닙니다. 저작권 침해는 되지 않고, 이용계약 위반이 되는 경우도 있습니다. 예를 들면, '비영리/개인 이용'에 한해 무료로 배포한 서체를 회사 업무 등 영리를 위해 사용하는 경우가 이에 해당합니다. 서체 프로그램을 이용하는 방법이 워낙 다양하기 때문에 어떤 경우에 침해가 되고, 어떤 경우에 침해가 되지 않는지, 어떤 경우에 이용계약 위반이 되는지, 일반인은 판단하기 어렵습니다.

서체 프로그램 저작권 침해라며 경고장을 받
았을 때, 과연 저작권 침해가 맞는지 확인할
수 있는 좋은 방법이 있습니다. 한국저작권위
원회(KCC) 홈페이지에 가면 '자료실'이 있는
데, 그곳에서 '글꼴(폰트) 파일 저작권 바로 알
기(2019)'라는 자료를 내려받아서 읽어보시
기 바랍니다. 다양한 사례별로, 어떤 경우에

침해가 되고, 어떤 경우에 침해가 되지 않는지 자세히 나와 있습니다.
이 자료를 토대로 검토한 결과 서체 프로그램 저작권을 침해한 사실
이 없는 것으로 확인되면, 가만히 있지 말고 경고장을 보낸 업체에 침
해 사실이 없다는 점을 분명하게 회신하는 것이 좋습니다. 회신 내용
이 이후 소송이나 형사 고소 상황에서 중요한 증거 자료가 될 수 있기
때문입니다.

사전 예방 차원에서 내 컴퓨터에 허락받지 않은 서체 프로그램이 심
어져 있는지 확인하는 방법도 있습니다. 문화체육관광부 산하 공공기
관인 '한국저작권보호원'에서 내 컴퓨터에 불법 소프트웨어가 설치되
어 있는지 확인할 수 있는 '인스펙터'라는 도구를 개발해 무료로 배포
하고 있습니다. 인스펙터는 한국저작권 ▶ 인스펙터로 서체 프로그램뿐만 아니
라, 다른 일반 소프트웨어가 허락 없이
보호원 홈페이지(http://kcopa.or.kr)에서 설치되어 있는지도 확인할 수 있습니다.
내려받을 수 있습니다.

저작권 침해 사실은 인정하지만 상대방이 요구하는 합의금이 과다하
다고 생각되면, 한국저작권위원회의 조정 제도를 활용할 수 있습니

다. 조정 신청 절차는 한국저작권위원회 홈페이지에 상세히 안내되어 있습니다. 조정 신청은 침해를 주장하는 사람이 배상금을 청구하는 경우만이 아니라, 침해를 한 사람이 배상금을 줄여달라고 신청하는 것도 가능합니다. 조정이 성립되면 확정 판결과 동일한 효력을 갖습니다.

또한 재판보다 신속하고 간편하며, 저작권 전문가인 조정위원들 앞에서 대면 절차로 이루어지므로 하고 싶은 이야기를 충분히 할 수 있고, 적절한 조언도 들을 수 있다는 장점이 있습니다.

▶ 조정 신청에는 1만원 내지 10만원의 신청비용이 소요되고, 조정 장소는 서울역 맞은편에 있는 한국저작권위원회 서울분원입니다

다만, 조정은 당사자 어느 한쪽이 반대하면 성립되지 않습니다. 그렇게 되면 결국 재판으로 가야 하는데, 조정에 소요된 기간만큼 절차가 지연된다는 점에 유의할 필요가 있습니다.

친구와 공동으로 디지털 아트 영상 작품을 제작했습니다. 이 영상을 민팅해서 NFT 거래소에 올리려고 하는데, 친구가 동의를 해주지 않네요. 내가 기여한 부분도 있는데 친구가 반대하면 NFT 거래소에 올릴 수 없는 건가요?

공동저작자 전원이 합의해야 이용 가능해

 저작권법은 '공동저작물'에 대해 특별한 규정을 두고 있습니다. 공동저작물은 2인 이상이 공동으로 창작한 저작물로서, 각자가 이바지한 부분을 분리해서 이용하는 것이 불가능한 저작물을 말합니다(저작권법 제2조 제21호). 공동으로 유튜브 영상을 제작했다면, 각자 이바지한 부분을 분리해서 이용하는 것이 통상적으로는 불가능할 것입니다. 따라서 그 영상은 '공동저작물'이 될 가능성이 높습니다.

공동저작물의 저작권은 전원이 합의해야만 행사할 수 있습니다(저작권법 제48조 제1항). 즉, 공동저작자 전원이 합의해야만 복제도 할 수 있고, 전송이나 방송, 공연 등 저작권이 미치는 모든 행위를 할 수 있는 것입니다. 영상을 유튜브에 올리는 것은 '전송'에 해당합니다. 따라서 이것 역시 전원 합의에 의해서만 할 수 있습니다. 만약 공동저작자 중 1인인 친구가 반대한다면 NFT 거래소에 올려서는 안 됩니다. 비록 내가 기여한 부분이 더 많다고 해도 내려야 합니다. 결국 이 영상은 친구가 반대하면 NFT 거래소에 올리는 것은 물론이고 유튜브에 올릴 수도 없고, 어떤 형태로든 이용할 수 없습니다.

공동으로 창작하면 서로 분업을 할 수 있고, 각자의 전문 능력을 합칠 수 있어서 좋은 점도 있지만, 관계가 틀어지면 애써 제작한 영상을 전혀 쓸 수 없게 된다는 점을 유의해야 합니다.

다만, 우리 대법원 판례는 공동저작자 중 1인이 다른 공동저작자의 반대에도 불구하고 저작물을 이용한 경우, 즉 위의 사례에서 친구의 반대에도 불구하고 NFT 거래소에 올린 경우에도 저작권 침해는 되지 않고 당사자 간 합의를 위반한 것으로만 보고 있습니다(대법원 2014. 12. 11. 선고 2012도16066 판결). 따라서 형사 책임은 지지 않아도 됩니다. 그러나 합의 위반에 대한 손해배상 책임은 져야 합니다.

참고로, NFT를 다른 사람과 함께 만들었다면, 공동제작자를 추가할 수 있습니다. '공동제작자 추가'(Add collaborator) 버튼을 클릭해서 공동제작자들의 이더리움 주소를 팝업에 입력하면 됩니다. 한 가지 유념할 점은, 공동제작자는 운영자와 동일한 수준의 권한을 갖는다는 것입니다. 컬렉션 세팅, 수정, NFT 판매 수익금 공유, 지속적 로열티 지급 주소 변경, 새 아이템 생성 등 거의 모든 작업을 할 수 있으므로, 공동제작자를 추가할 때는 주의를 기울여야 합니다. NFT의 판매 진행과 그 후속 작업을 단순하게 하기 위해서는, 가능하면 공동제작자를 추가하지 않는 것이 좋습니다.

025 음반에 수록된 곡을 음반사에서 민팅해 올릴 때도 허락이 필요한가요?

A 음반사는 B가 작사 작곡을 하고 C가 노래를 한 12곡의 음악을 CD 음반 1장으로 제작해 판매한 사실이 있습니다. A 음반사는 최근 이 음반에서 1곡을 민팅해 NFT 거래소에 올리려고 합니다. A 음반사가 제작한 음반이고, 한국음악저작권협회와 한국음반산업협회에 A의 음반으로 등록도 되어 있습니다. 그래도 B와 C의 허락 없이 가능한가요?

계약 내용의 해석 여하에 따라 달라져

 음반제작자가 가지는 권리와 작사자·작곡자가 갖는 저작권, 그리고 가수와 연주자 등 실연자가 갖는 저작인접권은 각각 별개의 권리입니다. 따라서 A 음반사는 음반제작자로서 음반에 대한 권리만 가질 뿐, 그 음반에 수록된 음악의 작사자·작곡자의 권리 및 가수와 연주자의 권리까지 갖는 것은 아닙니다. 따라서 A 음반사가 이 곡을 NFT 거래소에 올리기 위해서는 B와 C의 동의를 얻어야 합니다.

만약 A 음반사가 이 CD를 제작하면서 B, C와 음반 제작 계약을 체결할 때 향후 이 음반의 이용에 대한 모든 권리를 음반사 A가 갖는 것으로 약정을 했다면 어떨까요? 이런 계약을 체결하는 경우가 상당히 많습니다. 그러므로 결국 계약의 내용과 효력을 어떻게 해석할 것인가의 문제입니다. 즉, 계약서에 기재된 "향후 음반의 이용에 대한 모든 권리"에 이 음반에 담긴 음원을 민팅해서 NFT 거래소에 올리는 권리도 포함된 것으로 해석할 것인지의 문제입니다. 계약 내용을 해석하는 첫 번째 출발점은 그 계약을 할 당시 계약 당사자가 어떤 의도를 가졌느냐를 확인하는 것입니다. 만약 계약을 체결하면서 A와 B, C가 음반을 제작하는 것만 생각했지 음원을 NFT 거래소에 올리는 것까지는 전혀 예상하지 못했다면 그 부분은 계약 내용에 포함되지 않은 것으로 해석될 여지가 많습니다.

이 문제와 관련해서 중요한 시사점을 주는 대법원 판결이 있습니다(대법원 1996. 7. 30. 선고 95다29130 판결). 해당 사건에서 음반회사인 피고는 원고들(작사·작곡자, 가수 등)과 1984년 4월경 음반 제작 계약을 체결하고 원반을 제작해 LP 음반으로 복제·판매했습니다. 그런데 이후 CD라는 매체가 등장하자, 피고는 1992년경부터 LP 음반에 수록된 원고들의 가요에 다른 가요 몇 곡을 추가한 재편집 원반을 제작한다음 CD로 복제해 판매했습니다. 원고들은 기존 음반 제작 계약은 LP 음반을 제작하는 내용이지 CD까지를 포함하는 것은 아니라고 주장하면서 별도 계약 없이 CD로 제작·판매한 피고를 상대로 손해배상 등을 청구했습니다. 이 사건에서 대법원은 LP와 CD가 '대체재'인지여부와 계약 당사자가 음반 제작 계약 당시 CD의 존재를 예상할 수 있었는지를 중요한 고려 요소로 보았습니다. 대체재는 서로 바꾸어쓸 수 있는 재화이므로, 하나의 시장을 나누어 갖게 됩니다. 그러나 대체재가 아닌 독립재라면 서로 다른 두 개의 시장을 갖습니다. 대법원은 LP와 CD가 대체재라면 이는 동일한 하나의 시장을 형성하는 것이므로 LP 계약에는 CD로 판매하는 것까지 포함되지만, 대체재가 아니라 독립재라면 LP와 CD는 별개의 시장을 형성하는 재화이므로 LP를 제작하기 위한 음반 제작 계약에 CD 제작까지 포함된 것으로 볼 수는 없다고 판단 기준을 제시하였습니다. 그러면서 대법원은 LP와 CD를 대체재로 보았습니다. 그리고 이 음반 제작 계약 당시 CD가 보편화되지는 않았지만 어느 정도 음악 산업계에 알려져 있었다는 사실을 들어 LP 계약에는 CD 제작도 포함되어 있다고 판결했습니다.

질문의 사례를 위 대법원 판결의 취지에 비추어 생각해 보겠습니다. 우선 음반과 NFT는 전혀 다른 시장을 형성하는 것으로 보아야 할 것으로 생각됩니다. 음반은 주로 음악 감상을 위한 것이고, NFT 콘텐츠는 주로 소장(collection)을 위한 것이기 때문에 서로 독립된 재화, 즉 독립재로 보는 것이 타당할 것 같습니다. 게다가 질문 사례의 계약 당사자인 A와 B, C가 음반 제작 계약 당시 음원을 NFT 콘텐츠로 제작하여 판매할 수 있다는 것을 예상하지 못했다면 위 음반 제작 계약에는 NFT 콘텐츠로 제작하여 NFT 거래소에 올려 판매하는 것까지는 포함되지 않은 것으로 보는 것이 타당하겠습니다. 그렇다면 A 음반사는 위 계약서를 근거로 B, C의 동의 없이 그 음반에 수록된 곡을 NFT 거래소에 올려서는 안 될 것입니다.

026 공동 제작 NFT의 수익 배분 기준은?

A, B와 공동으로 제작한 영상을 NFT 거래소에 제 이름으로 올려 판매가 되었습니다. 제가 대본을 쓰고 저 혼자 출연한 영상들인데, A는 영상 촬영만 했고, B는 촬영된 영상의 편집 작업만 했습니다. 또 C는 영상 제작에는 직접 참여하지 않고 영상 제작이 잘 되었는지 사후적으로 감수만 했습니다. 그런데 C는 자기가 전체 연출을 한 것이라고 주장합니다. 이 경우 판매 수익을 어떻게 분배해야 하는가요?

기여도에 따라 분배, 기여도가 불분명하면 균등 분배

 앞의 사례에서 본 것처럼, 공동으로 제작한 영상은 대부분 '공동저작물'이 됩니다. 비록 나 혼자 이름으로 NFT 거래소에 올렸다고 해도 마찬가지입니다. 공동저작물이냐 아니냐는 누구 이름으로 공표되었느냐가 아니라, 그 작품의 창작에 누구누구가 창작적으로 기여하였는가에 달려 있기 때문입니다.

공동저작물로 인해 수익이 발생했을 때, 그 수익은 공동저작자들 사이에 미리 계약을 해두었다면 계약 내용에 따라 분배하면 됩니다. 미리 계약을 해두지 않았다면 각자의 기여분에 따라 분배해야 하는데, 각자의 기여분이 어느 정도인지 불분명하다면, 저작권법은 그 기여분이 균등한 것으로 추정합니다(저작권법 제48조 제2항). 그러므로 공동으로 영상을 제작하는 경우에는 나중에 다툼이 일어나지 않도록, 향후 수익 분배를 어떻게 할 것인지를 미리 정해 두어야 합니다. 계약서를 작성하거나 기타 문서나 이메일 등 기록으로 남겨놓는 것이 바람직합니다.

다만, 공동저작자가 되기 위해서는 그 영상의 제작에 '창작적으로 기여'해야 합니다. 위의 사례에서 영상 촬영을 한 A와 편집 작업을 한 B는 공동저작자로 볼 수 있으나 단순히 감수만 한 C는 원칙적으로 공동저작자라고 주장할 수 없습니다. 단순히 감수만 한 것으로는 창작적 기여가 있었다고 보기 어렵기 때문입니다. 그러나 전체 제작 과정을 지휘하면서 적극적으로 의견을 내고, 그 의견이 실제로 반영되는 등 창작적인 기여를 했다면 촬영이나 출연, 대본 집필 등을 직접적으로 하지 않았다 하더라도 공동저작자가 될 수 있습니다.

여기서 알아두어야 할 것이 '영상제작자'라는 개념입니다. 영상저작물의 제작에 '창작적으로 기여'한 사람은 저작자가 됩니다. 영화의 경우 '감독', TV 드라마의 경우엔 'PD'가 여기에 해당합니다. 그런데 창작적으로 기여하지 않아서 저작자는 될 수 없지만, 영상물 제작에 중요한 역할을 하는 사람이 있습니다. 그 영상물을 기획하고 투자한 사람인데, 흔히 '영화사' 또는 '영화제작사'라고 부릅니다. 이들을 저작권법에서는 '영상제작자'라고 합니다. 앞에서도 본 바와 같이 저작권법은 '영상저작물에 대한 특례 규정'을 두고 있습니다. 이 규정에 따르면 특별한 약정이 없는 경우 영상저작물의 창작에 기여한 영상저작자들의 권리는 영상제작자에게 양도한 것으로 추정합니다.

027 회사 직원이 제작한 영상을 민팅하려면?

동영상 제작 업체 직원으로 근무하고 있습니다. 회사의 지시에 따라 저 혼자서 촬영한 영상물인데, 유튜브에서 엄청난 조회수를 기록했습니다. 이 영상을 민팅해서 NFT 거래소에 올리려고 하는데, 회사의 동의를 받지 않으면 불가능하다고 하네요. 이 영상에 대해서는 회사가 모든 권리를 갖고, 저는 아무런 권리도 없는 것인가요? 특허법에서는 회사 직원이 발명을 한 경우 직원이 발명자가 되고, 회사는 정당한 보상을 해주어야 한다고 하는데, 저작권법에는 그런 규정이 없는 건지요?

업무상저작물의 저작권은 모두 회사에게

 안타깝지만 회사나 사업체의 직원으로 제작한 영상에 대해서는 회사 또는 사업체가 모든 권리를 가집니다. 직원은 아무런 권리도 주장할 수 없습니다. 이런 저작물을 '업무상저작물'이라고 합니다. 다만, 회사 직원이 제작했다고 해서 모두 업무상저작물이 되는 것은 아닙니다. 업무상저작물이 되기 위해서는 몇 가지 요건이 필요합니다.

첫째, 회사가 그 영상을 제작하기로 '기획'을 해야 합니다. 둘째, 회사의 '종업원'(직원)이 제작해야 합니다. 셋째, 그 제작이 그 종업원(직원)의 '업무'여야 합니다. 넷째, 회사 명의로 '공표'가 되거나, 적어도 공표가 예정되어 있어야 합니다.

따라서 회사 직원이 휴가 중에 촬영한 영상이라든가, 퇴근 이후 자유 시간에 회사 업무와 상관없이 촬영한 영상은 업무상저작물이 아닙니다. 이런 영상에 대해서는 회사는 아무런 권리가 없으며 직원이 모든 권리를 갖게 됩니다.

특허의 경우에는 회사 직원이 발명한 경우 회사가 아니라 직원이 발명자가 되고, 회사는 그 발명에 대해 정당한 보상을 해주어야 한다는 규정이 '발명진흥법'에 명시되어 있습니다. 그러나 업무상저작물은, 직원이 저작자가 될 수 없고 보상 규정도 없습니다. 특허법의 발명자에 비해 저작물의 실제 창작자인 직원의 권리를 지나치게 무시하고 있는 것입니다. 이와 관련해 실제 창작을 한 직원의 기본권을 침해한다는 이유로 헌법재판소에 소송이 제기된 적이 있으나 결국 합헌이라는 판결이 선고되었습니다(헌법재판소 2018. 8. 30.자 2016헌가12 결정).

다만, 현재 국회에 발의되어 있는 2022년 개정 저작권법에서는 업무상저작물의 경우에도 저작재산권은 일단 창작자(종업원)에게 귀속시키고 이후 법인 등에게 이전된 것으로 간주하여, 법인이 저작재산권은 가지더라도 저작인격권은 창작자인 종업원이 가지는 것으로 되어 있습니다. 이 법안이 통과될지 관심을 가지고 지켜볼 일입니다.

028 프리랜서가 제작한 영상을 민팅하려면?

회사 직원이 아니라 프리랜서 또는 외주업체가 외주(의뢰)를 받아 영상 작품을 제작
했다면, 그에 대한 저작권은 누가 갖나요? 역시 회사가 저작권을 갖고 회사만이 NFT
거래소에 올릴 수 있는 건가요?

특별한 계약이 없으면 프리랜서 작품의 저작권은 프리랜서에게

회사 직원이 아니고 프리랜서나 외주업체가 영상을 제작
했다면, 일단 발주(의뢰)를 한 회사와 프리랜서 또는 외주
업체 사이에 체결된 계약의 내용에 따라 저작권자가 결
정됩니다. 즉, 계약서에 결과물에 대한 저작권을 회사가 갖기로 했다
면 회사가, 프리랜서나 외주업체가 갖기로 했다면 프리랜서나 외주업
체가 갖게 됩니다. 특별한 계약을 체결하지 않았거나 계약서에 저작
권에 관한 규정이 없다면 다음과 같이 결정됩니다.

그 영상에 대한 저작권은 원칙적으로 실제 창작을 한 프리랜서(외주업
체)에게 있습니다. 프리랜서는 회사의 종업원이 아니기 때문에 업무
상저작물 요건을 충족하지 못합니다. 그러나 프리랜서가 자기 재량에
따라 자유롭게 제작을 한 것이 아니라, 발주사의 지휘 감독 아래 그 지
시 내용을 충실히 이행하면서 제작을 했다면 사정이 달라질 수 있습
니다. 이때의 프리랜서는 명목상으로는 외주 프리랜서이지만 사실상
종업원의 지위에 있었다고 볼 수 있고, 그 영상은 업무상저작물이 될
수 있습니다. 그렇게 되면 그 작품에 대한 저작권은 앞의 사례에서 본

바와 같이 모두 회사에 귀속됩니다.

부연하여 말씀드리면, 앞의 사례에서 업무상저작물이 되기 위해서는 회사나 기타 사업체의 직원(종업원)이 제작을 한 경우라야 한다고 했습니다. 그런데 이때 직원(종업원)이라 함은 회사에 채용되어 고용계약을 맺은 정식 직원이냐 아니냐, 월급을 받는 사람이냐 작품 완성 후 보수를 받는 사람이냐에 따라 결정되는 것이 아니라, 회사의 '지휘 감독'을 받느냐 아니냐에 따라 결정이 됩니다. 따라서 프리랜서 또는 외주업체가 스스로의 창의와 재량에 따라 영상을 제작한 것이 아니라, 발주(의뢰)업체의 지휘 감독에 따라 그 지시를 충실히 이행하기만 했다면 업무상저작물이 되고, 발주업체가 모든 권리를 갖습니다.

그런데 발주업체와 프리랜서 어느 쪽도 절대적인 재량을 갖지 못한 중간적인 형태도 있을 수 있습니다. 발주업체가 지휘감독권을 행사하기는 했지만 완전한 통제권을 행사한 것은 아니고, 프리랜서나 외주업체도 상당한 재량을 발휘해 영상이 제작된 경우입니다. 이런 경우에는 발주업체와 프리랜서(외주업체)의 공동저작물로 보아야 할 것입니다.

029 동일한 작품을 재차 민팅해도 될까요?

내가 창작한 디지털 아트 작품을 A NFT 거래소에 민팅해 올렸습니다. 동일한 작품을
B NFT 거래소에 다시 민팅해 올려도 될까요?

거래소 약관에 따라야 하고, 계약 위반이 되지 않도록 주의해야

원칙으로만 본다면 작품의 저작자(저작권자)는 자신의 작
품을 민팅해서 거래소에 올린 후에도 동일한 작품을 다
시 민팅해서 올리는 것이 가능합니다. 민팅해서 거래소
에 올리는 것은 복제와 전송에 해당하는데, 복제권과 전송권을 가지
고 있는 저작자라면 몇 번이고 동일한 작품을 복제 및 전송할 수 있습
니다. 심지어 그 작품이 거래소에서 판매되어 구매자에게 넘어간 경
우여도 마찬가지입니다.

그러나 NFT 거래소 약관에 의하면 동일한 작품을 다시 민팅해 올리
는 것을 금지하는 경우가 대부분입니다. 이러한 약관 내용에 동의하
고 작품을 거래소에 올린 경우에는 동일한 작품을 재차 NFT 거래소
에 올리는 것은 계약(약관) 위반이 됩니다. 즉, 저작권 침해는 되지 않
지만 계약 위반에 따른 손해배상 책임을 질 수 있고, 고의성 여부에 따
라서는 기망(사기)에 따른 형사 책임도 질 수 있습니다.

030 영화 중 일부 장면을 민팅하는 것은 괜찮은가요?

A 영화제작사에서 기획·투자하고, 영화감독 B가 직접 시나리오를 쓰고 감독한 영화가 흥행에 성공했습니다. B는 촬영한 영상 중 최종 편집 과정에서 삭제된 미개봉 장면과 시나리오를 민팅하여 NFT 거래소에 올리려고 합니다. 가능한가요?

영화제작자의 권리를 침해할 수 있어

 앞에서 본 영상저작물 특례 규정이 적용될 사례입니다. 영화제작사 A와 영화감독 B 사이에 체결된 계약 내용에 특별한 규정이 없다면, 이 영화의 저작재산권은 저작권법 제100조 제1항에 따라 영화제작사 A에게 양도된 것으로 추정됩니다. 그러나 시나리오에 대한 저작권은 같은 조 제2항에 의해 제1항의 영향을 받지 않고 창작자인 B에게 여전히 남아 있습니다.

따라서 B는 자신이 저작권을 가지고 있는 시나리오를 민팅해 NFT 거래소에 올릴 수 있을 것으로 보입니다. 반면에 미개봉 장면을 민팅하는 것은 문제가 복잡합니다. 이 영화의 이용을 위해 필요한 권리는 영상제작자 B에게 양도된 것으로 추정되지만, 최종 편집 단계에서 채택되지 않은 미개봉 장면이 과연 이 영화의 이용을 위해 필요한 부분인지 따져볼 필요가 있습니다. 만약 필요한 부분이 아니라고 판단되면, 그 부분에 대한 저작재산권은 영화의 창작자인 감독 B에게 남아 있다고 볼 수 있습니다.

그러나 영화를 1인 감독이 홀로 창작하는 경우는 거의 없습니다. 대부분의 영화는 총감독, 촬영감독, 조명감독, 의상감독, 무술감독, 기타 다수의 조감독 등 여러 명의 감독이 공동으로 참여해 제작됩니다. 이렇게 제작된 영화는 여러 감독들의 공동저작물이 되고, 따라서 영화의 저작권은 이 감독들이 공동으로 보유하게 됩니다. B가 비록 총감독으로서 영화 제작 전체를 총괄적으로 감독했다 하더라도, 공동저작권자인 다른 감독들의 동의 없이 일방적으로 미개봉 장면을 민팅해서 NFT 거래소에 올리는 것은 공동저작자들 사이의 합의를 위반한 것이 됩니다. 또한 미개봉 장면을 NFT 거래소에 올리면 그 장면이 공개(공표)됩니다. 그 경우 다른 감독들이 그 미개봉 장면에 대해 가지고 있는 저작인격권인 공표권을 침해하는 것이 될 수 있습니다.

실제 미국에서 소송이 진행 중인 영화사와 감독 간 NFT 분쟁 사례를 소개하니 참고하시기 바랍니다. 다만, 미국은 '영상저작물 특례 규정'이 없기 때문에 우리나라와는 다른 결론이 나올 수 있습니다.

사례 | 미라맥스 영화사와 타란티노 감독의 NFT 저작권 관련 소송

영화제작사와 영화감독 사이에 NFT 관련 분쟁 사례가 2021년 11월 미국에서 있었습니다. 이 소송은 영화 '펄프픽션' 시나리오를 NFT로 판매하려는 과정에서 일어났는데요. 이 영화의 감독인 '쿠엔틴 타란티노' 감독이 직접 손으로 쓴 오리지널 시나리오의 일부를 스캔해 판매하려는 것을 영화제작사 '미라맥스'가 계약 위반이라며 소송을 제기한 것이죠. 미라맥스 측은 타란티노 감독이 영화에 대해 가지고 있는 권리에 NFT는 포함되지 않으며, 해당 NFT가 '펄프픽션'의 고유 브랜딩이나 이미지를 이용하는 것이기 때문에 상표법에 위배된다고 소송의 이유를 밝혔습니다. 한편, 타란티노 감독은 변호인단을 통해 자신의 원본 시나리오를 출판할 권리를 보유하고 있으며 NFT 판매도 가능하다고 주장해 논쟁이 계속되고 있습니다.

031 8초짜리 '짤'(밈)을 민팅하면?

무한도전의 '무야호' 8초짜리 짤 영상이 NFT 거래소에서 950만원에 판매되었다고 합니다. 방송 프로그램의 영상 일부를 잘라낸 '짤'을 방송사 허락 없이 민팅해서 NFT 거래소에 올려도 되는 건가요?

방송사 및 출연자들의 권리 침해 성립할 수 있어

'짤'은 일명 '밈'(meme)이라고도 하는데, 기존 방송 프로그램 등 영상물 일부를 짧게 잘라낸 영상을 말합니다. 최근 인터넷에서 이런 짤 영상이 많이 유포되고 있는데, 짤 영상은 저작권 침해가 될 가능성이 높습니다. 흔히 영

▶ '밈'은 한 사람이나 집단에게서 다른 지성으로 생각 혹은 믿음이 전달될 때 전달되는 모방 가능한 사회적 단위를 총칭합니다. 1976년, 리처드 도킨스의 <이기적 유전자>에서 문화의 진화를 설명할 때 처음 등장한 용어죠. 요즘에는 SNS 등에서 다양한 모습으로 복제되는 짤방 혹은 패러디물을 이르는 말로 사용되고 있습니다.

상을 10초 이내로 이용하는 것은 괜찮다느니, 음악을 3소절 이내로 이용하는 것은 허락받지 않아도 된다는 등의 이야기가 돌고 있지만, 전혀 사실이 아닙니다. 아무리 짧게 잘랐어도 그 짧은 부분에서 원작의 본질적 특징이 느껴질 수 있다면 저작권 침해가 성립합니다.

즉, 짤 영상이 어느 영상물에서 추출한 것인지 굳이 설명하지 않아도 감상자가 직접 느낄 수 있을 정도라면 길이의 길고 짧음에 상관없이 저작권 침해가 될 수 있습니다. 설사 저작권 침해가 성립하지 않는다고 하더라도, 그 짤 영상에 등장하는 연예인이나 기타 출연자들의 퍼블리시티권 또는 초상권을 침해할 수 있으니 조심해야 합니다.

032 방송사도 영상에 등장한 배우들에게 허락받아야 하나요?

앞의 무한도전 사례처럼 해당 방송을 제작한 방송사가 짤 영상을 만들어서 NFT 거래소에 올리는 경우에도 연기자들의 허락을 받아야 하는가요?

짤 영상은 방송과 별개, 출연자의 별도 허락을 받아야

 제3자가 아니라 방송 영상을 제작한 방송사는 그 영상 중 일부분을 '짤' 영상으로 만들어 NFT 거래소에 올리는 것이 가능할까요? 앞의 '무야호' 사례에서 MBC가 짤 영상을 만들어 NFT 거래소에서 판매한 것을 보면 마치 가능할 것 같습니다. 그러나 영상을 제작한 방송사도 출연한 연기자들의 동의를 받지 않고 짤 영상을 민팅해 NFT 거래소에 올리는 것은 연기자들의 퍼블리시티권과 초상권을 침해할 소지가 있습니다.

연기자들은 무한도전에 출연하면서 무한도전 영상물에 자신들의 연기를 녹화하는 것에 대해 당연히 동의를 했을 것입니다. 그러나 그 동의가 짤 영상을 추출해 NFT 거래소에 올리는 것에 대한 동의까지 포함하는 것으로는 보기 어렵습니다. 따라서 설사 무한도전을 제작한 방송사라 하더라도 출연자들의 별도 동의 없이 짤 영상을 추출해서 NFT 거래소에 올리는 것은 허용되지 않는다고 보아야 할 것입니다.

영상저작물 특례 규정 중 저작권법 제100조 제3항에 의하면, "영상제작자와 영상저작물의 제작에 협력할 것을 약정한 실연자의 그 영상저작물의 이용에 관한 제69조의 규정에 따른 복제권, 제70조의 규정에 따른 배포권, 제73조의 규정에 따른 방송권 및 제74조의 규정에 따른 전송권은 특약이 없는 한 영상제작자가 이를 양도받은 것으로 추정한다"고 되어 있습니다. 그래서 연기자의 권리는 모두 영상제작자인 방송사가 양도받은 것으로 생각할 수도 있을 것입니다.

그러나 이 특례 규정에 의해 영상제작자인 방송사가 양도받은 것으로 추정되는 실연자(연기자)의 권리는 '그 영상저작물의 이용에 관한 권리'입니다. 이는 그 영상저작물을 '본래의 방송물'로서 이용하는 데 필요한 권리를 말하는 것으로 좁게 해석해야 합니다. 영상저작물 중 일부를 짤 영상으로 추출해서 NFT 거래소에 올리는 것은 그 영상저작물을 본래의 방송물로서 이용하는 것이라고 볼 수 없습니다. 따라서 질문의 사례는 영상저작물 특례 규정이 적용될 사안이 아닙니다.

 영화 장면 일부를 다른 용도로 이용하는 경우

"저작권법 제75조 제3항(현행법 제100조 제3항)의 규정에 의해 영상제작자에게 양도된 것으로 간주되는 '영상저작물의 이용에 관한 실연자의 녹음·녹화권'이란 그 영상저작물을 본래의 창작물로서 이용하는 데 필요한 녹음·녹화권을 말한다고 보아야 할 것이다. 따라서 영화 상영을 목적으로 제작된 영상저작물 중에서 특정 배우들의 실연 장면만을 모아 가라오케용 LD 음반을 제작하는 것은, 그 영상저작물을 본래의 창작물로서 이용하는 것이 아니라 별개의 새로운 영상저작물을 제작하는 데 이용하는 것에 해당하므로, 영화배우들의 실연을 이와 같은 방법으로 LD 음반에 녹화하는 권리는 구 저작권법 제75조 제3항(현행 저작권법 제100조 제3항)에 의해 영상제작자에게 양도되는 권리의 범위에 속하지 아니한다"(대법원 1997. 6. 10. 선고 96도2856 판결).

▶ 영상저작물 특례에 관한 종전 저작권법 제75조 제3항은 실연자의 권리가 영상제작자에게 양도된 것으로 '간주'한다고 규정하였으나 2003년 저작권법 개정에 의해 '추정'하는 것으로 변경되었습니다.

033 재판매 수익 ① — 재판매 로열티를 받고 싶어요!

NFT 콘텐츠가 재판매될 때마다 판매자가 수익을 얻을 수 있도록 NFT를 구성할 수 있다고 하는데, 어떤 방법으로 가능한가요?

최초 판매하는 거래소 약관을 확인해야

NFT를 구성하는 여러 요소 중에 '재판매 로열티'(또는 지속적 로열티)를 설정해 넣을 수 있습니다. 재판매 로열티가 설정되면 NFT 창작자(판매자)는 향후 발생하는 NFT의 재판매 거래 시 수익을 얻을 수 있습니다. 재판매 로열티는 최초 거래된 거래소 마켓플레이스에서 계속 거래된다는 전제 아래 NFT가 거래될 때마다 판매 금액의 일정 비율을 받을 수 있는데, 그 비율은 처음 NFT를 작성한 사람이 정할 수 있습니다. 다만, 재판매 로열티가 너무 높으면 향후 재판매 시장에서 NFT 구매자의 구매 의욕을 떨어뜨려 재판매가 어려워질 수 있다는 점을 염두에 두어야 할 것입니다.

재판매 로열티를 50%라고 가정하면, NFT를 1이더(EHT)에 구매한 경우 구매자가 재판매를 통해 이익을 얻기 위해서는 최소한 2이더 이상의 가격으로 그 NFT를 재판매해야 한다는 것을 의미합니다. 거래소의 판매수수료까지 생각한다면 실제 재판매 가격은 더 높아져야 구매자가 수익을 얻을 수 있을 것입니다.

참고로, 거래소 약관 중에는 NFT가 최초로 판매된 거래소가 아닌 다른 거래소를 통해 재판매가 이루어지는 경우에는 재판매 로열티가 적용되지 않는다고 되어 있는 경우도 있습니다. 따라서 NFT 판매자는 재판매 로열티가 적용되는 범위를 최초 판매하는 거래소 약관을 통해 확인할 필요가 있습니다.

우리 저작권법에는 아직 도입되지 않았지만, 프랑스를 비롯한 일부 나라에서는 저작권의 지분권 중 하나로서 작품의 재판매로 인해 발생하는 이익을 저작자가 분배받을 수 있도록 하는 '추급권'(推及權)이라는 권리를 인정하고 있습니다. '재판매 로열티'는 추급권과 그 취지가 비슷하다고 볼 수 있습니다.

추급권이란?

'추구권'(Droit de suite)이라고도 합니다. 미술저작물의 원작품이나 작가의 원고, 작곡가의 악보에 대해 저작자는 원작품 또는 원고, 악보를 양도한 후에도 재판매로 인한 이익을 계속 분배받을 수 있는 권리가 추급권 또는 추구권입니다. 예를 들어, 미술저작물의 경우 저작자인 화가는 복제물이 아니라 원본의 판매에 의해 수익을 얻게 되는데, 그 원본이 계속 재판매되면서 최초 판매 당시보다 가격이 훨씬 상승하는 경우가 많습니다. 그런데 그러한 전매 과정에서 발생하는 이익에 대해 화가는 아무런 보상을 받지 못합니다. 이러한 불합리를 개선하기 위해 원작품의 최초 판매 이후에 발생하는 수익에 대해 저작자가 참여할 수 있도록 한 것이 추급권 또는 추구권입니다. 프랑스, 독일, 이탈리아 등에서 이러한 권리를 인정하고 있습니다.

034 재판매 수익 ② — 재판매 로열티는 최초 판매의 원칙에 위배되나요?

저작권법에는 저작권자의 배포권을 제한하는 '최초 판매의 원칙'이 있다고 들었습니다. 재판매 로열티를 설정하는 것은 최초 판매의 원칙에 위배되는 것 아닌가요?

최초 판매의 원칙은 디지털 콘텐츠에는 적용되지 않아

 '배포'는 저작물의 원본이나 복제물을 공중에게 대가를 받거나 받지 않고 양도 또는 대여하는 것을 말합니다(저작권법 제2조 제23호). 쉽게 말하면 그림의 원본이나 책(복제물) 따위를 공중에게 무상 또는 유상으로 팔거나 빌려주는 것을 말하는데, 이런 배포 행위를 통제할 수 있는 권리가 배포권입니다.

저작권자가 갖는 저작재산권 중에는 배포권이 있습니다. 따라서 저작물의 복제물, 예를 들어 서점에서 구입한 책을 다 읽고 나서 중고책으로 팔거나 빌려주는 것도 배포권의 대상이 되므로, 저작권자의 허락을 얻어야 합니다.

그렇다면 중고책을 판매하는 '알라딘' 같은 서점이나 동네 도서대여점은 어떻게 하고 있을까요? 수천 수만 권의 중고서적을 팔거나 빌려주고 있는데, 저작권자들로부터 일일이 허락을 받고 하는 것일까요? 아닙니다. 저작권자의 허락을 받지 않고도 중고서적 판매점이나 도서대여점을 하는 것이 가능합니다. 그 이유는 '최초 판매의 원칙'(first sale doctrine)이라고 하는 배포권에 대한 중대한 예외 규정이 있기 때문입니다.

'최초 판매의 원칙'은 '권리 소진의 원칙'이라고도 하는데, 저작권법 제20조 단서에 규정되어 있습니다. 저작물의 원본이나 복제물이 일단 저작권자의 허락을 받아 최초 판매가 이루어지면 그로써 배포권은 소진되고, 그 이후의 배포 행위에 대하여는 저작권자의 배포권이 작용하지 않는다는 규정입니다. 이에 따라 저작권자는 배포권을 최초 판매 시 한 번만 행사할 수 있으며, 그 이후부터 판매나 대여되는 데 대해서는 배포권을 행사하지 못합니다. 서점에서 책이 처음 팔리는 순간에 최초 판매가 이루어진 것이므로, 그 이후에 다시 판매되거나 대여되는 것에 대해서는 아무리 저작권자라도 배포권으로 금지하거나 그 이익을 분배해 달라고 요구할 수 없습니다.

그렇다면 NFT 판매자가 '재판매 로열티'를 통해 NFT 재판매 이익의 일정 비율을 수취할 수 있는 권리를 부여받는 것은 최초 판매의 원칙에 어긋나는 것이 아닌가 하는 의문이 생깁니다.

그러나 최초 판매의 원칙은 강행 규정이 아니기 때문에 저작권자와 구매자 사이의 계약에 따라 적용을 배제할 수 있습니다. NFT 판매자와 구매자는 재판매 로열티를 인정하는 거래소 약관에 동의하고 NFT 거래를 한 것이므로, 이는 판매자와 구매자 사이에 최초 판매의 원칙을 배제하고 재판매로 인한 수익의 일정 비율을 최초 판매자에게 분배하기로 하는 계약을 체결한 것으로 볼 수 있습니다.

또한 디지털 콘텐츠의 거래에는 최초 판매의 원칙이 아예 적용되지 않는다는 견해가 다수입니다. '배포권'은 저작물의 '원본이나 복제물'을 유형물의 형태로 공중을 상대로 대가를 받거나 받지 않고 양도 또는 대여하는 권리이므로 유형물의 판매에만 적용되는 권리입니다. 따라서 배포권을 제한하는 원칙인 최초 판매의 원칙 역시 유형물의 판매에만 적용되는 원칙이라고 보아야 합니다. 그런데 디지털 콘텐츠는 유형물이 아니라 무형물이므로, 아예 최초 판매의 원칙이 적용될 여지가 없습니다. NFT 거래 역시 디지털 콘텐츠의 형태로 이루어지는 거래이므로 최초 판매의 원칙이 적용되지 않는 것입니다.

무형물에는 배포권이 적용되지 않는다는 아래 대법원 판례를 참고하시기 바랍니다.

 디지털 콘텐츠에는 배포권이 적용되지 않는다

저작권법 제2조의 유형물에는 특별한 제한이 없으므로 컴퓨터의 하드디스크가 이에 포함됨은 물론이지만, 하드디스크에 전자적으로 저장하는 MPEG-1 Audio Layer-3(MP3) 파일을 일컬어 유형물이라고 할 수는 없을 것 (…) 저작권법 제2조 제23호에서 말하는 '배포'란 저작물의 원작품 또는 그 복제물을 유형물의 형태로 일반 공중에게 양도 또는 대여하는 것을 말하는 것이므로, 위와 같이 컴퓨터 하드디스크에 저장된 MP3 파일을 다른 P2P 프로그램 이용자들이 손쉽게 다운로드받을 수 있도록 자신의 컴퓨터 내의 공유 폴더에 담아두었다고 하더라도, 이러한 행위가 배포에 해당된다고는 할 수 없을 것이다(대법원 2007. 12. 14. 선고 2005도872 판결).

화가 A가 그린 그림 원작을 B가 화랑에서 구입했습니다. B는 이 그림을 민팅해서
NFT 거래소에 올리려고 합니다. B 소유의 그림인데도 A의 허락을 받아야 하는가요?
또 B는 이 NFT의 가치를 높이기 위해 NFT가 판매되는 즉시 자신이 보유하고 있는
그림 원작을 소각하는 이벤트를 진행하려고 합니다. 이렇게 원작을 소각하거나 파괴
하는 경우에도 화가 A의 허락을 받아야 하는가요?

민팅은 허락 필요, 소각은 허락 불필요

  앞에서도 언급했듯이 저작권과 소유권은 전
혀 별개의 권리입니다. A는 저작자로서 그
림에 대한 저작재산권과 저작인격권을 가지
고 있고, B는 소유권을 가지고 있습니다. 그림을 민팅해 NFT로 제작
하는 것은 저작물의 '복제'에 해당하고, 민팅한 NFT를 거래소에 올리
는 것은 '전송'에 해당합니다.

복제권과 전송권은 저작재산권의 지분권들입니다. 따라서 비록 B가
그림의 소유권자라도 그 그림을 민팅해서 거래소에 올리기 위해서는
저작자이면서 저작재산권자인 A로부터 복제 및 전송에 대한 허락을
받아야 합니다.

다음으로, B가 그림 원작(원본)을 파괴하는 경우에도 A의 허락을 받
아야 하는지 살펴보겠습니다. 먼저 얼굴 없는 화가 뱅크시의 작품 '멍
청이' 사례를 참고해 보시기 바랍니다.

> **사례**
> ## 뱅크시 그림, NFT 판매 후 소각
>
> 지난 2021년 3월 4일, '얼굴 없는 화가'로 불리는 뱅크시의 그림 '멍청이'(Morons)
> 의 원본 그림을 불태운 일이 일어났습니다. 블록체인 회사 인젝티브 프로토콜이 원
> 본 그림을 사들인 후, 그림의 NFT를 경매에 내놓고 진짜 그림을 불태운 것이죠. 이
> 장면은 유튜브 생중계로 공개되었는데 "가상과 실물이 병존할 경우 작품의 가치가
> 실물에 종속되지만 실물을 없애면 NFT 그림이 대체 불가의 진품이 된다"고 말했
> 습니다. 실제로 낙찰가 1억 원이었던 원본 그림은 불탔지만 NFT로 변환된 그림은
> 228.69이더(ETH)(약 4억 3,000만 원)에 팔렸습니다. 인젝티브 프로토콜 측에서
> 원작자인 뱅크시에게 허락을 받았는지 여부는 전해지지 않지만, '멍청이' 그림에 "이
> 런 쓰레기를 사는 멍청이가 있다는 게 믿기지 않는다"는 글귀가 적혀 있는 등 미술
> 경매장에 모인 구매자를 조롱·풍자하는 작품이었기 때문에 작품의 의도에 걸맞는
> 였다는 퍼포먼스였다는 평을 받고 있습니다.

저작자는 자신의 저작물에 대해 저작인격권을 갖습니다. 저작인격권
에는 공표권, 성명표시권, 동일성유지권의 3가지 권리가 있는데, 그
중에서 동일성유지권은 "자신의 저작물의 내용, 형식, 제호의 동일성
을 유지할 권리"를 말합니다(저작권법 제13조 제1항). 즉, 자신의 저작물
을 다른 사람이 함부로 변경하지 못하도록 금지할 수 있는 권리입니
다. 그런데 미술저작물 등(사진저작물, 건축저작물 포함)은 동일성유지권
과 관련해 조금 특별한 취급을 받습니다. 다른 저작물과 달리 원본이
라는 개념이 있기 때문입니다. 원본은 저작자의 표현이 최초로 고정
(기록)된 유체물을 말합니다. 파괴는 변경의 가장 극단적인 형태이므
로, 원본을 소각하거나 파괴하는 것은 저작자의 동일성유지권 침해가
아니냐 하는 논란이 있습니다.

만약 원본 소유권자가 원본을 파괴하는 것이 동일성유지권 침해에 해

당한다면 파괴를 할 때 저작자의 허락을 받아야 하는데, 이는 일반적인 사회통념에 비추어볼 때 아직은 받아들이기 어렵다고 생각됩니다. 미술저작물을 소각 또는 폐기할 때 저작자의 허락을 받아야 한다면, 미술저작물 보유에 따른 불편함을 가중시키고 미술저작물의 재산적 가치에 부정적 요인으로 작용함으로써 오히려 미술저작물 시장을 위축시킬 우려가 있습니다. 살아가면서 우리는 선물을 받든 구입을 하든 이런저런 경위로 미술 작품들을 소유하게 됩니다. 그런데 내가 소장 중인 작품을 마음대로 폐기할 수 없고 그때마다 원저작자를 찾아가서 허락을 받아야 한다면 무척 불편할 것입니다.

이러한 현실적인 문제를 고려할 때 미술저작물의 완전 폐기나 파기의 경우에는 동일성유지권 침해를 부정하는 견해가 타당해 보입니다. 그런 취지의 판례도 있습니다(203쪽의 '도라산역 벽화 철거' 사건 참조).

따라서 질문의 사례에서 B가 그림을 소각할 때 반드시 A의 허락을 받아야 하는 것은 아니라고 봅니다. 그러나 아직 명확한 판례가 있는 것은 아니므로, 향후 판례의 흐름을 지켜보시기 바랍니다.

도라산역 벽화 철거 사건

도라산역 벽화 철거 사건과 관련해서, 법원의 판결은 미술품 소유권자의 처분 행위를 동일성유지권으로 금지할 수 없고, 현행 저작권법상 '장소 특정적 미술'에 대한 특별한 보호는 인정되지 않으므로, 피고(대한민국)의 의뢰에 따라 미술가인 원고가 창작하여 역 구내에 설치한 벽화를 피고가 임의로 떼어낸 후 폐기한 행위는 원고의 동일성유지권을 침해했다고 보기 어렵다고 판시했습니다(서울고등법원 2012. 11. 29. 선고 2012나 31842 판결). 다만, 동일성유지권 침해는 성립하지 않지만, 이 사건 벽화는 국가가 관리하는 예술품이고, 그런 예술품을 폐기하기 위해서는 관련 규정에 따라 저 작자에게 그 사실을 고지하고 충분한 공론의 장을 거치는 등의 절차를 거쳤어야 하는데, 그런 절차를 거치지 않고 폐기함으로써 원고에게 정신적 손해를 입혔다고 하여 1천만원의 위자료를 지급하라고 판결하였습니다(대법원 2015. 8. 27. 선고 2012다204587 판결로 확정).

▶ 장소 특정적 미술(Site-specific art)은 작품의 구성 요소가 자연적 배경을 보충하거나 특정 장소와 조화를 이루기 위해 의도적으로 계획되고 배치된 미술 작품을 의미합니다. 작품의 위치 그 자체를 작품을 구성하는 요소로 활용한다는 특징이 있습니다. 대지미술, 환경조각, 공공미술이 대표적인 장소 특정적 미술이며, 빌딩 파사드에 양식화된 조각, 벽화, 기념물이나 조각적 증축 부분도 장소 특정적 미술이라 할 수 있습니다(출처 : 위키백과).

036 대작, 대필 작품을 민팅해서 올리면?

실제로는 A가 그린 그림을 유명 연예인 B가 그린 그림으로 정보를 기재하여 민팅해서 NFT 거래소에 올려도 될까요?

저작권법 위반 또는 사기죄가 될 수 있어

 이른바 '대작'(代作)의 문제입니다. 대작이란 무엇일까요? 실제로는 A가 창작을 했는데, A와 B 두 사람이 B를 저작자로 하기로 합의(약속)한 경우를 말합니다. 이런 경우에는 누구를 저작자로 볼까요? 실제 창작을 한 A일까요, 아니면 합의한 바에 따라 B가 저작자가 될까요?

이러한 합의를 하는 이유는 크게 세 가지입니다.

첫째, 대외적으로 B를 저작자로 해두는 것이 향후 그 콘텐츠를 이용한 사업이나 투자금을 회수하는 데 편리해서 하는 경우

둘째, B가 창작을 해야 하는데 스스로 창작할 능력이나 시간이 없어서 A가 창작을 하되, 대외적으로는 B를 저작자로 표시하기로 A와 합의를 하는 경우

셋째, A, B, C, D, E 등 여러 사람이 함께 창작을 했는데, 분쟁을 예방하기 위해 그중 B 한 사람만 저작자로 하고, 나머지 사람들은 저작자의 지위를 포기하기로 합의를 하는 경우

여기서 두 번째 경우를 흔히 '대작'이라고 합니다. 유명 연예인이나 정치인, 기업가 등이 다른 사람을 시켜서 자서전을 집필하게 하는 대작

사례가 우리 사회에 실제로 많이 존재합니다. 대작을 전문으로 하는 작가들도 많은데, 스스로를 드러내지 않고 다른 사람 이름으로 집필을 한다고 해서 '유령 작가'(ghost writer)라고 부르기도 합니다.

결론은 이렇습니다. 위의 세 가지 경우 모두 그 경위와 이유가 어떻든, 합의 내용과 상관없이 실제 창작 활동을 한 사람이 저작자가 되고, 창작 활동을 하지 않은 사람은 저작자가 될 수 없습니다. 즉, 합의와 상관없이 첫 번째, 두 번째 경우에는 A가, 세 번째 경우에는 A, B, C, D, E 모두가 저작자가 됩니다.

그렇다면 대작 계약은 무효인가요? 실제 창작한 사람이 아닌 다른 사람을 저작자로 표시하기로 한 합의는 아무런 효력이 없는 것일까요? 그렇지는 않습니다. 이런 합의를 했다고 저작자의 지위가 바뀌는 것은 아니지만, 저작재산권을 B에게 양도하는 합의를 한 것으로 해석할 수는 있습니다. 즉, 이러한 합의는 저작자의 지위를 마음대로 변경하는 것으로는 효력이 없지만, 저작재산권을 합의된 자에게 넘겨주기로 하는 약속으로는 효력이 있다는 말입니다.

이런 해석이 가능한 이유는, 저작자의 지위를 누가 갖느냐와 저작권을 누가 갖느냐는 서로 다른 문제이기 때문입니다. 창작을 한 사람이 저작자의 지위를 갖는 것은 저작권법의 기본 원칙으로서 어떤 경우에도 변함이 없으며, 합의와 상관없이 바뀌지 않습니다. 그러나 저작자는 저작자로서의 지위는 유지하면서, 저작재산권을 다른 사람에게 양도할 수 있습니다. 그렇게 되면 저작자와 저작재산권자가 달라집니다. 즉, A가 자신이 창작한 소설의 저작재산권을 B에게 양도하면 A는 저작자, B는 저작재산권자가 됩니다.

다만, 저작권 중 저작인격권은 저작자의 지위와 분리할 수 없는 권리이기 때문에 양도가 되지 않습니다. 따라서 A와 B 사이의 합의는 저작자의 지위나 저작인격권을 양도하는 합의로는 볼 수 없지만, 저작재산권을 A에게 양도하는 합의로는 볼 수 있습니다.

그런데 대작이 죄가 되는 경우도 있습니다. 즉, '대작'은 잘못하면 형사 처벌을 받을 수 있다는 점을 주의해야 합니다. 저작권법 제137조 제1호는 "저작자 아닌 자를 저작자로 하여 실명·이명을 표시하여 저작물을 공표한 자"를 1년 이하의 징역 또는 1천만원 이하의 벌금에 처하도록 하고 있습니다. 대작에도 이 규정이 적용될까요? 가수 조영남씨 그림 대작 사건의 경우, 형법상 사기죄로 기소된 사건이어서 저작권법 규정은 적용되지 않았습니다. 그렇지만 이 저작권법 규정도 함께 적용되어야 한다는 주장이 있습니다.

대작이 상당히 일반화되어 있는 오늘날 사회현실에 비추어볼 때 모든 대작을 형사 처벌하는 것은 무리입니다. 대표적인 예로, 유명 연예인이라든가 정치인, 재벌 총수 등이 자서전을 출간하지만, 직접 집필하지 않고 대작 작가를 섭외해 집필하는 경우가 대부분이고, 일반인들도 그런 자서전을 그들이 직접 집필했다고는 생각하지 않습니다.

그러나 대작으로 인해 일반 대중이 실제 창작을 하지 않은 사람을 창작자로 오인하고 그 작품을 비싼 값을 주고 사는 일이 발생하면, 이 처벌 규정이 적용될 수 있습니다. 문화계의 신용 보호에 해악을 끼치고 일반 대중에 대한 기망이 되며 사회적 혼동이 우려되기 때문입니다.

또한 저작권법 제136조 제2항 제2호는 저작자가 아닌 자를 저작자로 하여 거짓으로 저작물 등록을 하면 3년 이하의 징역 또는 3천만원 이하의 벌금에 처할 수 있다고 규정하고 있습니다. 저작물등록부는 공공기관인 한국저작권위원회가 관리하는 공적 장부이기 때문에 허위로 등록하는 것을 처벌하도록 한 것입니다.

창작자가 아닌 자를 저작자로 표시하는 대작에서 한 발짝 더 나아가 등록까지 허위로 하는 것은 사회적으로 더 큰 문제를 야기할 수 있고, 공적인 장부의 신용을 직접적으로 해치는 것이 되므로 허위 등록은 단순 대작보다 처벌 가능성이 더 높다는 점을 유의해야 합니다. 설사 허위 등록에 대해 저작자의 동의를 받았다 하더라도 허위등록죄 성립 자체에는 영향이 없다는 점도 아울러 유의해야 합니다.

따라서 질문의 사례처럼 B가 A의 허락을 받고 A의 그림을 B의 작품으로 NFT 거래소에 올린 경우, 그것이 유명 연예인이 그린 그림인 양 속여 비싼 가격에 구매하도록 유인하기 위한 술책이었다면 사기죄나 저작권법 제137조 제1호에 의해 처벌을 받을 수 있다는 점을 유의해야 합니다.

프로야구팀 KT위즈의 4번 타자인 A는 2021년 코리안 시리즈에서 우승을 차지할 당시 자신의 모습을 촬영한 영상 컷을 민팅해서 거래소에 올리면서 그 NFT를 구매한 사람에게는 2022년 이후 KBO 프로야구 정규 시즌에서 자신이 치는 홈런볼 1개를 사인해서 보내주기로 하는 특전(特典)을 붙였습니다. 이 NFT는 B에게 판매되었고, A는 특전에서 약속한 대로 B에게 자신의 홈런볼 한 개를 사인해서 보내주었습니다. 그런데 그 후 B는 이 NFT를 C에게 전매(재판매)했습니다. C는 자기에게도 특전에 따라 사인된 홈런볼을 보내줄 것을 요구했습니다. A는 이 요구에 응해야 할까요?

특전은 계약이고, 계약은 지켜져야 해

NFT 판매자는 NFT 상품 설명에 명시한 특전(perks)을 제공해야 할 계약적 의무를 집니다. 약속한 특전은 합리적 방법을 통해 적시에 제공해야 하고요. 따라서 NFT 판매자는 특전의 내용에 대해 오해의 소지가 없도록 최대한 상세하게 설명하는 것이 중요합니다.

특전은 엄밀히 말해서 NFT의 구성 요소라기보다는 사람들이 그 NFT를 사도록 유도하고 NFT의 가치를 높이기 위한 수단에 해당합니다. NFT의 특전 종류에는 제한이 없습니다. 중요한 것은 NFT 제작자가 그 특전을 제공할 수 있는 권리와 능력을 가지고 있어야 하며, 그 특전을 이미 소유하고 있어야 한다는 점입니다. 자신의 것이 아닌 것을 주겠다고 약속하는 상황이 발생해서는 곤란하겠지요. 특전과 관련해서 중요하게 알아두어야 할 것이 하나 더 있습니다. 미래에 NFT를 갖게 될 모든 구매자(소유자)에게 특전을 제공하는 것은 사실상 불가능하다는 점입니다. 만약 특전이 고유한 것이라면 더욱 그렇습니다. 이러한 까닭에 특전은 보통 첫 번째 구매자에게만 제공하는 것으로 해야 합니다. 특정한 날짜에 NFT를 소유한 사람에게만 특전을 제공하겠다고 명시하 ▶ 맷 포트나우·큐해리슨 테리, 《NFT 사용설명서》, 193~194쪽 참조.

는 방법도 있습니다. 이런 점을 분명하게 하지 않았다가는 질문의 사례에서와 같이 재판매로 구매한 모든 사람에게 특전을 제공해야 하는 부담을 질 수 있습니다.

한 가지 덧붙이자면, 사인 홈런볼을 제공하는 것은 특전으로서 적절하지 않습니다. A가 2022년 이후 부상이나 슬럼프, 결장 등으로 홈런을 치지 못하거나, 홈런을 치더라도 그 홈런볼을 입수하지 못할 가능성이 있기 때문입니다. 특전은 NFT 판매자가 그 특전을 제공할 의사와 능력이 확실해야 합니다. 우연적인 요소에 의해 제공 여부가 좌우될 수 있는 것은 특전으로서 적절하지 않지요.

NFT 판매자가 특전을 제공할 때에는 최대한 명료하고 정확하게 설명을 적어주는 게 좋습니다. 특전의 내용에 오해가 생겨서는 곤란하기 때문입니다. 특전이 첫 번째 구매자에게만 주어지는 것이라면 그 부분도 명확하게 해야 합니다. "이번 경매의 최고가 입찰자에게는 A의 정규 시즌 홈런 사인볼 1개가 특전으로 제공됩니다"라고 기재하는 것입니다. 좀 더 정확하게는 '이번 경매'라고 쓰기보다는 '최초 경매'라고 쓰는 것이 나을 수 있습니다. 나중에 문제가 생기지 않도록 최대한 정확하게 기재하는 게 좋습니다.

특정 일자를 지목해 그 날짜에 NFT를 소유하고 있는 사람에게 특전을 제공하는 방법도 있습니다. 이 경우 NFT가 하루 중 여러 번 거래될 수 있으므로, 그 일자에 NFT를 소유한 사람이 두 명 이상일 수도 있습니다. 따라서 날짜뿐만 아니라 시각, 그리고 표준 시간대까지 포함해서 최대한 구체적인 기준을 명시하는 것이 좋습니다. NFT가 해외 구매자에게 판매될 가능성도 있으므로, "특전을 받기 위해서는 2022년 5월 8일 대한민국 표준시(UTC + 9시) 오후 12:00에 이 NFT를 보유 중이어야 합니다"와 같이 다른 해 ▶ 맷 포트나우·큐해리슨 테리, 《NFT 사용설명서》, 197쪽 참조
석의 여지가 없도록 기재하는 것이지요.

약속한 특전을 제공하지 않으면 손해배상을 해야 하거나, 고의라고 인정될 경우 사기죄의 형사 책임도 질 수 있다는 점을 유의해야 합니다. 또 거래소로부터 계정 정지 또는 차단 조치를 당할 수도 있습니다.

038 구매한 NFT를 메타버스 공간에 전시하고 싶어요!

화가 A의 미술 작품을 민팅해서 올린 NFT 콘텐츠를 B가 구매했습니다. B는 그 콘텐츠를 자신의 블로그 배경화면으로 사용하거나 메타버스 공간에 전시해도 되나요?

가상공간에 올리는 것이 저작권법상 '전시'에 해당되느냐의 문제

미술 작품을 블로그 배경화면으로 사용하거나 메타버스 공간에 전시하는 것은 일종의 '온라인 전시'라고 할 수 있습니다. 저작자는 미술저작물 등의 원본이나 그 복제물을 전시할 권리를 가집니다(저작권법 제19조). 따라서 저작자는 미술

저작물 등의 원작품이나 복제물을 타인이 전시하는 것을 허락하거나 금지할 수 있는 배타적 권리를 가집니다.

▶ 여기서 '미술저작물 등'은 저작권법 제4조 제1항에서 예시하고 있는 저작물 중 '미술저작물, 건축저작물, 사진저작물'의 세 가지 저작물을 말합니다 (저작권법 제11조 제3항).

'전시'의 개념에 대해서는 저작권법에 특별한 규정이 없지만, 저작권법 제19조에 비추어보면, 전시는 저작물이 화체(표현)되어 있는 유형물을 공중이 관람할 수 있도록 진열하거나 게시하는 것을 의미합니다.

 저작권법상 '전시'는 유형물에만 해당

우리 대법원은 "(저작권법은) '전시'에 관하여는 별도의 정의 규정을 두고 있지 않지만, 그 입법 취지 등을 고려하면 '전시'는 미술저작물·건축저작물 또는 사진저작물의 원작품이나 그 복제물 등의 유형물을 일반인이 자유로이 관람할 수 있도록 진열하거나 게시하는 것을 말한다"고 판시하고 있습니다(대법원 2010. 3. 11. 선고 2009다4343 판결).

저작권법 제35조 제1항은, "미술저작물 등의 원본의 소유자나 그의 동의를 얻은 자는 그 저작물을 원본에 의하여 전시할 수 있다. 다만, 가로·공원·건축물의 외벽 그 밖에 공중에게 개방된 장소에 항시 전시하는 경우에는 그러하지 아니하다"라고 규정하고 있습니다. 따라서 B가 A의 미술 작품으로 제작된 NFT를 구매함으로써 미술 작품 원본까지 소유하게 되었다면, 저작자인 A의 허락을 받지 않아도 그 원본을 전시할 수 있습니다. 그런데 블로그에 배경화면으로 사용하거나 메타버스 공간에 게시하는 것을 '전시'로 볼 수 있느냐 하는 문제가 있습니다.

디지털 기술이 발달하면서 이른바 '미디어 아트'(media art)라는 새로운 미술 형식이 나타났습니다. 그중에는 종래의 회

▶ 미디어 아트는 인터넷, 웹사이트, 컴퓨터를 이용한 멀티미디어, CD-ROM, DVD, 가상현실 등의 대중매체를 미술에 도입한 것으로 매체 예술이라고도 합니다(위키백과사전 참조).

화나 조각처럼 원본이나 복제물이 아니라, 디지털 파일을 통해 시시각각 변화하는 영상이나 이미지로 표현되는 것들도 있습니다. 그런데 우리 저작권법상 '전시'는 원본이나 복제물, 즉 유형물을 전제로 하여 그 유형물을 공중에게 공개하는 것을 말하므로 디지털 파일 같은 무형물을 보여주는 것을 전시로 볼 수 있느냐 하는 점이 문제가 됩니다. 결론적으로 디지털 파일을 모니터 등에 보여주는 것은 유형물에 의한 공개, 즉 '전시'라고 보기는 어렵고, '공연'의 일종인 '상영'이나 '전송' 등에 해당한다고 보는 것이 타당하다고 생각합니다. 학계의 다수설도 저작권법상 '전시'는 미술저작물 등의 원본이나 복제물, 즉 유형물을 공중이 아무런 매개체도 거치지 않고 자유롭게 '직접' 관람할 수 있도

록 진열하거나 게시하는 것을 의미한다고 보고 있습니다. 따라서 직접 관람이 아니라 '간접 관람', 즉 미술저작물, 건축저작물, 사진저작물을 필름, 슬라이드, TV 영상, 또는 그 밖의 다른 장치나 공정에 의해 보여주는 것은 전시가 아니라 공연의 일종인 상영에 해당하며, 인터넷으로 전송해 모니터에 현시하는 '인터넷 전시'와 같이 유체물의 존재를 전제로 하지 않는 무형적 전달 행위 역 ▶ 박성호, 《저작권법》, 박영사 (2014), 342~343쪽 참조.
시 전시가 아니라 상영이나 전송 등에 해당
한다고 해석하고 있습니다.

결국 미술 작품의 공개는 원본이나 복제물, 즉 유형물을 통해 공개되는 것이냐, 아니면 무형적으로 공개되는 것이냐에 따라서 전자는 '전시'로 후자는 '공연'으로 보아야 할 것입니다.

블로그에 올리거나 메타버스 공간에 게시하는 것은 직접 관람이 아니라 인터넷을 통한 무형적 전달이므로 '전시'의 개념에 포함되기 어렵습니다. 그렇다면 위 질문의 사례는 저작권법 제35조 제1항의 규정은 적용될 수 없습니다. 결국 B는 자신이 NFT로 구매한 A의 그림을 블로그에 올리거나 메타버스 공간에 게시하려면 A의 허락을 받아야 합니다.

그러므로 그림 NFT를 구매해 메타버스 등 가상공간에 게시할 계획이라면, 거래소의 약관에 인터넷 등 가상공간에 게시하는 것, 즉 전송이나 공중송신을 허용하는 내용이 있는지 확인해야 합니다. 만약 약관에 특별한 언급이 없다면 원칙적으로 저작자의 허락 없이는 그러한 행위를 하지 못합니다.

039

구매한 NFT를 출력해서 회사 복도에 전시하는 것은?

그렇다면 화가 A가 그린 그림의 NFT를 구매한 B가 그 NFT 콘텐츠를 컬러 프린터로 출력해서 그 출력물을 회사 복도에 전시하는 것은 괜찮은가요?

복제권과 전시권 침해에 해당할 수 있어

 저작권법 제35조 제1항에 의하면, 미술 작품의 원본 소유자가 전시를 할 수 있는 것은 그 '원본'을 가지고 전시하는 경우에만 해당되고, 사본은 해당이 되지 않습니다. B가 출력한 출력물은 A가 그린 그림의 복제물이지 원본이 아닙니다. 더욱이 NFT 콘텐츠는 디지털 형태로 된 콘텐츠입니다. '원본'은 저작자의 표현이 최초로 고정(기록)된 유형물을 말하는데, 디지털 콘텐츠는 무형물이기 때문에 아예 원본이라는 개념 자체가 없다고 할 수 있습니다. 따라서 어느 모로 보나 질문의 사례의 경우, 저작권법 제35조 제1항에 의해 저작권자 허락 없이 전시하는 것은 어렵습니다.

게다가 질문의 사례에서 NFT 콘텐츠를 컬러 프린터로 출력하는 행위는 '인쇄'이고 그 자체가 저작권법상 '복제'에 해당합니다.

저작권법

제2조(정의)

22. "복제"는 인쇄·사진촬영·복사·녹음·녹화 그 밖의 방법으로 일시적 또는 영구적으로 유형물에 고정하거나 다시 제작하는 것을 말하며, 건축물의 경우에는 그 건축을 위한 모형 또는 설계도서에 따라 이를 시공하는 것을 포함한다.

따라서 저작권자의 '복제권'이 미치는 행위이므로, NFT 콘텐츠를 프린터로 출력(인쇄)하거나 사진촬영, 복사 등의 행위를 하기 위해서는 사전에 저작권자(질문의 사례의 경우 A)의 허락을 받아야 합니다. 저작권법 제30조에는 '사적 복제'라고 하여 비영리·개인적인 목적으로 복제하는 경우에는 허락 없이 가능하다는 규정이 있습니다. 그러나 출력물을 공중에게 공개하여 전시하는 것은 개인적인 목적으로 볼 수 없으므로, 이 규정이 적용되기도 어렵습니다.

결국 NFT 구매자는 NFT 콘텐츠를 소장하는 것에 의미를 두어야 하고 복제, 공연, 공중송신(전송, 방송, 디지털음성송신), 전시, 배포, 대여, 2차적저작물작성권 등의 행위를 하기 위해서는 거래소 약관에 특별한 규정이 없는 한 원칙적으로 저작권자의 허락을 받아야 한다는 점을 염두에 둘 필요가 있습니다.

040

구매한 NFT를 다시 판매할 때도 저작자의 허락이 필요한가요?

그렇다면 A의 그림으로 제작한 NFT를 구매한 B가 그 NFT 콘텐츠를 다시 재판매하는 것도 A의 허락을 받아야 하는가요?

NFT는 디지털 콘텐츠여서 배포권과 무관해

앞의 034번 질문의 답변에서 '배포권'과 배포권을 제한하는 '최초 판매의 원칙'에 대해 살펴보았습니다. 이 원칙에 따라 책이나 그림을 구매한 사람은 그 책이나 그림을 중고 시장에서 자유롭게 재판매할 수 있으며, 굳이 저작권자의 허락을 받지 않아도 됩니다.

그런데 배포권이나 최초 판매의 원칙은 유형물인 원본이나 복제물에만 해당되고, 무형물인 디지털 콘텐츠에는 적용되기 어렵다는 것도 앞에서 설명했습니다. 그렇다면 NFT는 디지털 콘텐츠라서 최초 판매의 원칙이 적용되지 않으니, 재판매를 하려면 저작권자인 A의 허락을 받아야 하는 것 아닌가 하는 의문이 생길 수 있습니다.

그러나 NFT는 디지털 콘텐츠로서 유형물이 아니므로 최초 판매의 원칙은 물론, 그 전 단계인 배포권 자체가 적용되지 않는다고 볼 수 있습니다. 그렇다면 NFT 콘텐츠는 구매자가 저작권자의 허락 없이 자유롭게 재판매할 수 있다는 논리로 귀결됩니다. NFT 콘텐츠를 재판매하는 것은 저작재산권의 내용인 '복제, 공연, 공중송신, 전시, 배포, 대여, 2차적저작물작성권' 중 그 어느 것에도 해당되지 않으므로 구매자가 자유롭게 할 수 있다고 보는 것입니다.

아날로그 시대에 만들어진 저작권법이 2000년대 이후 디지털 시대로 접어들면서 디지털 환경에 적합한 모습으로 많이 바뀌긴 했지만, 아직도 명확한 기준이 확립되지 못해 쟁점들이 많이 존재합니다. 특히 NFT는 최근에 부각되기 시작한 서비스이고, 콘텐츠의 유일성이 보장되지 않는 인터넷에 기반한 공유경제를 바탕으로 하였던 종전의 디지털 서비스와 달리 콘텐츠의 유일성을 특징으로 하는 새로운 형태의 서비스입니다. 이 때문에 아직 법률적인 해석 기준이 수립되지 못해 분쟁의 소지가 많은 만큼, 재판매가 가능한지 여부를 거래소 약관에 분명하게 기재하는 것이 바람직합니다.

041 불법 NFT에 대한 거래소의 책임은?

A가 민팅한 그림을 B NFT 거래소에 올렸고, 이를 C가 구입했습니다. 그런데 그 후 A가 민팅한 그림이 A의 그림이 아니라 다른 사람의 그림이고, A는 그 그림을 허락 없이 민팅해 마치 자신의 그림인 것처럼 거래소에 올린 것으로 밝혀졌습니다. B 거래소는 약관에 판매자는 NFT 콘텐츠가 다른 사람의 권리를 침해하지 않는다는 것을 보증하도록 하는 규정과 NFT 콘텐츠가 다른 사람의 권리를 침해하는 등 하자가 있다 하더라도 거래소는 책임을 지지 않는다는 규정을 두고 있습니다. A, C는 모두 그 약관에 동의하고 거래를 하였습니다. 이 경우 B 거래소는 불법 콘텐츠로 인해 C가 입은 손해를 배상할 의무가 없는 것일까요?

면책 조항은 약관의 규제에 관한 법률에 위배될 수 있어

 NFT가 저작권을 담보하지 않는다는 사실은 최근 잇따르는 표절 및 도용 사건에서 확인할 수 있습니다. 누구나 자신이 만든 NFT를 올릴 수 있는 오픈 거래소는 물론이고 폐쇄형(큐레이션형) 거래소에서도 다른 사람의 저작물을 가져다 NFT로 민팅하여 올리는 것이 가능합니다. 세계 최대 NFT 거래소인 오픈시(Open Sea)에서도 무단 복제된 이미지, 동영상 등을 NFT로 내다 파는 일이 종종 벌어지고 있다고 합니다. 저작물로 연결되는 링크가 없는 불량 NFT가 판매되는 사례도 있습니다. 이렇게 타인의 저작물을 무단으로 복제하거나 표절한 NFT를 구매할 경우 판매자는 물론이고 구매자도 저작권자로부터 소송을 당할 위험이 있습니다.

거래소에 올려진 NFT가 타인의 저작권 등 권리를 침해한 콘텐츠인지를 거래소가 자체적으로 확인하기는 매우 어렵습니다. 거래소 약관에 NFT 판매자로 하여금 타인의 권리를 침해한 불법 또는 불량 콘텐츠가 아니라는 점을 보증하게 하는 규정을 두고 있지만, 결국 판매자의 마음먹기에 달린 문제라서 선언적 의미에 불과한 것이 사실입니다. 대부분의 거래소가 모니터링 조직을 운영하거나 외부 전문가 또는 자문단을 통해 불법, 불량 NFT 콘텐츠를 걸러내고 있지만, 현실적으로 남의 저작물을 허락 없이 민팅한 NFT를 확실하게 걸러낼 기술적 방법은 현재 없습니다. 그래서 거래소 약관에 불법, 불량 콘텐츠로 인한 구매자의 피해에 대해 거래소는 책임이 없다는 규정을 넣기도 합니다.

그러나 이렇게 거래소를 면책하는 규정은 '약관의 규제에 관한 법률' 제7조에 의해 무효로 판단될 가능성이 있습니다.

따라서 거래소는 약관의 면책 조항에만 기댈 것이 아니라, 적극적으로 불법·불량 NFT 콘텐츠를 모니터링하고 신고센터를 운영하는 한편, 외부 자문단을 구성해 불법·불량 콘텐츠가 거래소 마켓플레이스에 올려지는 일이 없도록 감시해야 합니다. 물론 그렇게 해도 불법·불량 콘텐츠를 완전히 걸러내기는 어렵겠지만, 과실 및 방조 책임 또는 적어도 중과실 책임은 감경 또는 면제받을 가능성이 높아집니다.

저작권법에서는, 이용자들이 인터넷 등 정보통신망에 접속하거나 정보통신망을 통해 저작물 등을 복제·전송할 수 있도록 서비스를 제공하거나 그를 위한 설비를 제공 또는 운영하는 자를 '온라인 서비스 제공자'(OSP)라고 지칭합니다(저작권법 제2조 제30호). 네이버나 다음 같은 포털 서비스 사업자도 온라인 서비스 제공자에 해당합니다. 온라인 서비스를 통해 수많은 콘텐츠들이 유통되는데, 그중에는 불법·불량 콘텐츠들도 많이 있는 것이 현실입니다. 그래서 저작권법 제102조, 제103조는 온라인 서비스 제공자가 저작물의 복제, 전송 서비스를 제공하는 것과 관련하여 다른 사람에 의한 저작물 등의 복제, 전송으로 인해 그 저작권이 침해된다는 사실을 알고 복제, 전송을 방지하거나 중단시킨 경우에는 온라인 서비스 제공자의 책임을 감경 또는 면제하는 규정을 두고 있습니다.

NFT 거래소가 온라인 서비스 제공자에 해당하는지는 아직 확실하지 않습니다. 저작권법상 온라인 서비스 제공자는 세 가지 유형으로 나뉘는데, ① 순수하게 콘텐츠의 송신 및 연결만 제공하는 '도관 서비스', ② 효율적인 후속 이용을 위한 '캐싱 서비스', ③ 콘텐츠의 저장 또는 검색 서비스를 제공하는 '저장 및 검색 서비스'입니다. NFT 거래소의 경우 ①과 ②는 해당 사항이 없고, ③에 해당할 수 있는지는 다소 애매합니다. NFT 거래소를 통한 NFT 거래는 저작물 자체의 거래가 아니라, 저작물을 증명하고 연결 경로를 지정하는 메타데이터 기록을 거래한다는 점에서 콘텐츠 자체의 저장 서비스로는 보기 어렵습니다. 그렇지만 NFT 콘텐츠 자체가 거래소의 서버에 저장되는 경우에는 저장 서비스로 볼 수 있다는 견해가 있습니다. NFT 거래소가 온라인 서비스 제공자에 해당한다면 다른 사람에 의한 저작물 등의 복제, 전송으로 인해 그 저작권이 침해된다는 사실을 알고 복제, 전송을 방지하거나 중단시킨 경우에는 저작권 침해에 관한 책임을 감경 또는 면제받을 수 있을 것입니다.

NFT 거래소가 온라인 서비스 제공자에 해당하든 아니든 NFT 거래소는 불법·불량 콘텐츠가 거래되는 것을 방지하기 위한 최선의 노력을 다할 필요가 있습니다. 그런 노력을 충분히 한 경우 저작권법의 유추 적용이나 유추 해석을 통해, 또는 과실이 없다는 점을 입증함으로써 어느 정도 책임을 감경 또는 면제받을 가능성이 높아지기 때문입니다.

약관의 규제에 관한 법률

제2장(불공정약관조항)

제6조(일반원칙) ① 신의성실의 원칙을 위반하여 공정성을 잃은 약관 조항은 무효이다.

② 약관의 내용 중 다음 각 호의 어느 하나에 해당하는 내용을 정하고 있는 조항은 공정성을 잃은 것으로 추정된다.

1. 고객에게 부당하게 불리한 조항

2. 고객이 계약의 거래형태 등 관련된 모든 사정에 비추어 예상하기 어려운 조항

3. 계약의 목적을 달성할 수 없을 정도로 계약에 따르는 본질적 권리를 제한하는 조항

제7조(면책조항의 금지) 계약 당사자의 책임에 관하여 정하고 있는 약관의 내용 중 다음 각 호의 어느 하나에 해당하는 내용을 정하고 있는 조항은 무효로 한다.

1. 사업자, 이행 보조자 또는 피고용자의 고의 또는 중대한 과실로 인한 법률상의 책임을 배제하는 조항

2. 상당한 이유 없이 사업자의 손해배상 범위를 제한하거나 사업자가 부담하여야 할 위험을 고객에게 떠넘기는 조항

3. 상당한 이유 없이 사업자의 담보책임을 배제 또는 제한하거나 그 담보책임에 따르는 고객의 권리행사의 요건을 가중하는 조항

4. 상당한 이유 없이 계약목적물에 관하여 견본이 제시되거나 품질·성능 등에 관한 표시가 있는 경우 그 보장된 내용에 대한 책임을 배제 또는 제한하는 조항

유명 화가 A의 그림을 B가 모조하여 위작을 만들었습니다. 이 위작을 B가 민팅해서
NFT 거래소에 올렸고 이것을 C가 구매했다면, 그 경우에도 거래소는 책임을 져야 할
까요?

거래소가 주의 의무를 다한 경우에만 면책될 수 있어

 바로 앞 사례에서 살펴보았듯이 거래소가 온라인 서비스
제공자의 책임 제한에 관한 저작권법의 규정을 적용받을
수 있는지는 불확실합니다. 결국 거래소는 불법·불량 콘
텐츠를 걸러내기 위한 최선을 노력을 다함으로써, 위작으로 인한 문
제가 발생하였을 때 주의 의무를 다하였으므로 과실이 없다는 점을
입증하여 책임을 면해야 할 것입니다.

이러한 노력을 게을리한 경우 거래소는 위작 콘텐츠의 판매 등에 대한
과실 및 방조 책임을 지게 될 수 있습니다. 애초에 디지털 콘텐츠로 제
작된 디지털 아트가 아니라, 캔버스에 그려진 그림이나 조각 작품 등
의 원본을 스캔하거나 촬영하여 디지털 파일로 만든 후 민팅해서 NFT
거래소에 올리는 경우, NFT가 보증하는 것은 디지털 파일의 원본성
또는 유일성이지, 그 디지털 파일이 적법하게 제작되었는지까지 보증
하는 것은 아닙니다. 이 점을 분명히 해야 합니다. 따라서 거래소 약관
이나 주의사항에 이런 내용을 눈에 띄게 공지해 구매자들의 주의를 환
기시킬 필요가 있습니다.

> **사례**
> ## 유족의 동의 없이 제작한 NFT
>
> NFT 아트 자산에 대한 관심이 높아지던 때, 한국 근현대 미술사를 대표하는 거장인 김환기, 박수근, 이중섭 세 사람의 작품이 NFT 시장에 나올 거라는 예고가 있었습니다. 하지만 얼마 지나지 않아 잠정적인 중단을 발표했는데요. 작품의 저작권자들과 유가족들이 어떤 협의도 없었고 합의한 바도 없다고 반발했기 때문입니다. 논란은 저작권을 넘어 작품이 위작이 아니냐는 의혹까지 불러일으키며 큰 파장을 일으켰습니다.
>
> 이 일은 아직 NFT 아트 자산이 활발하지 않았던 시기에 발생했던 사건이며, 이로부터 몇 개월 뒤 환기재단으로부터 '우주' 작품의 독점적인 저작권을 정식 승인받아 김환기의 첫 번째 NFT 작품이 경매에 올라 2점은 58.5이더리움(약 2억 2,000만원), 1점은 77이더리움(약 2억 9,000만원)에 낙찰되었습니다.

셋째
마당

메타버스의
법률 문제

셋째마당에서는 메타버스와 관련된 법에 대해 다룹니다. 먼저 메타버스의 개념에 대해 간략히 알아봅니다. 기존 기술·콘텐츠 서비스와 비교해 메타버스는 무엇이 다르고 비슷한지를 파악해 봅니다. 이어서 메타버스에 대한 법적 쟁점과 관련 법리를 알아봅니다. 주로 저작권과 관련된 내용을 포함하며, 그 외 상표법과 부정경쟁방지법 등에 관련된 내용도 살펴봅니다. 가상 문답은 문화 예술 분야별로 쟁점과 법리를 정리하였으며, 마지막으로 메타버스 관련 권리 주체별(개발자, 사업자, 이용자)로 유의할 점들을 정리했습니다. 이를 통해 각 분야별 관심사 혹은 각자의 직무 영역에 따라 좀 더 쉽게 관련 내용을 찾아볼 수 있도록 구성하였습니다.

06 · 메타버스, 가상과 현실을 넘나드는 새로운 세상
07 · 문화 예술 분야별 메타버스 관련 가상 Q&A
08 · 메타버스 개발자, 사업자, 이용자의 지적재산권 관련 유의점

06

메타버스,
가상과 현실을 넘나드는
새로운 세상

메타버스란 무엇이며, 기존의 가상세계 콘텐츠나 실감형 기술 개념(가상현실, 증강현실 등) 혹은 이를 활용한 콘텐츠 서비스 개념(게임 등)과 무엇이 다른지 알아봅니다. 나아가 콘텐츠 유형에 따라 법적 규제 면에서 어떤 차이가 있는지 살펴봅니다.

06-1 • 메타버스가 뭔가요?

06-2 • 메타버스와 가상현실, 증강현실은 다른 건가요?

06-3 • 메타버스는 왜 게임과 다르게 규제를 받지 않나요?

06-1 메타버스가 뭔가요?

메타버스란 '현실을 초월하는 가상세계'

메타버스(metaverse)는 '가상, 초월'을 뜻하는 영어 단어 메타(meta)와 '우주'를 뜻하는 유니버스(universe)의 합성어입니다. 직역하면 '가상세계' 혹은 '초월세계'라고 표현할 수 있습니다. 미국의 닐 스티븐슨(Neal Stephenson) 작가가 1992년에 펴낸 공상과학소설 《스노 크래시》(Snow Crash, 1992)에 처음 등장한 용어이며, 미국의 미래가속화연구재단(Acceleration Studies Foundation: ASF)이 2007년에 메타버스 개념을 처음으로 정리한 것으로 알려져 있습니다.

하지만 메타버스라는 용어가 대중적으로 알려지기 시작한 건 2020년 무렵입니다. 2020년, 엔비디아(NVIDIA)에서 입체(3D) 제작·협업 툴 플랫폼인 '옴니버스'(Omniverse)를 소개하면서, 옴니버스를 이용한 메타버스 제작과 사업 사례를 설명했습니다. 메타버스의 대표 사례로 유명한 로블록스(Roblox)도 2020년 기업공개(IPO) 자료에서 자사의 서비스를 메타버스로 소개했습니다. 이러한 사업 사례들이 잇달아 소개되면서 메타버스는 현실과 가상의 경계를 넘나드는 새로운 세상이라는 의미로 세간에 인식되기 시작했습니다.

엔비디아의 실시간 3D 시각화 협업 플랫폼 '옴니버스' 홍보 이미지.
출처 : 엔비디아 공식 트위터

로블록스와 랄프 로렌이 공동 작업한 '랄프 로렌 윈터 이스케이프' 홀리데이 테마 체험.
출처 : 로블록스 공식 트위터

분야별, 기관별로 다른 메타버스 정의

현재 메타버스라는 명칭은 산업 분야나 관련 기관별로 조금씩 다르게 정의되고 있습니다. 메타버스를 처음으로 정의한 ASF는 메타버스를 '기존 가상세계보다 진보된 개념으로 현실세계와 가상세계의 융합, 교차점, 결합의 개념'으로 정의했습니다. 한편 우리나라 정부기관에서는 메타버스를 '확장가상세계'라고 부르며, 다음과 같은 의미를 가진 것으로 언급한 사례들이 있습니다.

기관명	메타버스 명칭 및 정의 언급 내용
과학기술정보통신부, 특허청, 문화재청 등	확장가상세계
과학기술정보통신부	인간이 또 다른 삶을 영위할 수 있는 가상공간으로 현재 엔터테인먼트, 교육 등에 활용 혹은 현실과 유사한 온라인 공간에서 사람들이 아바타를 이용해 일상과 상호작용하고 경제·사회·문화적 활동으로 가치를 창출하는 세상
한국전자통신연구원	가상적으로 확장된 물리적 현실과 물리적으로 영구화된 가상공간의 융합(정보통신기획평가원), 현실과 가상공간을 결합해 초연결·초실감 디지털로 확장된 세계
문화재청	현실세계와 같은 사회·경제·문화 활동이 이루어지는 3차원의 가상세계
특허청	사회, 경제, 문화 등 다양한 활동이 이루어지는 3차원 가상세계

06-2 메타버스와 가상현실, 증강현실은 다른 건가요?

메타버스는 기존 콘텐츠 서비스를 아우르는 좀 더 포괄적인 개념

다들 '메타버스, 메타버스' 하는데 그게 대체 뭘까요? 항간에는 기업과 사업자들이 상업적 목적으로 기존에 있던 기술 및 콘텐츠 서비스 개념을 한데 모아 새로운 개념처럼 뭉뚱그려 정의한 것에 불과하다는 의견도 있습니다. 이러한 의견도 맞는 부분이 있긴 합니다.

다만, 우리 사회에 새로운 문화와 기술 트렌드가 생겨나면서 메타버스도 함께 발전하고 있고, 대중에게 확산되는 속도가 더 빨라짐에 따라 많은 사람들의 관심을 끌고 있다는 점은 부정할 수 없을 것입니다.

물론 메타버스에 대한 정의를 통일해서 정리한 공식 자료나 메타버스 유형들 간의 공통점과 차이점을 비교할 수 있는 글로벌 표준 자료는 아직 없습니다. 그렇지만 메타버스 개념의 부상을 통해 기존에 가상 세계 내지 가상공간이라는 말로 포괄적으로 불렸던 콘텐츠, 플랫폼, 온라인 서비스 등의 개념 정의와 분류가 더 구체화되고 체계화되고 있는 점은 긍정적이라고 하겠습니다.

앞으로 메타버스의 개념 정의와 분류가 명확해지고 체계화되면, 법을 비롯한 각종 분야에서 메타버스와의 연관성과 쟁점을 분명히 하고 깊이 있는 연구가 진행될 수 있을 것으로 보입니다.

메타버스를 구축하는 4가지 요소

4차 산업혁명을 넘어 초연결 시대에 접어들었습니다. 특히 코로나 19로 인해 비대면 콘텐츠 서비스가 우리 일상에서 차지하는 비중이 커지면서 가상현실, 증강현실은 메타버스 구축에 사용되는 기술인 동시에 메타버스의 유형을 상징하는 명칭이 되기도 했습니다. 메타버스는 다음 그림과 같이 두 축을 구성하는 4개의 요소를 기준으로 4가지 유형으로 분류됩니다.

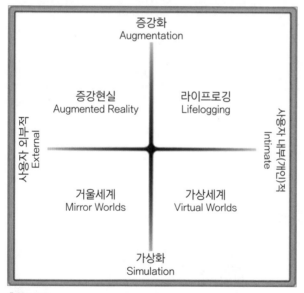

출처 : ASF

메타버스의 4가지 유형

구분	증강현실 (Augmented Reality)	라이프로깅 (Lifelogging)	거울세계 (Mirror Worlds)	가상세계 (Virtual Worlds)
정의	현실 공간에 가상의 물체(2D, 3D)를 겹쳐 상호작용하는 환경	사물과 사람에 대한 경험·정보를 저장, 가공, 공유, 생산, 거래하는 기술	실제 세계를 그대로 반영하되, 정보적으로 확장된 가상세계	디지털 데이터로 구축한 가상세계
특징	위치 기반 기술과 N/W를 활용해 스마트 환경 구축	센서·카메라·SW 기술을 활용해서 사물과 사람의 정보 기록·가공·재생산 공유	3차원 가상지도, 위치 식별, 모델링, 라이프로깅 기술 활용	이용자의 자아가 투영된 아바타 간의 상호작용
활용 분야	AR 글래스, 차량용 HUD, AR 원격 협업	웨어러블 디바이스, 지능형 CCTV	지도 기반 서비스	온라인 멀티플레이어 게임, 소셜 가상세계
사례	포켓몬GO	애플워치	구글어스, 에어비앤비	리니지, 제페토, 로블록스

출처 : 대한민국 정책브리핑(www.korea.kr). '가상세계와 현실 넘나들다… '메타버스' 열풍'

가상세계와 증강현실

메타버스 유형 중 가상세계와 증강현실은 게임, 스포츠, 레저 등 다양한 엔터테인먼트 콘텐츠들을 통해 대중에게 많이 알려진 유형입

우리나라에 증강현실 열풍을 불러온 '포켓몬GO' 게임.
출처 : 나이언틱 공식 홈페이지

니다. 2016년, 증강현실 개념을 본격적으로 대중화시킨 '포켓몬GO' 가 증강현실의 대표적인 예라고 할 수 있습니다.

가상세계는 각종 온라인 게임, 콘솔 게임, 가상 아바타 꾸미기, 놀이공원의 가상 입체 체험 놀이기구, 컴퓨터 그래픽 애니메이션 등을 포함하며, 우리가 가장 오래 전부터 친숙하게 인식해 온 메타버스 유형이라고 할 수 있습니다.

가상세계 혹은 가상현실(virtual reality, 이하 VR)은 현실 공간이 아닌 가상의 공간에 100% 창작된 허구의 세계를 의미합니다. 증강현실(augmented reality, 이하 AR)은 이용자가 눈으로 보는 현실세계에 가상의 이미지(디지털 캐릭터, 영상 효과 등)를 덧씌운 것을 의미하고요.

VR과 AR 모두 현실세계를 참조한다는 공통점이 있습니다. 그러나 VR은 현실세계를 참조하여 가상공간에 새로운 가상의 저작물을 창작하는 반면, AR은 이용자가 눈으로 바라보는 현실 공간의 모습 혹은 현실 공간에 실존하는 저작물의 모습에 가상의 저작물을 덧씌워 보여준다는 차이점이 있습니다.

즉, 이미지(사진, 그림, 영상 등) 형태의 가상의 저작물을 이용하는 것은 두 기술의 공통점이지만, 가상 저작물이 구현되는 배경 공간이 가상인지 현실인지에서 차이가 있습니다. 그래서 가상 저작물이 창작의 결과물인지 아니면 단순히 이용 대상에 불과한 것인지 여부가 또 다른 차이점이라고 할 수 있습니다. VR과 AR의 특징을 비교해 사진 자료와 표로 정리하면 다음과 같습니다.

'포켓몬GO' 예시로 보는 VR과 AR 비교. 왼쪽 사진은 AR모드를 종료한 상태의 VR 모드이고, 오른쪽 사진은 AR 모드를 켠 모습입니다.

구분 기준	가상현실(VR)	증강현실(AR)
콘텐츠 구현 대상과 배경 공간	가상 이미지(사진, 영상) + 가상공간	가상 이미지(사진, 영상) + 현실 배경 공간
가상 이미지의 성격	창작 활동의 결과물	덧씌워지는 이미지 효과에 이용되는 대상

라이프로깅과 거울세계

라이프로깅과 거울세계 유형은 우리에게 조금 생소한 단어일 수 있습니다. 하지만 이 역시도 일상 속 예시를 살펴보면 우리가 이미 많이 접한 것임을 알 수 있습니

스마트 워치, 소셜 네트워크 서비스 등 라이프로깅의 다양한 예시들.
출처 : 삼성 공식 페이스북, 메타(구 페이스북), 인스타그램, 트위터, 네이버밴드, 스냅챗 공식 홈페이지

다. 라이프로깅은 말 그대로 '삶을 기록'하는 것입니다. 애플워치나 갤럭시워치를 사용해 운동 기록을 하고 일정 및 연락처를 관리하는 것, 그리고 글과 사진으로 일상을 기록하고 공유하는 인스타그램, 페이스북 등의 SNS 사례들이 '라이프로깅'에 속합니다.

거울세계는 거울이 대상의 모습을 그대로 비추듯이, 우리의 현실세계 모습이나 정보를 가상공간에 똑같이 옮겨 표시하는 것을 의미합니다. 주로 지도 서비스를 이용하는 콘텐츠들이 이에 속합니다. 구글 어스, 에어비앤비를 비롯해 배달 경로나 이동 경로 등을 실시간으로 볼 수 있는 각종 배달 앱과 택시 앱 등이 거울세계에 해당합니다. 다만 거울세계는 이용자들이 원하는 대로 데이터를 선별 혹은 종합해서 가공 처리해 보여준다는 점에서, 현실 모습을 있는 그대로 담은 기존의 사진이나 지도 같은 아날로그 자료와 차이점이 있습니다.

거울세계의 예시들.
출처 : '배민 사장님 광장' 공식 홈페이지
(좌), 카카오T 공식 홈페이지

06-3 메타버스는 왜 게임과 다르게 규제를 받지 않나요?

메타버스는 게임을 포함하는 보다 넓은 개념

게임은 가상공간에서 이루어지는 오락 콘텐츠이므로 메타버스에 속한다고 볼 수 있습니다. 하지만 메타버스는 게임보다 더 넓은 개념으로, 메타버스가 곧 게임이라고 볼 수는 없습니다. 앞서 설명했듯이 구글어스, 애플워치 등도 메타버스에 포함되지만 게임이 아닙니다.

한편으로 게임(게임물)은 규제 분류에 따른 콘텐츠 분류 명칭이기도 합니다. 따라서 게임으로 등록이 되면 게임물 등급 분류, 게임제작업 또는 게임배급업에 대한 영업의 신고·등록·운영, 게임물의 유통 및 표시에 대한 각종 의무를 준수해야 하며, 의무를 다하지 않을 경우 규제를 받습니다.

우리나라에서 게임물은 게임물관리위원회(이하 '게임위')에서 자체 등급 분류를 적용하며, 앱스토어의 자체 등급 분류 사업자가 이를 관리합니다. 그리고 게임 내 문제가 발생할 경우 게임위가 관리에 나섭니다. 반면에 'SNS·엔터테인먼트' 등과 같이 게임이 아닌 기타 부류의 플랫폼으로 등록되면 이와 같은 관리와 규제로부터 자유로워집니다. 이런 이유들로 인해 기업에서 자체 개발한 콘텐츠 혹은 운영 콘텐츠를 메타버스라고 주장하고 싶어하지만, 콘텐츠의 성격이 게임에 가깝다면 게임물로 분류될 가능성이 높습니다.

예를 들어 '로블록스'와 '제페토'의 경우, 둘 다 메타버스의 대표 사례로 꼽히지만 로블록스는 앱 마켓에 게임물의 한 분류인 '어드벤처'로 분류되어 있고, '제페토'는 '소셜, 엔터테인먼트'로 분류되어 있습니다.

'로블록스'와 '제페토'에 대한 앱 마켓 내 콘텐츠 분류 표시. 출처 : 애플 스토어

우리나라 게임산업진흥에 관한 법률(약칭 '게임산업법')에서 정의하는 '게임물'의 개념은 다음과 같습니다.

제2조(정의) 이 법에서 사용하는 용어의 정의는 다음과 같다.

1. "게임물"이라 함은 컴퓨터 프로그램 등 정보처리 기술이나 기계장치를 이용하여 오락을 할 수 있게 하거나 이에 부수하여 여가선용, 학습 및 운동효과 등을 높일 수 있도록 제작된 영상물 또는 그 영상물의 이용을 주된 목적으로 제작된 기기 및 장치를 말한다. 다만, 다음 각 목의 어느 하나에 해당하는 것을 제외한다.

   가. 사행성 게임물

   나. 「관광진흥법」 제3조의 규정에 의한 관광사업의 규율 대상이 되는 것. 다만, 게임물의 성격이 혼재되어 있는 유기시설(遊技施設) 또는 유기기구(遊技機具)는 제외한다.

   다. 게임물과 게임물이 아닌 것이 혼재되어 있는 것으로서 문화체육관광부장관이 정하여 고시하는 것

1의2. "사행성 게임물"이라 함은 다음 각 목에 해당하는 게임물로서, 그 결과에 따라 재산상 이익 또는 손실을 주는 것을 말한다. (…)

정리하자면, 메타버스와 게임의 성격이 혼합된 콘텐츠의 경우 게임산업법에 정의된 게임물의 성격이 더 강하면 게임물로 분류되어 규제를 받습니다. 하지만 게임물로 분류되었다고 해서 메타버스가 아니라고 볼 수는 없습니다. 단지, 콘텐츠의 혼재된 성질 중 게임물의 성격이 강한 경우에는 법의 목적에 따라 게임물로 취급 및 규제되는 경우가 있다고 이해하면 되겠습니다.

07

문화 예술 분야별
메타버스 관련 가상 Q&A

06장에서는 메타버스의 개념과 기존 인터넷 서비스들과 비교되는 주요 내용에 대해 알아보았습니다. 이 장에서는 문화 예술 분야별로 저작권 관련 쟁점과 법리 문제를 가상 문답 형태로 소개합니다.

`001` — `016` • 메타버스 공통 Q&A

`017` — `039` • 전시, 공연 분야

`040` — `043` • 교육 분야

`044` — `052` • 게임, 기타 멀티플랫폼 분야

001　실존하는 저작물을 디지털 이미지로 똑같이 제작하면?

실제 존재하는 저작물과 거의 똑같은 모습으로 만들어 2D, 3D 디지털 이미지로 제작하고자 합니다. 이 경우 제가 제작한 디지털 이미지는 실물과 별도의 저작물로서 저작권을 인정받을 수 있나요?

원저작물과 똑같이 만들면 저작권 침해일 수 있어

 저작권법상 원저작물과 비교해 창작성을 인정하기 어려운 경우에는 복제물로 분류되어 저작권의 보호를 받지 못합니다. 실재하는 원저작물과 다른, 별도의 저작물이라고 보지 않는 것이지요. 디지털 콘텐츠 창작 시 사진이나 그림 등의 2차원 이미지나 건물 등의 3차원 유형물을 소재 삼아 가상 그래픽 이미지로 제작하는 경우가 많은데 실물을 그대로 본떠 가상현실, 증강현실 등의 기술로 재현한 경우에는 창작성을 인정받기 어렵기 때문에 저작권의 보호를 받기 어렵습니다.

저작권법상 저작권자의 허락 없이도 저작물을 이용할 수 있는 경우(저작권법 제2관 '저작재산권의 제한' 참조)가 아닌 한, 현실의 저작물을 본떠 만드는 것은 저작권 침해에 해당합니다. 스캐닝이나 기계에 의한 복제 과정을 거치지 않고 디지털 드로잉 등으로 똑같이 따라 그린 모사(模寫) 작업을 한 경우에도 마찬가지로 저작권 침해가 될 수 있습니다.

▶ 저작권자의 허락 없이도 저작권을 이용할 수 있는 경우는 56쪽에서 소개한 '저작물을 자유롭게 이용할 수 있는 저작권법 규정'을 참고하세요.

002 '오버레이'란 무엇인가요?

메타버스 내에서 사진, 영상 등의 저작물을 서로 덧씌우거나 겹쳐 표시하는 경우가 많은데, 전문적인 용어로 이를 오버레이(overlay)한다고 말하더군요. 오버레이 개념에 대해 알려주세요.

오버레이는 객체 위에 레이어를 덧씌우는 것

오버레이(overlay)는 실감형 기술 분야에서 가상공간에 현실세계의 모습을 담은 이미지를 합성하거나, 반대로 가상세계의 이미지를 현실 공간의 모습 혹은 현실세계의 정보에 합성시키는 기법을 일컫습니다. 타인의 저작물 위에 가상의 캐릭터 혹은 사진이나 영상 등을 덧씌우거나 겹쳐 표시하는 경우, 가상의 이미지 위에 별도의 레이어(layer)를 만들고 여기에 이미지를 덧그리거나 시각적인 효과를 추가하는 경우가 많습니다.

사진이나 글이 인쇄된 투명 OHP 필름을 서로 겹쳐서 보여주거나 혹은 포토샵과 같은 이미지 제작·편집 프로그램의 레이어 기능을 떠올리면 좀 더 쉽게 이해가 될 것입니다. 포토샵 같은 이미지 제작·편집 프로그램을 사용할 때, 투명한 바탕의 레이어를 작업 성격에 맞게 하나씩 생성해서 작업하고(원저작물이 그려진 레이어, 부가 효과 레이어 등), 여러 개의 레이어를 서로 겹쳐서 이미지를 완성시킵니다. 이렇게 하는 이유는, 작업 과정은 물론이고 저장 이후에도 이루어질 수 있는 수정 과정에서 전체 이미지를 훼손시키지 않으면서 레이어별로 독립적으로 변형, 편집, 삭제, 추가를 용이하게 하기 위함입니다.

AR의 경우 마커 인식 방식(QR코드 혹은 바코드 인식 등) 혹은 마커리스 방식(마커 없이 이미지의 평면도, 특징점 좌표 등을 인식하는 방식)으로 현실 공간에 실존하는 대상을 인식시키면 그 대상 주변에 가상의 이미지나 디지털 정보를 오버레이합니다. 증강현실이라는 말 그대로 현실의 사물이나 환경에 가상 정보를 겹쳐 보여주는 것이지요. 반면에, VR은 현실 공간의 대상이 아닌 미리 창작된 가상공간의 대상 위에 가상의 이미지 및 정보를 오버레이하는 점이 차이점입니다. 가상현실을 체험하게 해주는 것이죠. 3D 아바타 꾸미기, VR 쇼핑 및 제품 시연 등이 VR 내 오버레이 사례에 해당합니다.

오버레이한 저작물
(빛나는 나무 영상 효과)

오버레이된 배경의 저작물
(광화수 조형물)

서울 중구 퇴계로1가 서울마당(서울신문사 앞)에 설치된 AR 인식 조형물 '광화수'.

'광화수'를 AR 감상 기능을 통해 바라본 모습.
출처 : '광화시대' 공식 홈페이지

003 AR 콘텐츠 내 '오버레이'된 저작물의 분류는?

AR 콘텐츠에 포함되거나 AR로 구현된 저작물은 어떤 분류로 나눌 수 있을까요?

오버레이용 저작물은 3가지로 분류해

'오버레이' 기법으로 AR 콘텐츠에 포함되거나 AR로 구현된 저작물은 ① 오버레이한 저작물(overlaying work. 덧씌우기 및 겹쳐 표시한 저작물), ② 오버레이된 배경의 저작물(overlayed work in the background. 저작물이 덧씌워지는 배경(백그라운드)의 대상 저작물), ③ 결합저작물(오버레이한 저작물과 오버레이 적용 대상 저작물의 일체화된 모습)로 구분합니다. 이 중 오버레이한 저작물과 오버레이된 배경의 저작물을 통틀어서 아래에서는 '오버레이용 저작물'로 칭하겠습니다.

오버레이한 저작물은 그 자체가 감상 활동의 주된 대상이 되는 경우도 있고, 오버레이된 배경의 저작물에 대한 보완적 혹은 부가적인 용도, 즉 배경 저작물의 심미성을 돋보이게 하거나 저작물 감상을 더욱 실감나게 하는 용도로 제작되기도 합니다. 오버레이용 저작물의 경우, 회화나 사진 같은 2차원(평면) 저작물을 가상·증강현실의 3차원(입체) 저작물로 바꾸거나 그 반대의 경우와 같은 변형적 이용이 저작권 침해에 해당하는지 여부가 문제될 수 있습니다. 현실의 물체를 센서를 통한 인식이나 스캐닝 기술 등을 통해 디지털 상으로 있는 그대로 옮겨 복제하거나 혹은 창작성 없이 일부 변형만 한 디지털 모델은 저작권의 보호 대상이 되지 못합니다. 오히려 저작권 침해 행위가 될 수 있겠지요.

결합저작물
(AR 캐릭터 영상 & 악곡,
가사 & 안무 & 무대장치,
조명 & 의상 & 연기 등)

2018년 '리그 오브 레전드' 월드 챔피언십 오프닝의 가상 아이돌 K/DA의 합동 공연 장면.
출처 : 'League of Legend' 공식 유튜브 채널

또한, 오버레이로 일체화된 저작물들의 모습은 이용자들이 보기엔 하나의 저작물이 제공되는 것처럼 보일 수 있습니다. 이와 관련해서는 결합저작물과 관련된 쟁점을 생각해 볼 수 있습니다. 판례에 따르면, 결합저작물이란 "복수의 저작자에 의해 외관상 하나의 저작물이 작성된 경우이기는 하나, 그 창작에 관여한 복수의 저작자들 각자의 이바지한 부분이 분리되어 이용될 수 있는 것"으로서 "단독 저작물의 결합"이라고 설명합니다(대법원 2005. 10. 4., 자, 2004마639, 결정).

004 실시간 '오버레이'와 비실시간 '오버레이'의 차이는?

메타버스 사례 중 실시간 오버레이 체험·감상 방식과 비실시간 오버레이 체험·감상 서비스가 있던데, 두 오버레이 방식은 무엇이 다른가요?

오버레이 효과의 분리 용이성과 저작물에 대한 복제 여부가 가장 큰 차이점

실시간 오버레이 방식과 비실시간 오버레이의 공통점은 레이어를 활용하는 점, 즉 원본 저작물 레이어에 사진, 영상 효과 레이어를 덧씌우는 제작 기법을 사용한다는 점입

니다. 차이점은, 오버레이 효과의 분리 용이성과 배경 저작물 인식 과정의 복제 여부에서 찾을 수 있습니다.

▶ 실시간 오버레이 방식은 포켓몬GO, 박물관 유물 AR 감상 등이 있고, 비실시간 오버레이 방식은 온라인 게임, 입체 영화 상영, 놀이공원의 입체 영상 놀이기구 체험 등이 있습니다.

첫째, 실시간 오버레이 방식은 오버레이하는 저작물과 오버레이된 배경 저작물 레이어를 이용자가 손쉽게 분리, 변경, 교체할 수 있습니다. 주로 증강현실 기반 콘텐츠에서 이루어지며 '포켓몬GO'나 '스노우' 어플에 효과 종료 혹은 표시하지 않기, 효과 전환, 초기화 등의 메뉴 버튼이 있는 것을 떠올려보면 이해가 쉬울 것입니다.

실시간 오버레이는 오버레이 효과 적용 전후 저작물을 비교하면서 감상하는 것이 주목적입니다. 이는 비실시간 오버레이 방식이 오버레이하는 저작물과 오버레이된 배경의 저작물을 융합하여 저장한 결과물, 즉 외관상 하나가 된 결합저작물의 모습을 보여주는 데 치중하는 것

과는 다릅니다. 물론 비실시간 오버레이 방식도 서비스 과정에서 제공하는 기능의 한 면모로서 게임 내 가상 아바타 캐릭터의 외관을 교체하거나 가상 쇼핑몰을 체험하는 등 이용자에게 오버레이 전후 효과를 비교해 보여주는 일부 사례가 있기는 합니다.

둘째, 주로 증강현실 콘텐츠에서 이루어지는 실시간 오버레이의 경우, 오버레이 효과 구현을 위해 대상 저작물을 인식하는 과정에서 스캔이나 복사처럼 실존 대상물을 저장하거나 복제하지 않습니다. 증강현실을 위한 대상물 인식 과정에서 기기가 인식하는 것은 저작물의 위치 정보(위치 정보 방식) 혹은 저작물 주변에 부착된 QR코드나 바코드 등의 마커(마커 방식) 또는 대상물의 평면도 혹은 특징점의 좌표(마커리스 방식)입니다.

우리 저작권법은 복제에 대해 "인쇄·사진촬영·복사·녹음·녹화 그 밖의 방법으로 일시적 또는 영구적으로 유형물에 고정하거나 다시 제작하는 것을 말하며, 건축물의 경우에는 그 건축을 위한 모형 또는 설계도서에 따라 이를 시공하는 것을 포함한다"라고 정의합니다(저작권법 제2조 제22호). 따라서 배경 저작물이 아닌 주변의 마커 혹은 좌표 등을 인식하는 것 그 자체만으로는 배경 저작물에 대한 복제가 일어났다고 보기 어렵습니다.

005 '오버레이' 분리 및 구분 가능성의 판단 기준은?

대상 저작물과 분리 가능하고 이용자들이 쉽게 구분할 수 있는 오버레이 저작물의 기준에 대해 우리나라 법이나 판례 중 어떤 내용을 참고하면 좋을까요?

우리 법원 판례 중 '키워드 광고 사건' 판례를 참고할 것을 권유

아직 우리나라는 물론 해외에서도 오버레이 저작물이나 오버레이할 권리에 대해 명시적으로 규정한 법 조문은 없는 것으로 알려져 있습니다. 하지만 위 질문과 관련하여 '키워드 광고 사건' 판례(서울고등법원

▶ 답변의 토대가 된 문헌 : 정진근, 〈가상현실과 증강현실의 저작권법 관련 쟁점에 관한 연구〉, 《강원법학》 제55권, 강원대학교 비교법학연구소(2018), 154쪽.

2008. 9. 23., 자, 2008라618, 결정)의 법리가 참조에 도움이 될 것으로 생각됩니다.

'키워드 광고' 사건은 A 회사의 인터넷 광고 시스템 프로그램을 설치한 인터넷 사용자들이 B 회사의 인터넷 포털 사이트를 방문하면, B 회사가 제공하는 기존의 광고 대신 A 회사의 광고가 대체 혹은 삽입된 형태로 나타나 논란이 된 사건이었습니다. 법원은 A 회사의 프로그램 실행에 의해 인터넷 사이트 화면과 광고가 겹쳐 보이거나 화면의 일부가 변형되어 보일 여지가 있긴 하지만, 그 프로그램이 홈페이지의 콘텐츠에 직접 작용하여 어떠한 변경을 일으키는 것은 아니라는 이유로 동일성유지권 침해를 부정했습니다. 법원은 ① 이 사안의 광고가 신청인 홈페이지 화면과는 어느 정도 구분되어 표시되고 있으며, ② 피신청인이 제공하는 광고임을 명시하고 있는 점, ③ 사용자에

게 사전 고지된 삭제 방법에 따라 이 사건 프로그램을 삭제하거나 각 광고 내의 'X' 버튼을 클릭하는 방법 등으로 쉽게 제거할 수 있으며, ④ 이 사건 프로그램의 광고가 제거되면 그 즉시 본래의 신청인 홈페이지 화면으로 복귀하는 점 등을 근거로 사안의 광고가 인터넷 홈페이지 화면의 동일성을 손상할 정도로 내용 또는 형식을 변경한 것이라고는 볼 수 없다고 판단했습니다. 또한 "이 사건 프로그램이 신청인 홈페이지의 화면 내용에 관하여 복제, 공중송신, 배포 등의 행위를 한다고 볼 아무런 자료가 없는 이상" 저작재산권의 침해가 있다고 볼 수 없다고 하며 저작재산권 침해 역시 인정하지 않았습니다.

따라서 '키워드 광고' 사건의 4가지 법리 요건을 토대로 정리해 볼 때, 오버레이가 ① 대상 저작물과 구분되어 표시되는 정도, ② 오버레이 제공 사실 혹은 주체 등에 대한 명시, ③ 오버레이를 쉽게 분리하거나 종료, 삭제할 수 있는 기능 제공, ④ 오버레이 효과 제거 시 즉시 원래 대상 저작물의 모습이 담긴 화면으로 복귀하는가에 따라 대상 저작물의 저작인격권과 저작재산권을 침해하지 않으며 이용자들이 쉽게 구분할 수 있는 오버레이라고 정리할 수 있을 듯합니다.

006 AR 대상물 인식 과정에서도 복제가 일어나나요?

AR 구현을 위한 대상 인식 과정, 그러니까 대상 물체를 화면에 비추거나 QR코드를 인식하는 등의 과정에서 저작권 침해가 일어나지는 않을지 궁금합니다. AR 인식 과정에서 혹시 저작물 복제가 일어나지는 않을까요?

단순 탐색은 저작권 침해와 무관

 카메라의 촬영, 녹화 기능을 실행하거나 이미지를 기기에 저장하지 않고 단순히 카메라 뷰파인더 화면을 통해 인식 대상 사물을 탐색만 하는 경우에는 복제가 발생했다고 보기 어렵습니다. 사진을 촬영하기 전에 카메라 뷰파인더로 촬영할 대상을 탐색하고 포커스를 맞추는 것만으로는 저작권 침해가 일어났다고 하지 않는 것과 같습니다.

물론 초고속 대용량 이미지 촬영 과정에서 데이터 처리 속도를 높이기 위해 이미지 센서와 D램을 함께 가동하도록 설계하는 경우도 있습니다. 이런 경우 사진촬영, 영상녹화 등의 버튼을 누르면 촬영, 녹화가 이루어지는 과정에서 일시적 저장 메모리인 램(RAM)에서 일시적 복제가 일어납니다. 이러한 일시적 복제는 영구적 복제(저장)와 마찬가지로 저작권법상 복제 행위(영구적 복제, 일시적 복제)에 해당하기 때문에 저작권 제한 규정에 해당하는 경우가 아니라면 원칙적으로 복제권 침해가 될 수 있습니다.

하지만 촬영, 녹화 버튼을 누르지 않고 단순히 뷰파인더로만 인식 대상 저작물 및 이에 부착된 QR코드를 탐색하는 활동은 비(非)메모리 장치인 이미지 센서(카메라 렌즈로 들어온 빛을 디지털 신호로 바꿔 이미지로 만드는 반도체)만 작동하기 때문에 대상 저작물에 대한 복제가 일어났다고 보기 어렵고 따라서 저작권 침해라고 보기 어렵습니다.

다만 저작물의 복제 이미지(사진, 영상의 디지털 이미지 파일) 등을 AR 인식 혹은 AR 영상 구현 용도로 데이터베이스에 등록하거나 이를 이용해 기기 화면 위에 구현하는 경우, 복제권을 비롯한 저작재산권 침해 여지가 있으므로 유의할 필요가 있습니다.

007 메타버스 서비스에 SaaS를 이용한다면?

메타버스 사업을 위해 기존에 운영하던 서비스형 소프트웨어(SaaS)를 확장하고, 개발자들에게 앱 개발 툴을 제공하는 등 메타버스를 지원하는 다양한 플랫폼을 만들려고 합니다. 또한 요즘 광고 기반의 수익 창출이 중요한 만큼, 이런 지원 활동과 결과물을 광고에 이용해 수익을 창출하고 싶습니다. 이러한 사업 계획을 저작권법 제35조의2가 허락하는 '원활하고 효율적인 정보 처리에 수반되는 저작물의 일시적 복제'로 볼 수 있을까요?

독립한 경제적 가치를 가지는 경우엔 저작권 침해에 주의해야

SaaS는 '일시적 복제가 독립한 경제적 가치를 가지는 경우'이기 때문에 저작권법

▶ SaaS란 '서비스로서의 소프트웨어'(Software as a Service)의 약자로, 클라우드를 통해 소비자가 자신이 필요한 소프트웨어 기능을 사용하도록 제공하는 서비스입니다. 구글 문서, MS 오피스 365, 슬랙, 노션 등 일상생활에서 자주 사용하는 다수의 문서 작성, 업무 관리, 자료 공유 서비스 등이 이에 해당합니다.

제35조의2(저작물 이용 과정에서의 일시적 복제)가 허락하는 이용 범위에서 제외됩니다.

우리 저작권법은 제2조 제22호에서 복제의 정의에 '일시적으로 유형물에 고정하거나 다시 제작하는 것'을 포함시켜, 영구적 복제와 일시적 복제 모두 복제에 해당한다고 규정합니다. 그러나 제35조의2에서 "컴퓨터에서 저작물을 이용하는 경우에는 원활하고 효율적인 정보 처리를 위하여 필요하다고 인정되는 범위 안에서 그 저작물을 그 컴퓨터에 일시적으로 복제할 수 있다. 다만, 그 저작물의 이용이 저작권을 침해하는 경우에는 그러하지 아니하다"라고 명시하여, 일

시적 복제에 관하여 저작권 침해가 부정될 수 있는 경우를 규정하고 있습니다.

여기에 대해 우리 대법원은 제35조의2에서 말하는 '원활하고 효율적인 정보 처리를 위하여 필요하다고 인정되는 범위'란, 그 입법 취지를 살펴볼 때 "일시적 복제가 저작물의 이용 등에 불가피하게 수반되는 경우는 물론 안정성이나 효율성을 높이기 위해 이루어지는 경우도 포함된다"고 설명하였습니다. 그렇지만 "일시적 복제 자체가 독립한 경제적 가치를 가지는 경우는 제외되어야 할 것"이라고 명시하였습니다(대법원 2017. 11. 23. 선고 2015다1017.1024.1031.1048 판결).

따라서 독립한 경제적 가치를 가지는 클라우드나 SaaS 기반의 메타버스 사업 지원 플랫폼을 운영하는 경우는 물론, 일시적 복제를 광고에 이용하는 경우엔 저작권자의 허락 없이 무단 이용되는 저작물이 없는지 유의하시기 바랍니다.

마찬가지로 가상·증강현실 서비스 상에서 저작물을 광고에 편입하여 수익 창출을 가능하게 하는 경우 역시도, 저작권법 제35조의2의 일시적 복제에 해당한다고 보기 어렵습니다.

▶ 김병일, 〈5G 보편화에 따른 가상·증강현실 관련 저작권 이슈〉, 《문화·미디어·엔터테인먼트 법》 제15권 제1호, 중앙대학교 법학연구원 문화·미디어·엔터테인먼트법연구소 (2021), 11쪽 참조.

008 주변 저작물이 부수적으로 포함되었는데 저작권 침해일까요?

360도 입체 영상을 촬영하던 도중 영상에 우연히 주변 저작물의 모습이 포함되었습니다. 그리고 360도 방향의 모든 공간의 모습을 담다 보면 저작물의 모습이 포함될 수밖에 없다는 걸 알긴 했지만, 촬영 특성상 도저히 그 저작물을 배제하고 찍을 수가 없어 영상의 일부에 저작물이 포함된 것도 있습니다. 저작권 침해 행위가 되는 것은 아닐지 매우 걱정됩니다.

양적·질적 비중이나 중요성의 정도에 따라 다를 수 있어

대체적으로 저작권법 제35조의3(부수적 복제 등)에 의해 허용될 수 있는 행위로 생각됩니다.

우리 저작권법은 부수적 복제를 허용하고 있습니다. 이에 따라 말씀하신 경우들은 이용된 저작물의 종류 및 용도, 이용의 목적과 성격 등에 비추어 저작재산권자의 이익을 부당하게 해치는 경우가 아니라면, 대체적으로 제35조의3에 의해 허용될 수 있을 것으로 판단됩니다.

저작권법

제35조의3(부수적 복제 등)
사진촬영, 녹음 또는 녹화(이하 이 조에서 "촬영 등"이라 한다)를 하는 과정에서 보이거나 들리는 저작물이 촬영 등의 주된 대상에 부수적으로 포함되는 경우에는 이를 복제·배포·공연·전시 또는 공중송신할 수 있다. 다만, 그 이용된 저작물의 종류 및 용도, 이용의 목적 및 성격 등에 비추어 저작재산권자의 이익을 부당하게 해치는 경우에는 그러하지 아니하다.

부수적 이용의 경우, 저작물 이용 시 출처의 명시 의무(제37조) 대상이 아니기 때문에 저작물의 출처를 명시하지 않아도 된다는 장점이 있습니다.

우리 대법원은 제35조의3이 신설되기 전에는, "사진촬영이나 녹화 등의 과정에서 원저작물이 그대로 복제된 경우, 새로운 저작물의 성질, 내용, 전체적인 구도 등에 비추어볼 때 원저작물이 새로운 저작물 속에서 주된 표현력을 발휘하는 대상물의 사진촬영이나 녹화 등에 종속적으로 수반되거나 우연히 배경으로 포함되는 경우 등과 같이 부수적으로 이용되어 그 양적·질적 비중이나 중요성이 경미한 정도에 그치는 것이 아니라 새로운 저작물에서 원저작물의 창작적인 표현 형식이 그대로 느껴진다면 이들 사이에 실질적 유사성이 있다고 보아야 한다"고 판단 기준을 제시한 바 있습니다(대법원 2014. 8. 26 선고 2012도 10777 판결; 대법원 2014. 8. 26. 선고 2012도10786 판결).

사진촬영 혹은 영상녹화 과정에서 본래 의도한 대상물과 함께 배경에 작은 회화가 포함된 경우, 혹은 거리 풍경을 영상으로 녹화하는 중에 본래 의도한 대상물과 함께 거리에서 흘러나온 음악이 우연히 녹음된 경우 등도 제35조의3의 요건을 충족할 수 있습니다. 그러나 애초에 저작물을 촬영 대상으로 인식하고 의도적으로 확대, 클로즈업하여 촬영 혹은 녹화 등을 하는 경우는 제35조의3에 해당하지 않습니다.

009 메타버스 맵의 배경에 저작물을 배치하면 부수적 이용이 될 수 있나요?

VR을 이용한 메타버스 맵을 제작 중인 그래픽 디자이너입니다. 메타버스의 배경이 되는 맵의 모습을 구성하는 디지털 이미지들을 제작하고 배치하는데, 혹시 이 과정에서 타인의 저작물을 허락 없이 이용했더라도 이를 배경으로 배치시키기만 한다면 제35조의3에 의한 부수적 복제가 인정될 수 있겠지요?

직접 배치한 배경 저작물은 부수적 복제에 해당 안 돼

 부수적 이용은 어디까지나 촬영, 녹화 '과정'에서 포함된 저작물일 것을 전제하기 때문에 질문의 상황은 이에 해당한다고 보기 어렵습니다.

VR에서의 배경 저작물은 원저작물을 기초로 하여 디지털 변형·개작하였든, 순수 창작하였든, 창작자가 직접 제작하여 가상공간에 배치하게 됩니다. 이러한 경우는 제35조의3이 규정하는 촬영, 녹화 '과정'에서 포함된 저작물로 보기 어렵습니다. 따라서 변형, 개작, 창작 상관없이 직접 배치한 배경 저작물은 제35조의3에 부합하는 이용으로 허용되기는 어려울 듯싶습니다. 다른 저작재산권 제한 규정에 따라 이용 가능성을 모색해 보거나 저작권자에게 허락을 받고 저작물을 이용하는 것이 적절하다고 생각됩니다.

010 기존 링크 방식과 AR 마커 방식, 마커리스 방식의 차이는 무엇인가요?

기존 인터넷 상에서 행해지던 URL 링크 방식과 AR 서비스 상의 마커, 마커리스 방식은 무엇이 다른가요?

링크 배경, 링크 대상, 링크 실행 방법 등이 서로 달라

 두 방식의 본질은 저작물 등의 위치 정보나 경로를 읽어들여 지시된 저작물을 표시한다는 점에서 크게 다르지 않습니다. 다만 링크의 배경이 되는 공간과 링크된 대상이 가상인지 현실인지, 그리고 링크 실행을 위해 별도의 시도(클릭 등)를 요구하는지 등에서 차이가 있을 뿐입니다.

AR 인식 및 구현 과정에서 이용자가 바라보는 대상 혹은 대상의 디지털 정보를 마커 혹은 마커리스 방식을 통해 인식하고, 기기 화면에 그 대상에 대한 시각적 이미지나 정보를 구현해 보여주는 것은 기존의 웹사이트 링크를 클릭해 얻어지는 이용 활동의 본질과 크게 다르지 않습니다. 단지 기존의 '웹사이트'는 그 배경이 온라인 공간인 데 비해 AR은 현실 공간으로 바뀌고, '링크된 대상' 역시 인터넷 상의 텍스트 혹은 이미지 같은 가상의 대상에서 현실에 실존하

▶ Brian D. Wassom, *Augmented Reality Law, Privacy, and Ethics: Law, Society, and Emerging AR Technologies*, Syngress (2015), 159쪽 참조.

는 대상으로 변경되었다는 점이 차이점입니다. 즉, 배경 공간의 온·오프라인 차이, 그리고 객체상의 차이가 있을 뿐입니다. 또한 기존 웹사이트 링크의 경우, 이를 클릭해야 링크된 대상이 화면에 표시됩니다.

하지만 AR 서비스 상의 마커, 마커리스 방식은 특정 표지나 좌표 지점 등을 클릭하지 않아도 이를 인식하는 것만으로도 지시된 저작물이 화면에 표시되어 '클릭' 등의 별도의 실행 동작을 반드시 요구하지 않는다는 점이 차이점입니다.

오버레이하는 저작물의 모습을 화면에 직접 표시하지 않고 하이퍼링크로 표시해 이용자가 이를 클릭했을 때 화면에 표시되도록 한다면 저작권법상 어떤 쟁점들을 유의해야 할까요?

저작재산권(공중송신권) 침해의 방조 책임을 질 수 있어

 링크를 하는 행위 그 자체만으로는 복제나 전송 행위라고 보기 어렵지만, 불법 저작물임을 알면서도 영리적·계속적으로 게시하는 등의 일정 요건을 충족한다면 공중송신권 침해를 간접적으로 도운 방조범이 될 수 있습니다.

우리 법원에 의하면 인터넷 링크는 인터넷에서 링크하고자 하는 웹페이지나 웹사이트 등의 서버에 저장된 저작물 각각의 웹 위치 정보나 경로를 나타낸 것에 불과합니다. 따라서 링크를 하는 행위 그 자체만으로는 복제나 전송 행위라고 보기 어렵습니다(대법원 2015. 3. 12. 선고 2012도13748 판결). 다만 최근 대법원 전원합의체 판결에 따르면, 링크 행위자가 다음과 같은 요건을 충족할 경우 침해 게시물을 공중의 이용에 제공하는 불법 저작물 업로더들의 범죄를 용이하게 한 것으로 인정되어 공중송신권 침해의 방조범이 성립될 수 있다고 판시하였습니다(대법원 2021. 9. 9. 선고 2017도19025 전원합의체 판결). 즉, 링크 행위자가 ① 성명 불상자들(불법 저작물을 업로드한 자들)의 공중송신권 침해 행위 도중에 그 범행을 충분히 인식하면서, ② 그러한 침해 게시물 등에 연결되는 링크를 사이트에 영리적·계속적으로 게시하여 ③ 공중의 구성원이 개별적으로 선택한 시간과 장소에서 침해 게시물에 쉽게 접근할 수 있게 하는 정도의 링크 행위를 한 경우입니다. 이러한 경우, 대법원은 피고인(링크 행위자)이 "침해 게시물을 공중의 이용에 제공하는 성명 불상자들의 범죄를 용이하게 하였으므로 공중송신권 침해의 방조범이 성립할 수 있다"고 판단하였습니다.

정리하자면, 링크를 설정하거나 게시하는 행위 그 자체만으로는 저작재산권에 대한 직접 침해는 성립하지 않지만 민사상 공중송신권 침해 방조에 의한 간접 침해가 성립할 수 있습니다. 나아가 대법원 판결이 제시한 일정 요건을 충족하는 경우에는 위의 민사 책임을 질 뿐만 아니라 형사상 공중송신권 침해의 방조범으로도 처벌될 수 있습니다.

012 저작물의 원본 크기나 화질을 축소한 이미지도 저작권 침해가 되나요?

저작물을 복제한 사진, 영상 등의 이미지 파일을 원본 크기와 화질 그대로 이용하지 않고, 이를 축소한 크기와 화질로 화면에 표시하면 저작권 침해를 피할 수 있을까요?

저화질의 섬네일 이미지가 아닌 한 저작권 침해로 분류될 수 있어

 저작물의 정보 제공 혹은 더욱 상세한 감상을 위해 텍스트 링크 외에도 이미지 삽입형 링크나 섬네일 표시 방식도 활발히 사용합니다. 원본보다 매우 작은 크기로 축소한 이미지(섬네일)는, 우리 판례에 의하면 공표된 저작물의 인용에 해당할 수 있어 저작권 침해와 무관할 수 있습니다. 다만 어느 정도 심미감을 줄 수 있는 이미지를 제공해 섬네일 이미지를 넘어선 '상세보기 이미지'에 해당할 경우, 이는 공표된 저작물의 인용에 해당하지 않을 수 있어 주의가 필요합니다.

▶ 섬네일 이미지와 관련한 자세한 내용은 321~336쪽의 '게임, 기타 멀티 플랫폼 분야' Q&A 부분에서 다루도록 하겠습니다.

013 부정경쟁방지법 위반에 대한 유의사항은?

저작재산권 침해와 저작인격권 침해만 없다면 오버레이용 저작물을 사업에 적용하고 이용하는 데 아무 문제가 없겠지요?

타인의 성과를 무단으로 사용하지 않도록 주의해야

 사업 목적의 이용과 관련해서는, 특히 부정경쟁방지법 제2조 제1호 파목 위반이 되지 않을지 조심할 필요가 있습니다. 즉, 타인의 성과를 공정한 상거래 관행이나 경쟁 질서에 반하는 방법으로 무단으로 사용한 행위는 아닌지 주의해야 합니다.

앞서 '키워드 광고' 사건에서 법원은 광고 덧씌우기 및 겹쳐 표시하기 행위가 저작재산권 침해와 저작인격권 침해 그 어느 것에도 해당되지 않는다고 판단하면서도, 민법상 불법 행위가 성립한다고 판시한 바 있습니다. 법원은 "피신청인의 행위가 부정경쟁방지법 제2조에 한정적으로 열거되어 있는 부정경쟁행위 중 하나에 해당되지 않는다 하더라도, 그것이 타인의 권리 침해 또는 그에 상응하는 보호할 만한 가치 있는 법익의 침해에 해당하거나 또는 상도덕이나 관습에 반하는 정도가 공서양속(公序良俗) 위반에까지 이를 정도로 불공정하여 위법성이 인정되고 그로 인한 신청인의 업무방해 및 손해가 인정된다면, 일반법으로서 민법의 불법 행위 규정을 적용할 수 있다 할 것이다"라고 하였습니다(서울고등법원 2008. 9. 23. 자, 2008라618 결정).

이 법리의 내용은 오늘날 부정경쟁방지법 제2조 제1호 파목에서 규율하는 부정경쟁행위에 반영이 되어 있습니다.

> **부정경쟁방지법 제2조 제1호 파목**
>
> 그 밖에 타인의 상당한 투자나 노력으로 만들어진 성과 등을 공정한 상거래 관행이나 경쟁질서에 반하는 방법으로 자신의 영업을 위하여 무단으로 사용함으로써 타인의 경제적 이익을 침해하는 행위

'키워드 광고' 사건의 판결 내용을 좀 더 자세히 살펴보면, 법원은 결과적으로 신청인의 인터넷 사이트가 제공하는 광고인 것처럼 오인, 혼동할 우려가 있는 점, 이 사건 프로그램이 동작해 대체 광고가 실행되면 신청인이 제공하는 광고는 모두 사라지게 되어 그 효과를 거둘 수 없게 되고, 특히 '키워드 광고'가 신청인 인터넷 사이트를 통한 검색 순위 최상위에 피신청인의 광고주들을 나타나게 하는 것은 신청인의 영업상의 이익을 중대하게 침해할 수 있는 행위인 점 등을 종합적으로 고려했습니다.

이를 바탕으로, 법원은 피신청인의 광고 방식이 "인터넷 포털 사이트의 신용과 고객 흡인력을 자신의 영업을 위하여 무단으로 이용하고 신청인이 장기간의 노력과 투자에 의하여 구축한 저명한 인터넷 포털 사이트라는 콘텐츠에 무임승차하려는 것으로 공정한 경쟁질서 내지 상거래 질서에 위반하는 행위"라고 판단했습니다. 따라서 법원은 "이로 인하여 신청인의 광고에 관한 영업상의 이익을 침해할 위험이 크다"고 보아 "대상 행위는 신청인의 인터넷 사이트에 관한 업무를 방

해하는 부정경쟁행위"라고 판시하였습니다.

이에 비추어볼 때 '오버레이' 기능 자체가 저작권법 침해는 되지 않더라도, 만약 오버레이된 배경의 저작물이 법원에 의해 부정경쟁방지법의 성과물로 인정되고 제2조 제1호 파목의 '타인의 성과를 공정한 상거래 관행이나 경쟁질서에 반하는 방법으로 무단으로 사용한 경우'라고 판단된다면 부정경쟁방지법에 의해 제한될 수도 있습니다.

014 VR/AR 화상디자인도 보호받을 수 있나요?

VR/AR 화상디자인은 어떤 보호가 가능할까요?

디자인보호법에 따라 '화상디자인'에 대한 보호 가능성 있어

디자인보호법은 2021년 4월 20일자 일부 개정을 통해 (법률 제18093호) 디자인의 정의에 화상을 포함하였으며, 화상디자인의 정의 규정을 신설했습니다. 디자인으로서 보호받기 위해서는 디자인 등록을 해야 하는데, 메타버스 화면 모습이나 화면 인터페이스의 경우엔 화상디자인의 요건을 충족해야 합니다.

기존 디자인보호법은 물품에 표현된 디자인만 등록할 수 있었습니다. 하지만 개정된 디자인보호법은 가상·증강현실을 활용한 제품 출시 및 산업 규모가 증가함에 따라 디지털 디자인의 보호를 위해 제2조 제1호 디자인의 정의에 화상(畵像)을 명시적으로 포함하도록 개정하였으며, 동조 제2의2호에 화상디자인의 정의 규정을 신설하였습니다.

기존 디자인보호법이 벽면이나 바닥과 같은 현실 공간에 투영되는 화상디자인은 보호할 수 없었던 점을 개선한 것입니다. 또한 개정법은 화상디자인의 온라인 전송을 사용(실시) 행위로 규정하여, 시장에서의 거래 등 오프라인에서만 인정되었던 디자인의 사용 개념을 온라인 제공으로까지 확대하였습니다.

이에 따라, 가상·증강현실을 활용한 오버레이 화상디자인 역시 디자

디자인보호법

제2조(정의) 이 법에서 사용하는 용어의 뜻은 다음과 같다.

1. "디자인"이란 물품[물품의 부분, 글자체 및 화상(畫像)을 포함한다. 이하 같다]의 형상 · 모양 · 색채 또는 이들을 결합한 것으로서 시각을 통하여 미감(美感)을 일으키게 하는 것을 말한다.

2. "글자체"란 기록이나 표시 또는 인쇄 등에 사용하기 위하여 공통적인 특징을 가진 형태로 만들어진 한 벌의 글자꼴(숫자, 문장부호 및 기호 등의 형태를 포함한다)을 말한다.

2의2. "화상"이란 디지털 기술 또는 전자적 방식으로 표현되는 도형 · 기호 등[기기(器機)의 조작에 이용되거나 기능이 발휘되는 것에 한정하고, 화상의 부분을 포함한다]을 말한다.

인보호법에 의해 보호받을 수 있는 가능성이 어느 정도 마련되었다고 보여집니다. 그러나 한편으로, 가상·증강현실은 실감나는 콘텐츠 감상을 위해 오버레이 효과 구현과 사용자 경험 요소 반영을 중시하는 경우가 많습니다. 그러다 보니 정지되어 있는 화상디자인에 동적 요소를 결합한 동적 화상디자인으로 구성하는 경우가 많은데, 현행 디자인 심사 기준은 동적 화상디자인의 인정 요건으로 "형태적 관련성 및 변화의 일정성을 가지고 형태가 변화하는 과정을 하나의 디자인으로 나타내는 경우"일 것을 요구합니다. 이러한 요건을 갖추지 못한 가상·증강현실 화상디자인은 개정 법률에도 불구하고 여전히 보호받기 어려울 수 있습니다.

예를 들어 동일한 프레임을 사용하고 있으나 구성 요소의 모양 및 배치 등에서 형태적 관련성이 없는 두 개의 정지 화면을 변화 전·후의 상태로 나타내거나 혹은 동적 화면의 변화 과정이 일정하지 않은 경우에는 동적 화상디자인으로 인정되기 어렵습니다. 물론 심사 시 동적 화상디자인의 변화 과정을 여러 벌의 도면으로 구분하여 제출하는 방법도 있지만, 도면으로 그 모든 불규칙한 변화를 표현하기엔 한계가 있습니다.

그러므로 박물관, 궁궐 VR/AR 도슨트 투어와 같이 현실 장소 혹은 물리적으로 실존하는 각기 다른 별개의 저작물들을 대상으로 오버레이를 디자인하는 경우, 혹은 '포켓몬GO'와 같이 광범위한 장소를 탐방하며 랜덤으로 아이템이나 캐릭터를 찾는 등의 무작위 게임 플레이 요소를 기반으로 하는 경우, 하나의 디자인으로 형태가 변화하는 과정을 나타낼 수 있도록 동적 화면을 디자인할 필요가 있습니다. 형태적 관련성과 변화의 일정성에 유의할 필요가 있는 것입니다.

015 저작권법상 문제가 없더라도 부정경쟁방지법 위반이 되는 경우는?

'키워드 광고' 사건에 대한 질문과 답변을 보니, 다른 사람의 저작물을 VR/AR 서비스에 이용할 경우 저작권법 문제가 없더라도 부정경쟁방지법에 저촉될 수 있어 불안합니다. 그냥 다른 사람의 저작물이라면 아예 사업에 이용하지 않는 것이 좋을까요?

부정경쟁방지법 제2조 제1호 파목의 부정경쟁행위가 성립하기 위해서는 4가지 요건을 모두 충족해야

가상·증강현실의 오버레이된 배경 저작물이 성과물로 인정되고, 배경 저작물이 공정한 상거래 관행이나 경쟁 질서에 반하는 방법으로 가상·증강현실 서비스에 무단으로 사용되어 배경 저작물 저작자의 경제적 이익이 침해된 점이 인정된다면 부정경쟁방지법 제2조 제1호 파목에 의해 오버레이 행위가 제한될 수 있습니다. 하지만 무단 이용이라도 저작자의 경제적 이익을 침해하지 않고 저작자의 경제적 이익에 도움이 된다면 위 규정 위반에 포함되지 않을 수도 있습니다.

상품 광고 및 마케팅에 VR/AR 오버레이 기법을 접목하는 사례도 많은데, 만약 광고를 오버레이하여 '키워드 광고' 사건과 비슷하게 타사 상품에 대한 혼동을 일으키거나 타사의 영업 광고를 대체한다면 이는 부정경쟁방지법 제2조 제1호 파목 위반이 될 수 있습니다.

가상·증강현실의 오버레이 행위는 '키워드 광고' 사건 속 키워드 광고의 대체적 성격과는 달리, 공공예술 감상이나 훼손된 문화재의 본모습 재현 등 배경 저작물의 감상을 돕기 위한 보완적·부가적 성격으로 사용되는 경우가 많습니다. 그러나 이러한 사용 의도와 상관없이 배경 저작물의 저작자 입장에서 볼 때는 오버레이 행위가 저작자의 이익을 침해하는 쪽으로 작용할 수도 있습니다. 일례로, 예술전시 관계자들은 오버레이한 저작물이 오히려 저작물이 전달하고자 하는 의미 전체를 왜곡할 수 있다고 우려하기도 합니다. 이러한 경우 부정경쟁방지법 제2조 제1호 파목 위반이 될 수 있습니다.

하지만 오버레이용 저작물로 무단 이용했더라도, 오버레이가 오히려 해당 저작물에 대한 관심을 촉발시키는 매개가 되어 시장 수요를 창출하고 타인의 경제적 이익에 기여하는 긍정적인 상생(相生) 측면이 강하다면 부정경쟁행위가 되지 않을 수도 있습니다. 부정경쟁방지법 제2조 제1호 파목의 부정경쟁행위가 성립하기 위해서는 아래 4가지 요건을 모두 충족해야 합니다. ① 타인의 상당한 투자나 노력으로 만들어진 성과 등을 ② 공정한 상거래 관행이나 경쟁질서에 반하는 방법으로 ③ 자신의 영업을 위해 무단으로 사용해야 하며, ④ 이에 따라 타인의 경제적 이익을 침해해야 합니다. 이 점을 유의하시기 바랍니다.

016 실제 장소를 방문해 체험하는 AR 서비스의 유의사항은?

포켓몬GO, 인그레스, AR 궁궐 투어처럼 실제 장소를 방문해 현장에서 콘텐츠를 체험하는 AR 서비스를 제공하는 경우 어떤 점들을 추가로 유의해야 할까요?

장소 이용 권리와 함께 생활 방해나 불법 행위 등도 고려해야

'포켓몬GO'처럼 현장 방문을 유도하는 유형의 증강현실 서비스의 경우, 이용자들이 일으키는 소음이나 인파 혼잡, 혹은 소유물 훼손이나 무단 통행 등이 문제가 될 수 있습니다. 이러한 경우 오버레이된 배경의 장소에 대해 일정한 권리를 갖고 생활을 영위하는 사람들(주민, 상인, 부동산 소유자 등)에 대한 보호가 필요합니다.

서비스 제공 대상 장소의 소유자 혹은 관리자는 가상·증강현실 서비스 제공자를 상대로 불편을 겪고 있는 장소의 위치 정보를 배제할 것을 요청할 수 있고, 나아가 게임 서비스 제공 제한을 요청할 수도 있습니다. 일례로 2016년, 네덜란드 헤이그시는 '포켓몬 GO' 이용자들이 게임 이용 과정에서 자연 보호구역을 침범하는 등 휴양시설 측과 마찰을 일으키자, 게임 서비스 제공사인 나이 언틱사에 도시 지역 일부를 게임 서비스 범

광화문 인근 지역의 지정된 장소에서 AR 게임을 즐길 수 있는 '광화담' 앱의 실행 모습

위에서 제외하고 특정 장소의 포켓몬 등장 빈도를 낮출 것을 요청했습니다. 나이언틱사는 처음엔 헤이그시의 요청에 응하지 않았지만, 헤이그시에서 나이언틱사를 상대로 소송을 준비하자 마지못해 요청 내용을 이행하는 것으로 문제를 수습했습니다.

만약 서비스 제공자가 시정 요청을 계속 거절하거나 피해 상황을 방치한다면, 현실 공간의 소유자가 소유권에 기한 방해 배제 및 예방을 청구할 수 있는지, 혹은 위치 정보에 기반을 둔 이용에 대해 서비스 제공자에게 부당이득 반환을 청구하거나 이용료를 부과할 수 있는지에 대한 검토가 필요할 수 있습니다. 예를 들어 서비스 이용자들의 무분별한 소유물 접근 및 이용이 소음 등의 생활 방해 혹은 소유권 침해를 야기한다면 우리 민법 제214조의 소유물에 대한 방해 제거, 방해예방 청구권 적용을 검토해 볼 수 있습니다. 단, 서비스 이용자들이 오버레이된 배경의 소유물 및 관리물을 침해한다는 것을 근거로 서비스 제공자에게 민사 책임을 묻기 위해서는, 서비스 제공 및 이용자의 권리 침해 행위와 손해 발생 결과 간의 인과관계, 그리고 구체적인 손해 규모에 대한 입증이 필요할 것으로 예상됩니다.

만약 지역의 행정을 담당하는 정부기관 혹은 지방자치단체에서 서비스 제공자에게 사전 심사를 반드시 거치게 하거나, 이용자들의 위법 행위 단속 혹은 쓰레기 처리와 같은 문제 사안들에 대해 일정 비용을 분담시키고자 한다면, 헌법상 표현의 자유에 위반되지 않도록 유의할 필요가 있습니다. 정부기관 혹은 지자체의 광범위한 재량권에 의한 사전 허가·심사는 표현의 자유 침해가 될 수 있으므로, 가급적 사전 규제보다는 이용자들의 법 위반 행위를 개별적으로 규제하거나 이용 제한구역을 설정하는 등의 사후적 규제 방안을 모색하는 것이 더 적절합니다. 또한, 비용 징수를 비롯한 심사 신청인(서비스 제공자)의 부담 내용은 구체적으로 명시하고 안내해야 합니다.

사례 **포켓몬GO 게임으로 촉발된 지자체와 기업 간 공방**

미국 위스콘신주 밀워키시 측은 증강현실 게임인 '포켓몬GO' 게임이 대유행할 당시 도시 공원 내 교통 혼잡, 치안 유지 비용과 공원 관리 비용 증가 등의 문제를 겪었습니다. 이를 해결하기 위해 2017년 2월, 도시 측은 '밀워키시 일반 조례'를 개정해 증강현실 서비스 운영에 대한 규제 조항을 신설했습니다.

그러자 증강현실 포커 게임 텍사스 로프 뎀(Texas Rope 'Em')을 출시한 게임 개발 벤처기업 캔디랩(Candy Lab)이 조례의 강행을 저지하기 위해 예비적 금지명령을 신청했습니다.

법원은 해당 조례가 미국 수정헌법 제1조에 의해 요구되는 절차적 보호 장치를 마련하지 않았고, 조례 내용이 도시 부서 담당자들에게 지나치게 광범위한 재량권을 부여해 사전 검열이 될 수 있음을 지적하였습니다. 그러면서 법원은 공원 규칙 위반자에 대한 개별적 규제와 공원 특정 구역의 이용제한 설정 가능성 등을 예시로 들며, 조례보다 가벼운 정도의 규제로 도시 측이 우려하는 문제 양상을 완화할 수 있다고 설명했습니다. 결국 법원은 캔디랩 측의 예비적 금지명령 청구를 인용했습니다(Candy Lab Inc. v. Milwaukee Cty., 266 F. Supp. 3d 1139 (E.D.Wis. 2017)).

017 미술 전시 기관은 가상공간에서 작품을 전시(재현)해도 되나요?

미술 전시 기획자입니다. 온라인 가상 전시 공간을 만들어 현재 전시 기관에서 소유 및 전시 중인 작품들을 재현해도 되나요?

온라인 전시와 관련된 저작권 이용허락 받아야

미술관 등이 소유한 작품 혹은 현재 전시 중인 기획전 작품들을 온라인 가상공간에 선보이고자 한다면, 이와 관련된 저작권 이용허락을 받아야 합니다. 만약 전시 기관 측이 미술저작물 등의 원본을 소유한 경우라면, 우리 저작권법 제35조 제1항에 의해 이를 자유롭게 현실 공간의 실내 장소에 전시할 수 있습니다. 그러나 전시 행위 이외에 미술저작물 등의 원본을 복제, 배포, 공중송신하는 행위는 허용되지 않습니다. 따라서 미술관 등에서

출처 : 한류 메타버스 전시관 '코리아 월드' 홈페이지.
▶ 위 자료 사진은 질문 내용의 이해를 돕기 위한 예시이며, 답변 내용의 저작권 침해 여부 판단과는 무관합니다.

소유한 작품 또는 현재 전시 중인 기획전 작품들을 온라인 가상공간에 선보이려면, 이와 관련된 저작권 이용허락을 받아야 합니다.

대부분의 경우 미술저작물 등의 저작자는 저작물을 판매할 때 소유권의 이전뿐만 아니라 전시권을 포함한 저작재산권 일체를 양도합니다. 그러나 저작재산권은 일부 양도도 가능하기 때문에, 저작자가 해당 저작물을 판매하면서 전시권을 제외하고 나머지 저작재산권을 양도했다면, 미술저작물을 소유한 자가 전시를 하기 위해서는 저작자로부터 전시 허락을 받는 것이 원칙입니다. 단, 그러다 보면 저작자로부터 미술 작품을 구입해 원본에 대한 소유권을 갖고 있음에도 불구하고 이를 화랑이나 미술관에 전시하려 할 때마다 저작자의 전시 허락을 받아야만 하는 불합리함이 따르게 되고, 자칫 저작자의 권리 남용으로 이어질 수도 있습니다.

이러한 문제를 방지하기 위해 우리 저작권법은 유형적 형체에 구현되어 있는 미술저작물 등의 원본을 가지고 있는 자는 저작자의 허락 없이도 자유롭게 전시할 수 있도록 허용하고 있습니다(저작권법 제35조 제1항 본문). 다만 저작자의 경제적 이익을 부당하게 해치지 않도록 공중에게 개방된 장소에서 항시 전시하는 경우에는 저작자의 동의를 얻도록 하고 있습니다(저작권법 제35조 제1항 단서).

참고로, 미술저작물 등의 원본에 의한 전시가 제35조 제1항에 의해 허용되는 것이고, 복제물의 전시는 아님을 주의하시기 바랍니다.

 메타버스를 활용한 전시, 공연, 방송은 무엇이 다른가요?

서비스 명칭에 '전시', '공연', '방송'이란 단어가 포함되었다고 해서 저작권법의 개념도 서비스 명칭과 동일하게 적용되지는 않습니다. 저작권법에 규정된 개념은 우리가 일반적으로 쓰는 용어의 의미와 다소 다를 수 있습니다. 예를 들어 세간에서 부르는 '디지털 전시', '인터넷 전시' 서비스는 저작권법에 의하면 전시가 아니라 공연이나 방송, 전송과 같은 공중송신 유형에 해당합니다. '메타버스 공연' 역시도 저작권법에 의하면 공연이 아니라 공중송신에 해당할 수 있습니다. 또한 메타버스에서 진행하는 실시간 음악 방송 역시도 영상이 아닌 음(소리)만 송신하는 경우는 저작권법상 방송이 아닌 '디지털음성송신'에 해당할 수 있습니다.

018 작품에 대한 해설, 소개 자료를 제작해도 되나요?

전시 기관에서 관람객에 대한 작품 소개, 해설 목적으로 작품 사진을 넣어 자료를 만들어 제공하는 것은 가능한가요?

목록 형태의 책자로 복제, 배포하는 것만 허용

 앞에서 보았듯이 저작권법 제35조 제3항은, 제1항의 규정에 따라 전시하는 자 혹은 미술저작물 등의 원본을 판매하고자 하는 자에 대해 목록 형태의 책자에 미술저작물 등을 복제하여 배포하는 행위를 허용하고 있습니다.

따라서 미술저작물 등의 원본을 작품 소개, 해설 목적으로 목록 형태의 책자(카탈로그, 소책자 등)에 복제하여 배포하는 것은 가능합니다. 하지만 그 외의 디지털 형태로 해설, 소개 자료를 이용·제공하려면 저작권자의 허락을 받아야 합니다. 예를 들어, 디지털 아카이브에 자료를 복제하고 송수신하거나, 태블릿PC나 스마트폰 큐레이션 등의 형태로 해설 및 소개 자료를 제공하는 경우가 이에 해당합니다. 또한 고화질 화보, 원작 크기에 가까운 복제화 역시도 목록 형태의 책자가 아니기 때문에 제35조 제3항의 허용 행위에 해당하지 않습니다.

메타버스 갤러리를 만들어 작품을 진열해 보는 체험 서비스를 제공해도 되나요?

갤러리를 운영하고 있는 사업자입니다. 메타버스에서 가상 갤러리 공간을 만들어 예술품을 판매하고, 이용자들을 위해 그림이나 조각, 공예품을 공간에 진열 배치한 모습을 미리 확인해 볼 수 있는 가상 체험 서비스를 제공해도 되나요?

저작권자의 허락을 받아야 가능해

 미술저작물 등의 원본을 전시하는 자가 자유롭게 할 수 있는 행위는 이를 실내 전시하거나(저작권법 제35조 제1항) 목록 형태 책자로 복제하여 배포하는 행위(저작권법 제35조 제3항)에 한정됩니다. 우리 저작권법은 미술저작물 등에 대한 유형물의 전시(exhibition)만을 전시로 인정합니다. 무형물의 전시(display)는 우리 저작권법상 전시 개념에 해당하지 않고 공중송신에 해당합니다.

따라서 질문과 같이 미술저작물 등을 가상공간에 디지털 이미지와 같은 무형물로 진열하는 것은 전시가 아니기 때문에 제35조 제1항에 의해 허용된 행위가 아닙니다. 또한 목록 형태의 책자도 아니기 때문에 제35조 제3항에 의해 허용되는 복제도 아닙니다.

020 '오버레이'한 저작물이 저작인격권을 침해하지는 않을까요?

공공장소나 예술기관에 설치, 전시된 예술 작품에 대해 더 실감나고 재미있는 감상을 제공하기 위해 AR 영상 효과를 예술품에 오버레이하여 감상할 수 있는 스마트폰 어플리케이션 서비스를 제공하려고 합니다. 저작자 및 저작권자의 저작재산권을 해치지 않도록 만반의 준비를 마쳤으니, AR 영상 효과를 만들면서 어떤 변형, 수정을 가해도 저작권 침해 문제는 없을 것으로 생각해도 될까요?

'키워드 광고' 사건의 4가지 법리 요건을 충족하는지 살필 것

'오버레이' 기능을 활용한 AR 예술 전시 및 콘텐츠의 경우, 대상 저작물에 다른 저작물의 형태를 덧씌우거나 겹쳐 표시한 결과를 영상 혹은 사진의 형태로 저장하지 않고 화면을 통해 일회적으로 감상하거나 체험하도록 합니다. 이용자가

화면을 통해 바라보는 실존 저작물과 오버레이된 영상 효과가 뚜렷이 구분되고, AR 효과 온/오프 기능을 이용해 이용자가 손쉽게 대상 저작물의 원래 모습을 확인할 수 있다면 '키워드 광고' 사건의 4가지 법

출처 : 스냅챗(Snapchat) 공식 유튜브 채널.

▶ 위 자료 사진은 질문 내용의 이해를 돕기 위한 예시이며, 답변 내용의 저작권 침해 여부 판단과는 무관합니다.

리 요건을 전반적으로 충족하고 있다고 볼 수 있으므로 동일성유지권 침해가 성립하기 어렵다고 생각됩니다.

▶ 키워드 광고 사건의 4가지 법리 요건은 247쪽을 참고하세요.

021 설치 미술 같은 장르의 작품도 미술저작물로 볼 수 있나요?

요즘 '설치 미술', '개념 미술'처럼 순수 창작이라고 보기엔 너무 흔하고 이해하기 어려운 작품도 많은데, 이런 예술 장르의 작품들도 미술저작물이라고 볼 수 있나요?

우리 저작권법상 미술저작물의 정의와 분류에 합치하는지 살펴야

 우리 저작권법상 미술저작물은 회화·서예·조각·판화·공예·응용미술저작물이나 그 밖의 미술저작물을 의미합니다(제4조 제1항 제4호). 미술저작물과 다른 종류의 저작물이 혼합되어 일체를 이루는 경우 미술저작물과 다른 저작물의 주종성을 따져 주된 저작물의 성격에 따라 이를 판단합니다. 만약 분리 가능하다면 미술저작물에 해당하는 부분만이 미술저작물로 인정받을 수 있습니다.

여러 매체를 사용하는 설치 미술(installation art)에는 영상, 음악, 시, 연극 등의 다양한 요소가 포함될 수 있습니다. 따라서 설치 미술을 미술저작물 혹은 다른 종류의 저작물로 봐야 하는지에 대한 문제가 생길 수 있습니다.

경복궁역 서울메트로미술관 2관에서 전시한 미디어 아트 '광화원'의 모습.

▶ 위 자료 사진은 질문 내용의 이해를 돕기 위한 예시이며, 답변 내용의 저작권 침해 여부 판단과는 무관합니다.

오늘날엔 다양하고 실험적인 현대미술 사조(思潮)가 파생됨에 따라 예술가가 기능적 저작물이나 자연물을 진열해 놓고 제목을 붙여 공표하는 것만으로도 자연스럽게 예술 작품 발표 및 전시로 인정받기도 합니다. 바나나를 덕테이프로 벽에 붙여놓은 마우리치오 카텔란의 '코미디언', 실제 의자와 의자의 흑백 사진을 나란히 진열한 조셉 코수스의 '하나이면서 셋인 의자'와 같은 개념 미술의 사례가 그 예입니다.

응용미술저작물을 비롯하여 창작성이 인정될 여지가 적은 저작물인 기능적 저작물을 작가가 진열 소재로 선택하고 이를 작품으로 공표 및 전시한 경우는, 회화·서예·조각·판화·공예와 같이 작가가 직접 창작하여 완성한 다른 미술저작물 종류들에 비해 보호 범위가 매우 좁은 편입니다.

한편 노래비, 시비(詩碑)와 같은 기념비는 어문저작물이나 음악저작물로 보며 미술저작물 등에 해당하지 않습니다. 만약 기념비의 내용이 아니라 기념비에 새겨진 조각이나 글씨 등이 그 형태만으로 별개의 저작물로 주목받고 창작성을 인정받는다면, 그러한 경우에 한하여 미술저작물의 성립을 인정하는 것이 타당하다고 생각됩니다.

022 건축물을 매우 유사하게 따라 지었다면 저작권 침해가 되나요?

저는 지역에서 유명한 카페 건물을 건축한 건축가입니다. 그런데 다른 지역의 카페 사업자가 제가 만든 카페의 모습을 무단으로 모방하여 매우 유사한 건물을 건축하였다고 합니다. 제 건축물이 건축저작물로서 인정받으려면 어떤 점에서 창작성이 있다고 봐야 할까요?

건축물 창작자의 창조적 개성이 드러난다면 창작성 인정받을 수 있어

건축저작물은 건축 분야의 일반적인 표현 방법, 용도나 기능 자체, 이용자의 편의성 등에 따라 표현이 제한되는 경우가 많기 때문에 창작자의 창조적 개성을 표현하기가

쉽지 않은 편입니다. 하지만 건물 외벽, 지붕, 창, 테라스, 전체적인 형태와 분위기 등 건축물의 특징을 살펴 창작자의 창조적 개성이 드러나는 경우라면 창작성을 인정받을 수도 있습니다.

건축물 같은 건축저작물은 이른바 기능적 저작물로서, 건축물이 일반적인 표현 방법 등에 따라 기능 또는 실용적인 사상을 나타내고 있을 뿐이라면 창작성을 인정받기 어렵습니다.

그러나 사상이나 감정에 대한 창작자 자신의 독자적인 표현을 담아내 창작자의 창조적 개성이 나타나 있는 경우라면 창작성을 인정할 수 있으므로 저작물로서 보호받을 수 있습니다. 우리 법원은 "피해자 건축물은, 외벽과 지붕 슬래브가 이어져 1층부터 2층, 슬래브까지 하나의 선으로 연결된 형상, 슬래브의 돌출 정도와 마감 각도, 양쪽 외벽의

기울어진 형태와 정도 등 여러 특징이 함께 어우러져 창작자의 독자적인 표현을 담고 있어, 일반적인 표현 방법에 따른 기능 또는 실용적인 사상만이 아니라 창작자의 창조적 개성을 나타내고 있으므로 저작권법으로 보호되는 저작물에 해당"한다고 판단한 바 있습니다(카페 건물 사건. 대법원 2020. 4. 29. 선고 2019도9601 판결).

023 골프장 골프 코스의 저작자는 누구인가요?

골프장 운영 사업자입니다. 골프 코스를 비롯한 골프장 공간의 설계는 전문 설계자에게 맡겨 설계도면을 만들도록 하였으며, 골프장 시공은 설계도면에 따라 제가 했습니다. 실제로 골프장을 시공하고 운영하는 주체는 저이므로 골프장 골프 코스의 저작자는 당연히 제가 맞지요?

골프장 골프 코스의 저작자는 골프 코스를 설계한 자

 먼저 골프장의 골프 코스가 저작물인지 여부를 살펴야 합니다. 만일 골프장의 골프 코스가 다른 골프 코스와 구분될 정도로 창조적 개성이 드러나 있다면, 그 한도 내에서 저작물로서의 창작성을 인정할 수 있습니다. 우리 법원은 창작성이 있는 골프 코스에 대해 이를 건축저작물로 판단하고, 건축저작물의 저작자는 시공자가 아니라 건축저작물을 설계한 자라고 보는 것이 타당하다고 하였습니다.

골프 코스는 예술성의 표현보다는 기능이나 실용적인 사상의 표현을 주된 목적으로 하는 이른바 기능적 저작물에 해당한다고 볼 수 있습니다. 하지만 기능적 요소 이외의 요소로서, 골프 코스 구성 요소(페어웨이, 러프, 그린, 티박스, 초목 등)의 배치와 조합을 포함하여 미적 형상으로서 전체적인 코스 디자인에서 다른 골프 코스와 구분될 정도로 설계자의 창조적 개성이 드러나 있을 경우 그 한도 내에서 저작물로서의 창작성이 인정될 수 있다고 볼 수 있습니다.

건축저작물은 인간의 사상 또는 감정이 토지 위의 공작물에 표현되어 있는 저작물을 의미합니다. 우리 저작권법 제4조 제1항 제5호는 건축물·건축을 위한 모형 및 설계도서를 모두 건축저작물의 예시로 들고 있습니다. 또한 건축물은 주거를 주된 목적으로 하지 않더라도 사람의 통상적인 출입이 어느 정도 예정되어 있다면 건축저작물이라고 할 수 있습니다.

골프장의 골프 코스는 집이나 사무실 건물과 같이 주거가 가능한 구조물은 아니지만, 우리 법원은 통상 골프 코스를 포함한 골프장은 클럽하우스 등이 포함되어 이용객들의 통상적인 출입이 예정되어 있는 시설이고, 건축법상 건축물 중 운동시설로 분류되어 있는 점 등에 비추어볼 때 이 사건 각 골프장의 골프 코스는 저작권법 제4조 제1항 제5호에 규정된 '건축저작물'에 해당한다고 판단하였습니다.

우리 저작권법은 설계도서와 건축물을 모두 건축저작물로 분류하고 (제4조 제1항 제5호), 설계도서에 따라 건축물을 시공하는 것도 설계도서의 '복제'에 해당한다고 규정하고 있습니다(제2조 제22호). 법원은 이를 종합하여, 건축주가 설계도서에 따라 건축물을 시공하는 것은 설계도서의 저작자인 설계자로부터 이용허락을 받아 설계도서를 복제하는 것에 불과하다고 보았습니다. 따라서 건축물의 저작자는 특별한 사정이 없는 한 건축주가 아니라 건축물의 설계자라고 판단했습니다 (골프 시뮬레이션 영상 사건. 서울중앙지방법원 2015. 2. 13. 2014가합520165; 서울고등법원 2016. 12. 1. 선고 2015나2016239 판결; 대법원 2020. 3. 26. 선고 2016다276467 판결).

024 골프 코스를 초기 설계와 다르게 시공했다면 저작자는 누구인가요?

골프장을 운영하는 사업자입니다. 저 역시 골프장 설계는 전문 설계자에게 맡겼지만, 이후에 골프 코스를 포함한 설계도면 상당 부분을 제가 변형, 수정해 초기 설계도면과 다른 모습으로 골프장을 시공했습니다. 이 경우에는 초기 설계자가 아닌 제가 저작자라고 주장할 수 있을까요?

새로운 저작물이 될 수 있을 정도의 창작성이 있느냐가 관건

 최초 설계도를 수정·증감해 새로운 저작물이 될 수 있을 정도의 창작성을 부가했다면, 저작자는 새로 골프 코스를 설계한 자라고 할 수 있습니다. 우리 저작권법으로 보호받는 2차적 저작물은, 원저작물을 기초로 하되 원저작물과 실질적 유사성을 유지하고, 원저작물에 사회통념상 새로운 저작물이 될 수 있을 정도의 수정·증감을 가하여 새로운 창작성을 부가한 것을 말합니다. 위 질문의 경우, 질문자께서 최초 설계도를 다소 수정·증감한 것에 불과하고 이러한 수정·증감으로 인해 새로운 저작물이 될 수 있을 정도의 창작성이 부가되었다고 보기 어렵다면 2차적 저작물 성립을 인정하기 어렵습니다.

반면에, 질문자께서 변형·수정하신 설계가 전체적인 골프 코스의 배치나 각 홀의 모습과 배치 등에서 기본 도면과 전혀 다르다면, 질문 사안에서 시공된 골프 코스는 기본 도면을 복제한 것이 아님은 물론 기본 도면과 실질적 유사성도 없어 조성·공사 등 과정에서 기본 도면과 다르게 별도로 설계가 이루어진 것으로 볼 수 있습니다. 따라서 질문자께서는 초기 설계도면과 다른 별도의 독립적 저작물인 새로운 골프 코스의 저작자가 된다고 볼 수 있습니다(골프 시뮬레이션 영상 사건. 서울중앙지방법원 2015. 2. 13. 2014가합520165; 서울고등법원 2016. 12. 1. 선고 2015나2016239 판결; 대법원 2020. 3. 26. 선고 2016다276467 판결).

025 골프장의 종합적인 이미지는 어떤 법적 보호가 가능한가요?

골프장 운영자입니다. 제가 운영하는 골프장의 명칭과 전반적인 모습을 포함해 골프장의 종합적인 이미지를 저작권법 말고도 다른 법에 의해 보호받을 수 있는 방법이 있을까요?

골프장 이미지는 투자와 노력의 결과, 부정경쟁방지법으로 보호

 앞서 살펴보았듯이 골프장의 골프 코스 자체는 설계자의 저작물에 해당합니다. 한편, 골프장 명칭을 포함한 골프장의 종합적인 이미지(골프 코스를 실제로 골프장 부지에 조성함으로써 외부로 표현되는 지형, 경관, 조경 요소, 설치물 등이 결합된 모습)는 골프 코스 설계와는 별개로 골프장을 조성·운영하는 원고들의 상당한 투자나 노력으로 만들어진 성과에 해당해 부정경쟁방지법 제2조 제1호 파목에 의해 보호받을 수 있습니다. 따라서 골프장의 모습을 거의 그대로 재현한 스크린 골프 시뮬레이션 시스템용 3D 골프 코스 영상을 제작, 사용한다면 부정경쟁방지법 제2조 제1호 파목의 위반 행위가 될 수 있습니다. 즉, 타인의 성과 등을 공정한 상거래 관행이나 경쟁질서에 반하는 방법으로 자신의 영업을 위해 무단으로 사용함으로써 타인의 경제적 이익을 침해하는 행위가 될 수 있습니다(골프 시뮬레이션 영상 사건. 대법원 2020. 3. 26. 선고 2016다276467 판결).

026 회원제 골프장은 '공중에게 개방된 장소'인가요?

스크린 골프장을 운영하는 사업자입니다. 다른 회사의 회원제 골프장 모습을 사진촬영하여 3D(입체) 골프 영상을 만들어 스크린 골프장 사업에 이용했습니다. 또한 산하 업체들에게도 제공했고요. 저작권법 제35조 제2항에 의하면 공중에게 개방된 장소에 항시 전시된 미술저작물 등은 복제에 의한 어떤 방법으로든 자유롭게 이용이 가능하다고 하는데, 회원 누구나 드나들 수 있는 회원제 골프장은 제35조 제2항에 의해 허용된 장소에 속하여 별문제 없겠지요?

회원제 골프장은 '공중에게 개방된 장소'로 보기 어려워

 우리 법원은 저작권법 제35조 제2항이 규정하는 '공중에게 개방된 장소'에 대해 불특정 다수가 보려고만 하면 자유로이 볼 수 있는 개방된 장소를 가리킨다고 해석했습니다. 따라서 회원제로 운영되는 골프장의 경우, 일반 공중의 출입이 제한되기 때문에 누구든지 자유롭게 출입할 수 있는 장소라고 보기 어렵다고 판단한 바 있습니다.

또한 골프장의 골프 코스를 사진촬영해 스크린 골프 시뮬레이션용 3D 골프 코스 영상을 제작하는 것은, 원저작물로서 건축저작물인 골프장의 골프 코스를 3D 컴퓨터 그래픽 등을 이용해 다시 창작하는 것으로 2차적저작물작성권에 해당합니다. 이와 같은 2차적저작물작성권 행위는 저작권법 제35조 제2항에 따라 허용되는 적법한 행위라고 볼 수 없습니다. 법원은 제35조 제2항의 '복제하여 이용할 수 있다'는 그 입법 취지를 살펴볼 때 일상생활에서 자연스럽게 일어나는 개방된 장소에 항시 전시된 미술저작물 등의 복제 행위라고 전제하며, 이를 저작권으로 제한하는 것은 사회통념에 맞지 않으며 자유이용을 허용하더라도 저작자의 경제적 이익을 크게 해치지 않기 때문에 이용을 허용하는 것이라고 하였습니다. 따라서 적극적인 2차적 저작물의 작성 행위와 같이 입법 취지를 넘어서는 경우까지 허용하는 것은 아니라고 판시했습니다(골프 시뮬레이션 영상 사건. 서울고등법원 2016. 12. 1. 선고 2015나2016239 판결).

027 허락 없이 골프 코스를 사진촬영해 스크린 골프 영상을 제작한 것은 공정이용이 될 수 있나요?

우리 저작권법에는 공정이용(제35조의5) 규정이 있어 좀 더 포괄적인 저작재산권 제한이 가능하다고 들었습니다. 제가 질문한 이용 행위가 공정이용에 해당하여 허용될 여지는 없을까요?

우리 법원은 공정이용에 해당하지 않는다고 판단한 사례가 있어

공정이용 성립 여부는 법원이 판단하는 것으로, 일반인은 예측하기가 어렵습니다. 우리 법원은 다른 이들이 운영하는 골프장 세 곳의 모습을 무단 촬영하여 입체 골프 시뮬레이션 영상을 제작해 자사 업체들에 제공한 행위는 저작권법 제 35조의5(구 제35조의3)의 공정이용에 해당하지 않는다고 판단한 사례가 있습니다.

법원은 피고 회사가 골프장의 골프 코스 모습을 이용해 스크린 골프 시뮬레이션용 3D 골프 코스 영상을 제작해 이용한 행위에 대해 공정이용 항변을 주장한 것을 인정하지 않았습니다. 법원은 피고 회사의 이용은 ① 그 이용의 목적과 성격이 영리적인 점, ② 저작물의 종류가 다르기는 해도 피고 회사가 창작한 스크린 골프 시뮬레이션용 3D 골프 코스 영상도 실제 골프 코스와 마찬가지로 이용자들에게 실제 골프장에서 골프를 치는 것과 비슷한 경험을 제공하므로 그 용도가 크게 다르다고 할 수 없는 점, ③ 영상이 골프장의 골프 코스의 각 홀을 거의 그대로 재현하고 있어 피고 회사가 이용한 부분이 골프장의 골프 코스에서 차지하는 비중이나 중요성이 낮다고 할 수 없는 점, ④ 영상을 제작해 스크린 골프장 운영 업체에 제공함으로써 골프장 운영자들의 경제적 이익을 침해하고 골프장 골프 코스의 현재 시장 또는 가치나 잠재적인 시장 또는 가치에 영향을 미치지 않는다고 볼 수 없다는 점에 근거하여 저작권법 제35조의5에 의한 공정이용 성립을 부정했습니다(골프 시뮬레이션 영상 사건. 서울고등법원 2016. 12. 1. 선고 2015나2016239 판결).

028 골프장의 종합적인 이미지를 무단 이용해도 문제 안 되겠죠?

앞에서 골프장 골프 코스의 저작자는 이를 설계한 자라고 하셨습니다. 그렇다면 제가 만약 다른 사람이 운영하는 골프장의 종합적인 이미지를 촬영, 녹화하고 사업에 이용하고자 한다면 골프장 운영자에게 허락을 받을 필요는 없겠지요? 골프장의 운영자는 골프 코스에 대한 저작권을 행사할 수 없기 때문에 저작권 침해를 주장할 수 없을 테니까요. 현재 골프장 설계자 측에서는 별다른 반대의사 표시나 입장 표명은 없는 상태입니다.

골프장 운영자의 허락이 없으면 부정경쟁행위

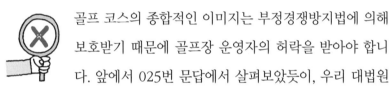 골프 코스의 종합적인 이미지는 부정경쟁방지법에 의해 보호받기 때문에 골프장 운영자의 허락을 받아야 합니다. 앞에서 025번 문답에서 살펴보았듯이, 우리 대법원은 골프 코스의 종합적인 이미지를 부정경쟁방지법 제2조 제1호 파목에 규정된 성과로 인정한 사례가 있습니다(골프 시뮬레이션 영상 사건. 대법원 2020. 3. 26. 선고 2016다276467 판결). 따라서 질문의 행위는 부정경쟁방지법 침해 행위가 될 수 있기 때문에 주의해야 합니다.

골프장 골프 코스의 저작권과 별개로 골프 코스의 종합적인 이미지는 타인이 상당한 노력과 투자를 해서 만든 성과물이라는 점에서 부정경쟁방지법 제2조 제1호 파목에 의해 보호받습니다. 따라서 이를 공정한 상거래 관행이나 경쟁질서에 반하는 방법으로 자신의 영업을 위해 무단으로 사용함으로써 타인의 경제적 이익을 침해한다면 부정경쟁행위가 될 수 있습니다.

029 내 작품을 다른 사람이 허락 없이 복제·판매하고, 협찬 장면을 불법 복제물 광고에 이용하고 있어요!

제 미술저작물을 다른 사람이 복제해 판매했고, 심지어 드라마에 협찬한 제 작품을 마치 자신이 협찬한 것처럼 인터넷 블로그에 광고하고 자신의 제품 판매에 드라마 속 제 작품 사진을 이용했습니다. 저작재산권(배포권) 침해 외에 부정경쟁방지법 위반에 의한 책임도 물을 수 있을까요?

무단 복제, 무단 도용으로 경제적 이익을 침해하면 부정경쟁행위에 해당할 수 있어

 타인의 저작물을 무단 복제하여 판매하면서, 타인 저작물의 드라마 협찬을 마치 자신이 협찬한 것처럼 인터넷 블로그에 광고한 것은 부정경쟁행위에 해당할 수 있습니다.

법원은 인터넷 홈페이지를 통해 판매하는 제품임을 잘 알면서도 사진 등을 무단으로 도용해 25개월에 걸쳐 자신의 제품 판매를 위해 사용한 판매자에 대하여, 판매자가 제품을 무단 도용해 판매한 기간 동안 저작물 판매량이 크게 감소했기 때문에 손해를 배상할 책임이 있다고 판시하였습니다. 또한 인터넷 홈페이지에서 판매하는 제품임을 잘 알면서도 타인의 홈페이지 등에서 광고 목적으로 사용한 사진 등을 무단 도용하여 자신의 제품 판매를 위해 사용한 행위는, 원고의 상당한 투자나 노력으로 만들어진 성과 등을 경쟁질서나 공정한 상거래 관행에 반하는 방법으로 자신의 영업을 위해 무단으로 사용하여 원고의 경제적 이익을 침해한 행위라고 판단하였습니다. 따라서 타인의 저작물과 동일하거나 유사한 제품을 수입·판매하고 타인의 광고 등을 무단 도용한 행위는 부정경쟁방지법 제2조 제1호 파목에서 정한 부정경쟁행위에 해당한다고 판시하였습니다(미술저작물의 복제물 협찬 사건. 서울중앙지방법원 2015. 9. 4. 선고 2014가합528947 판결).

VR/AR 아티스트의 퍼포먼스와 작품은 어떤 저작물인 가요?

저는 VR/AR 아티스트입니다. 제가 VR/AR 장비를 동원해서 작품을 그리는 라이브 드로잉 퍼포먼스와 완성된 AR 아트 작품은 어떤 종류의 저작물로 볼 수 있나요?

저작물의 창작성과 유형 및 특징에 따라 다양한 판단이 가능해

그림을 그리는 퍼포먼스 동작에 창작성이 있을 경우 연극저작물에 해당할 수 있습니다. 또한 움직이는 VR/AR 영상 효과는 영상저작물로 인정될 수 있습니다. 만약 영상이 아니라 정지된 화상 그림(회화)이라면, 이는 미술저작물이 될 수 있습니다.

연극저작물은 인간의 사상이나 감정이 동작으로 표현된 저작물로서, 우리 저작권법상 연극 및 무용·무언극, 그 밖의 연극저작물(제4조 제1항 제3호)이 이에 해당합니다. 연극저작물로 인정되는 것은 연기나 동작의 형태로 구성된 안무입니다. 연극의 각본은 어문저작물에 속하고, 연극의 안무를 창작 의도와 내용대로 실연하는 연출자는 실연자에 해당합니다(제2조 제4호). 따라서 라이브 드로잉 등의 그림을 그리는 퍼포먼스의 동작이 아티스트만의 독창적인 동작으로서 창작성이 있다면 연극저작물이 될 수 있습니다.

또한 우리 저작권법은 영상저작물에 대해 "연속적인 영상(음의 수반 여부는 가리지 아니한다)이 수록된 창작물로서 그 영상을 기계 또는 전자장치에 의해 재생하여 볼 수 있거나 보고 들을 수 있는 것을 말한다"라고 규정하고 있습니다(제2조 제13호). 그렇기 때문에 아티스트가 완성한 VR/AR 작품이 연속적인 영상으로서 상영 장비, 혹은 스마트폰 등을 통해 재생하여 감상할 수 있다면 이는 영상저작물에 해당할 수 있습니다.

마지막으로 미술저작물은 인간의 사상이나 감정을 형상 또는 색채를 통해 미적으로 표현한 창작물이며, 우리 저작권법상 "회화·서예·조각·판화·공예·응용미술저작물과 그 밖의 미술저작물"로 규정되어 있습니다(제4조 제1항 제4호). 평면적(2D)으로 표현된 종류(회화·서예 등)와 입체적(3D)으로 표현된 종류(조각, 공예 등) 모두를 포함합니다. 따라서 VR/AR 기법을 이용해 창작된 작품이 정지된 화상의 그림(회화)일 경우, 이는 미술저작물에 해당될 수 있습니다.

다만 미술저작물의 저작자에게 인정되는 전시권은 유형물인 미술저작물로만 한정됩니다. 우리 저작권법은 "저작자는 미술저작물 등의 원본이나 그 복제물을 전시할 권리를 가진다"고 규정합니다(제19조). 그렇기 때문에 저작권법상 '전시'는 미술저작물의 원본이나 복제물, 즉 유형물을 전제로 하여 이를 공중에게 공개하는 것을 의미한다고 해석합니다.

만약 VR/AR 작품을 출력하여 유형물로 제작하지 않았다면, 스크린이나 모니터를 통해 이를 공중에게 공개하는 것은 '전시'가 아닙니다. VR/AR 드로잉을 통해 완성한 작품을 스크린이나 모니터 등의 장비를 통해 공중에게 공개하는 것은 '상영' 또는 '재생'에 해당하여 저작권법상 '공연'으로 보고, 이를 방송·전송하게 되는 경우는 공중송신에 해당합니다. 그리고 미술저작물 등을 저작권자의 허락 없이 자유롭게 전시하거나 복제할 수 있는 규정(제35조) 내용을 적용하기도 어렵습니다. 왜냐하면 제35조의 내용은 미술저작물 등의 원본일 것을 전제로 하기 때문입니다.

031 공공장소 건축물을 미니어처나 디지털 이미지로 제작해도 될까요?

공공장소에 전시된 유명 건축물을 미니어처(모형)로 제작하거나 구글 스케치업 등의 무료 모델링 소프트웨어를 이용해 입체 디지털 이미지로 만들고 싶습니다. 건축물의 저작권자 허락 없이도 이런 행위가 가능할까요?

저작권법 제35조 제2항의 4가지 단서 유형에 해당하지 않으면 허용될 수 있어

공공장소에 전시된 유명 건축물을 복제해 이용하려면, 먼저 저작권법 제35조 제2항의 4가지 단서 내용에 위반되는 내용인지를 살펴야 합니다. 공공장소에 전시된 건축물을 4가지 단서 내용에 해당하지 않는 방법으로 복제하여 이용하는 것이라면 제35조 제2항에 의해 허용될 수 있습니다.

건축물을 장식용 미니어처(모형)로 제작하는 것은 저작권법 제35조 제2항에서 허용하는 복제에 의한 이용 행위로 볼 수 있습니다. 또한 이용자들이 쉽게 접근할 수 있는 개방된 장소에 전시된 건축물을 구글 스케치업 등의 무료 모델링 소프트웨어를 통해 입체 이미지로 변환하고 이를 출력하거나 3D 프린팅 등을 통해 축소된 입체 모형으로 만드는 복제 행위도 허용될 수 있습니다. 하지만 이러한 행위가 제35조 제2항의 예외적 단서 조항 4가지, 특히 그중에서도 제3호(개방된 장소 등에 항시 전시하기 위하여 복제하는 경우), 제4호(판매의 목적으로 복제하는 경우)에 해당한다면, 해당 단서들에 의해 이는 제35조 제2항이 허용하는 행위가 아니게 됩니다. 따라서 제35조 제2항 단서 조항의 4가지 유형 중 어느 하나라도 해당하는 경우엔 저작권자에게 이용허락을 받아야 합니다.

저작권법

제35조(미술저작물 등의 전시 또는 복제)

② 제1항 단서의 규정에 따른 개방된 장소에 항시 전시되어 있는 미술저작물 등은 어떠한 방법으로든지 이를 복제하여 이용할 수 있다. 다만, 다음 각 호의 어느 하나에 해당하는 경우에는 그러하지 아니하다.

1. 건축물을 건축물로 복제하는 경우

2. 조각 또는 회화를 조각 또는 회화로 복제하는 경우

3. 제1항 단서의 규정에 따른 개방된 장소 등에 항시 전시하기 위하여 복제하는 경우

4. 판매의 목적으로 복제하는 경우

032

다수의 제작진이 참여한 VR/AR 콘서트는 공동저작물
인가요?

온라인 플랫폼에서 VR/AR 콘서트를 기획하고 라이브 중계 방송도 계획 중인 담당자
입니다. 무대 세트에 VR/AR 영상 효과를 투영해 무대 배경이 바뀌거나 스테이지에
입체 영상이 등장하는 등 시청자들이 실감나게 콘서트를 즐길 수 있도록 여러 전문가
팀들과 협업하고 있습니다. 이런 경우 온라인 콘서트는 이들과의 공동저작물로 보아
야 하나요?

공동저작물이 아닌 결합저작물이 될 수도 있어

 가상·증강현실 콘서트의 경우 공동저작물이 아닌 '단일
한 저작물들의 결합'인 결합저작물이 될 수도 있습니다.

가상·증강현실의 오버레이의 경우, 보통은 이용자들이
미리 별개의 저작물임을 알고 원본을 먼저 감상한 후에 오버레이 기
능을 선택적으로 사용합니다. 또한 감상용 기기를 종료하면 즉시 오
버레이 효과를 종료할 수 있고, 서비스 내 원저작물과 오버레이 효과
를 쉽게 분리, 비교해 감상할 수도 있습니다.

결합저작물은 복수의 단독 저작물이 결합되어 외형상 일체적으로 이
용되는 것을 의미하는데, 각자 기여한 부분을 분리하여 이용할 수 있
으며 각 저작자가 자신이 저작한 부분에 대해 단독으로 저작권 행사
를 할 수도 있습니다. 이 점이 공동저작물과의 차이점이기도 합니다.

우리 법원은 뮤지컬 대본은 공동저작물이지만(대법원 2014. 12. 11. 선
고 2012도16066 판결), 뮤지컬은 공동저작물이 아니라고 판시한 사례

광화풍류 Part1. 5G 실시간 버스킹 공연 무대 디자인. 출처 : 문화체육관광부

가 있습니다(대법원 2005. 10. 4., 자, 2004마639 결정). 이에 비추어 판단
해 본다면, 가상·증강현실 콘서트와 같이 무대 세트와 오버레이 영상
효과를 일체화시켜 공중송신하는 경우에는, 뮤지컬과 비슷하게 무대
예술 제공이라는 동일한 목적으로 저작물들이 창작됩니다. 따라서 가
상·증강현실 콘서트의 경우 결합저작물로 볼 수도 있습니다.

033

기업 내부 직원들끼리 이용하기 위한 복제는 사적 복제인가요?

메타버스 맵 개발을 위해 타인의 사진저작물을 회사에 설치된 고화질 스캐너로 복제해 같은 부서 직원들에게만 공유하려고 합니다. 이러한 경우 '사적 복제'에 해당할까요?

사적 복제에 의한 이용으로 보지 않아

 기업의 사무실 내부는 우리 저작권법 제30조가 정하는 '가정 및 이에 준하는 한정된 범위'가 아니기 때문에 사적 복제에 의한 이용으로 보지 않습니다.

우리 저작권법 제30조는 공표된 저작물을 영리를 목적으로 하지 아니하고 개인적으로 이용하거나 가정 및 그에 준하는 한정된 범위 안에서 이용하는 경우에는 이용자가 이를 복제할 수 있다고 규정하고 있습니다. 다만, 공중의 사용에 제공하기 위해 설치된 스캐너, 사진기 등 문화체육관광부령으로 정한 복제기기에 의한 복제는 허용되지 않습니다.

> **저작권법**
>
> **제30조(사적 이용을 위한 복제)**
> 공표된 저작물을 영리를 목적으로 하지 아니하고 개인적으로 이용하거나 가정 및 이에 준하는 한정된 범위 안에서 이용하는 경우에는 그 이용자는 이를 복제할 수 있다. 다만, 공중의 사용에 제공하기 위하여 설치된 복사기기, 스캐너, 사진기 등 문화체육관광부령으로 정하는 복제기기에 의한 복제는 그러하지 아니하다.

저작권법상 공중의 범위에는 불특정 다수뿐만 아니라 특정 다수인도 포함하기 때문에(제2조 제32호) 회사나 법인·단체 등과 같이 특정 다수인이 소속된 집단 역시도 공중에 해당합니다. 따라서 회사 내 설치된 복제기기는 공중의 사용에 제공하기 위해 설치된 복제기기에 해당하여 제30조 단서 내용에 의해 사적 이용을 위한 복제로 허용되지 않습니다.

034 폐쇄적인 개인 온라인 공간에서의 이용은 사적 복제인가요?

타인의 사진저작물과 영상저작물을 저와 친구를 맺은 소수의 이용자만 볼 수 있게 폐쇄적으로 운영되는 저의 메타버스 공간에 공유하려고 합니다. 제 메타버스 공간은 지극히 개인적인 공간이며, 이는 개인적 목적의 이용이라고 생각하는데, '사적 복제'에 해당할까요?

사적 복제에 의한 이용이라고 보기 어려워

우리 저작권법 제30조가 정하는 '가정 및 이에 준하는 한정된 범위'로 보기 어렵기 때문에 사적 복제에 의한 이용으로 허용될 수 없습니다.

SNS처럼 다른 이용자들도 볼 수 있는 공간에 저작물을 업로드하는 경우, 이를 '퍼가기' 나 '공유하기' 등의 기능으로 타인이 소장하거나 공유할 수 있습니다. 인터넷은 공중이 접속할 수 있는 공간이기 때문에 인터넷 상에서 '개인적 이용' 혹은 '가정 및 이에 준하는 한정된 범위 내 이용'이 적용될 수 있는 범위는 매우 좁다고 생각됩니다.

개인 메타버스 공간의 이용자가 소수이며 특정할 수 있는 정도의 규모여도 '개인적 이용'과 '가정 및 이에 준하는 한정된 범위'가 된다고 단정할 수 없다는 점을 유의하시기 바랍니다.

035 미디어 아트의 항시 상영·재생도 전시인가요?

전시 기관 내부나 거리에서 스크린을 통해 미디어 아트를 항시 상영·재생하는 경우
도 전시라고 볼 수 있나요?

전시가 아닌 공연 혹은 공중송신 등이 될 수 있어

 우리 저작권법상 전시권은 미술저작물 등(사진저작물, 미술
저작물, 건축저작물)의 저작물 종류에만 인정되는 저작재산
권입니다. 미디어 아트는 주로 영상저작물인 경우가 많
아 미술저작물 등에 해당하지 않을 가능성이 많습니다. 따라서 미디
어 아트가 설치된 장소적 범위, 이용자들에게 전달되는 방법 등에 따
라 전시가 아닌 공연 혹은 공중송신 등이 성립할 수 있습니다.

미술관에서 디지털 효과 영상을 전시물에 투영하거나, 거리에서 대형
스크린 같은 고정된 장치를 통해 미디어 아트를 상영하는 경우가 있
습니다. 우리 저작권법 제2조 제3호에 따르면, '공연'은 저작물 또는
실연·음반·방송을 상연·연주·가창·구연·낭독·상영·재생 그 밖의
방법으로 공중에게 공개하는 것을 말하며, 동일인의 점유에 속하는
연결된 장소 안에서 이루어지는 송신(전송을 제외한다)을 포함합니다.
따라서 전시 기관 내부든 거리에서든 '상연·연주·가창·구연·낭독·상
영·재생 및 그 밖의 방법'으로 미디어 아트를 공중에게 공개하는 것은
공연에 해당하는 것으로 볼 수 있습니다. 그리고 미디어 아트(저작물)
를 식당이나 백화점처럼 동일인의 점유에 속하는 연결된 장소 안에

서 방송하는 경우는 공연이라고 볼 수 있습니다. 그러나 만약 거리에서 미디어 아트 방송이 이루어진다면, 거리는 동일인의 점유에 속하는 연결된 장소라고 보기 어렵기 때문에 이는 공연에 해당하지 않으며 방송에 해당하게 됩니다.

또한 키오스크 조작 등으로 이용자가 개별적으로 선택한 시간과 장소에서 미디어 아트에 접근할 수 있다면 이는 전송에 해당합니다. 미디어 아트를 전송하는 경우, 전시 기관 외부는 물론 기관 내부에서 이루어지는 전송 모두 전송에 해당됩니다. 우리 저작권법상 공연이 되려면, 동일인의 점유에 속하는 연결된 장소 안에서 이루어지는 '전송을 제외한 송신'이어야 하기 때문입니다.

036 VR/AR 장비를 사용한 체험 서비스는 저작권법상 어떤 행위인가요?

미디어 아트에 VR/AR 기술을 접목해 좀 더 실감나는 감상 서비스를 제공하고 싶습니다. 관람객들이 이런 효과를 체험하려면 스마트폰 어플이나 특수 기기(헤드 마운트 등)를 사용해야 한다면 저작권법상 어떤 이용 행태에 해당하나요?

어플이나 기기를 사용한 체험 서비스는 전송에 해당할 수 있어

우리 저작권법은 주문성(on demand, 비동시성), 쌍방향성(interactive)이 있는 송수신 유형을 전송으로 규정하고 있습니다. 전송은 공중송신의 한 유형으로서 "공중송신 중 공중의 구성원이 개별적으로 선택한 시간과 장소에서 접근할 수 있도록 저작물 등을 이용에 제공하는 것을 말하며, 그에 따라 이루어지는 송신을 포함"합니다(저작권법 제2조 제10호).

VR/AR 기기 사용자만 볼 수 있는 특수효과 영상 송수신은 대부분 이용자가 개별적으로 선택한 시간과 장소에서 접근이 가능합니다. 따라서 이와 같은 경우는 전송으로 볼 수 있습니다.

037 메타버스를 활용한 온라인 공연은 저작권법상 어떤 행위인가요?

2020년 나훈아 콘서트, 케이콘택트(KCONTACT) 등 메타버스를 활용한 각종 온라인 공연이 각광을 받고 있습니다. 이러한 온라인 공연 제공은 저작권법상 어떤 저작재산권 개념과 관련 있나요?

공중송신 개념에 포섭되어 방송 혹은 전송이 될 수 있어

현행 저작권법은 전송을 공연 개념에서 제외하므로, 이른바 '인터넷 전시'는 공중송신 개념에 포섭됩니다. 만약 이용자가 개별적으로 선택한 시간과 장소에서 접근 가능하다면 전송으로 볼 수 있으며, 그렇지 않다면 방송으로 포섭될 수 있습니다.

SK텔레콤이 서울디지털재단과 협력하여 메타버스 플랫폼 '이프랜드'에 마련한 '2022 메타버스 서울 제야의 종 페스티벌' 공간에서 가수 이영지씨의 공연을 실시간 중계하는 모습.
출처 : 이프랜드

이용자들에게 동시에 송수신되는 온라인 공연은 저작권법상 방송으로 볼 수 있습니다. 그러나 만약 VR/AR 영상 효과를 별도의 기기나 어플 등을 통해 이용자의 선택과 요청에 따라 자유롭게 실행/중지(on/off), 다시 보기, 기타 효과 등의 조절을 할 수 있다면, 이러한 VR/AR 효과용 영상은 공연이나 방송과 별개로 전송이 될 수 있습니다.

공연 현장의 모습에 AR 영상 효과를 함께 송신하는 공연은 저작권법상 어떤 행위인가요?

2018년 평창 동계올림픽 개막식의 천상열차분야지도 퍼포먼스나 2018년 월드컵 결승전 오프닝 공연처럼 실제 공연 현장에 AR 영상을 함께 송출하면서 공연하려고 합니다. 이용자가 육안으로 무대를 보면 아무것도 없지만, 스크린이나 AR 안경 등의 감상 장비를 통해 공연을 보면 마치 AR 캐릭터(혹은 인물 영상)가 실제 무대 위에서 실연자들과 함께 공연을 하는 것처럼 보일 수 있도록 하려고 합니다. 이 경우 저작권법상 어떤 점을 유의해야 할까요?

방송, 전송, 공연 중 어떤 유형에 속하는지를 구분해서 생각해야

방송과 함께 송신되는 AR 영상은 이 역시도 방송에 해당한다고 보아야 할지, 전송이나 공연으로 보아야 할지 판단하기 쉽지 않습니다. 만약 방송이 나가는 동안에만 이용자가 감상 기기를 통해 AR 영상을 감상할 수 있다면 이는 방송에 해당합니다. 하지만 실시간 방송 중계와 별개로 이용자가 AR 영상의 구현 정도 등을 개별적으로 선택하거나 조절할 수 있다면 전송이 될 수 있습니다. 그리고 만약 현장에 대형 스크린을 설치하고 관람객들이 별도의 기기 없이도 AR 영상 효과를 볼 수 있다면, 현장 관람객들에 대해서는 이는 공연이 될 수 있습니다.

한번 더 정리하자면, 대규모 행사 현장의 실황 중계 시 방송과 함께 AR 영상을 송신하여 육안으로 보는 현장 모습과 다른 모습의 현장을 감상할 수 있도록 하는 경우가 있습니다. 이 경우 생방송 시청자뿐만 아니라 현장 관객들도 배부받은 AR 안경이나 현장에 설치된 대형 스크린을 통해 보게 됩니다.

방송과 함께 송신되는 AR 영상은 이를 전송으로 보아야 할지 방송으로 보아야 할지 판단하기 쉽지 않지만, 이용자가 AR 영상의 구현 정도나 시청 타이밍, 다시 보기 여부 등을 기기를 통해 개별적으로 선택하거나 조절할 수 있다면 전송에 해당한다고 할 수 있습니다. 그러나 방송하는 동안에만 AR 안경 등의 감상 기기를 통해 AR 영상을 감상할 수 있다면 방송으로 보는 것이 타당할 것으로 생각됩니다.

또한 행사 현장에 대형 중계 스크린을 설치하고 AR 영상을 스크린으로 상영하거나 재생하는 경우는 공연에 해당합니다. 따라서 공연 현장에 모여 별도의 AR 감상 기기나 장비 없이 스크린을 통해 감상하는 현장 관람객들에 대해서는 공연 행위가 될 수 있습니다.

039 공공장소에 설치된 예술 작품을 직접 촬영해서 메타버스를 만들어도 되나요?

코로나19로 여행이 어려워진 국민들을 위해, 제가 국내 여행을 다니면서 촬영했던 세계적 명소와 예술 작품들의 사진과 영상을 활용해 메타버스 가상 투어 공간을 만들어보려고 합니다. 영상과 사진은 모두 촬영이 허락된 공공장소에서 제가 직접 찍은 것들인데 저작권법상 문제가 없을까요?

저작권법 제35조 제2항이 허용하는 범위의 이용인지에 유의해야

공공장소에 설치된 조각품이나 건축물 등의 예술품을 자유롭게 촬영, 녹화, 복제할 수 있도록 허용하는 저작권법의 저작재산권 제한 규정을 해외에서는 '파노라마의 자유'(freedom of panorama)라고 부르기도 합니다. 우리나라의 경우, 저작권법 제35조 제2항의 내용이 이에 해당합니다. 단, 제35조 제2항의 4가지 단서 내용에 해당되어 금지되는 경우에 해당하지 않는지에 유의하여 공공장소에 설치된 미술저작물 등(사진저작물, 미술저작물, 건축저작물)을 이용할 필요가 있습니다.

우리 저작권법은 제35조 제2항에 공중에게 개방된 장소에 항시 전시된 미술저작물 등의 원본은 "어떠한 방법으로든지 이를 복제하여 이용할 수 있다"고 규정하고 있습니다. 학계는 이 문구의 의미를 복제행위뿐만 아니라 복제하여 공중송신, 배포하는 등의 저작재산권 이용행위도 포함하여 허용하는 의미로 해석합니다. 단, 앞서 본 골프 시뮬레이션 영상 사건에서 살펴보았듯이 2차적저작물작성권과 같은 적극

SK텔레콤이 서울디지털재단과 협력하여 메타버스 플랫폼 '이프랜드'에 마련한 '2022 메타버스 서울 제야의 종 페스티벌' 풍경 속의 서울시청 주변 전경과 보신각 종의 모습. 출처 : 이프랜드

적인 개작 행위는 복제에 의한 이용에 해당되지 않아 제35조 제2항에 의해 허용되는 행위라고 보기 어렵습니다.

또한, 촬영 당시에는 적법한 촬영이었다고 해도 향후 저작물을 이용할 때에 제35조 제2항의 단서 내용 4가지에 해당되는 경우가 아닌지 한번 더 살펴볼 필요가 있습니다. 즉, ① 건축물을 건축물로 복제하는 경우, ② 조각 또는 회화를 조각 또는 회화로 복제하는 경우, ③ 제1항 단서의 규정에 따른 개방된 장소 등에 항시 전시하기 위해 복제하는 경우, ④ 판매의 목적으로 복제하는 경우 중 어느 하나에 해당하지 않도록 주의해야 합니다.

판매의 목적이란 '유상 거래'의 목적으로서, 예를 들어 사진, 엽서, 화보의 형태로 공공장소에서 촬영한 건축물의 복제물을 판매한다면 이는 제35조 제2항 제4호에 해당하여 허용되지 않습니다. 하지만 유상 거래가 아닌 무상으로 이를 제공하는 경우, 예를 들어 공공장소에서 촬영한 조각 사진을 기업 판촉용 카탈로그에 넣어 시민들에게 나누어주거나 광고에 이용하는 경우 등은 '판매의 목적'에 해당하지 않는 것이므로 제35조 제2항 제4호에 위배되지 않으며 허용되는 행위입니다.

코로나19로 인한 원격 수업 목적의 저작물 이용 기준은?

코로나19로 인해 원격 수업을 실시하는 기간 동안 수업 목적 저작물 이용 요건과 기준은 어떻게 되나요?

교육부 자료를 참고하면 상세 내용 알 수 있어

 교육부와 문화체육관광부는 2020년 8월, 〈코로나19로 인해 원격 수업을 실시하는 기간 중 수업 목적(고등학교 이하) 저작물 이용 FAQ(ver.2)〉(이하 '교육부 자료') 자료를 발행했습니다. 해당 내용을 참조하면 도움이 될 것 같습니다.

구분	이용 요건
이용 대상 저작물	• 공연, 공중송신, 전시 등의 방법으로 공중에 공개되었거나 발행 등의 방법으로 공표된 저작물
이용 주체	• 수업을 담당하는 교원과 수업을 받는 학생에 한정
이용 기간	• 코로나19로 인해 원격 수업을 실시하는 기간 • 추후 코로나19 종료 후 교육부 원격 수업 체계 개편 시 저작권 이용 범위에 대해 다시 논의
이용 기준	• 원칙 : 저작권자의 이익을 부당하게 침해하지 않는 범위 내에서 이용 • 침해하는 행위 - 저작물을 시중에서 판매되는 형태와 유사하게 제작·제공하여 구매를 대체할 수 있는 이용 - 시중에서 판매되고 있는 문제집, 참고서(워크북 등 포함)를 저작권자의 경제적 이익을 부당하게 침해하는 수준으로 학생에게 제공하는 이용 - 시중에서 판매되는 음원·영상저작물 전체를 제공하는 이용

이용 기준	- 시중에서 판매되는 도서(교과용 도서 제외), 간행물, 영상저작물의 일부분을 순차적으로 복제·전송함으로써 누적되어 결국 전체를 복제·전송하게 되는 이용 - 수업을 담당하는 교원과 수업을 받는 학생 이외 일반인 등을 대상으로 진행하는 수업에서의 이용 ※ ① 수업 주체인 학생, 교사만 이용하도록 로그인 등으로 접근 제한하여 이용하도록 하는 접근·복제 방지 조치, ② 코로나19가 끝나면 활용 교재 삭제 조치
저작인격권	• 저작권법 제25조에 따라 저작물을 이용하는 경우에 번역, 편곡, 개작하여 이용할 수 있으나, 교육 목적상 부득이하다고 인정되는 범위 안에서의 표현의 변경 또는 그 밖에 저작물의 성질이나 그 이용의 목적 및 형태 등에 비추어 인정되는 범위 안에서 변경이 가능하며, 저작자의 인격권을 침해할 수 있는 저작물의 제호나 내용의 변경은 허용되지 않음
출처 표시	• 저작물의 명칭, 저작자 등 출처를 누구나 인식할 수 있도록 표시

출처 : 교육부·문화체육관광부, 〈코로나19로 인해 원격 수업을 실시하는 기간 중 수업 목적(고등학교 이하) 저작물 이용 FAQ(ver.2)〉, 2020. 8.

알아두면 좋아요! 메타버스를 활용한 수업은 어떤 점을 조심해야 할까요?

코로나19로 인해 실시간 수업 혹은 녹화 수업 같은 원격 수업이 대면 수업을 거의 대체하면서, 수업 목적을 위해 저작물을 복제, 배포, 공중송신하는 행위의 빈도가 더 잦아졌습니다. 저작권법상 수업 목적의 저작물 이용 규정에 따르면, 원격 수업은 수업에 참여하는 교사와 학생에게만 저작물 이용이 허용됩니다. 따라서 수업을 위해 이용된 저작물을 수업에 참여하는 교사나 학생이 아닌 다른 주체들과 공유하는 것은 저작권을 침해하는 행위가 됩니다. 또한 수업 목적의 저작물 이용이라도 필요한 범위를 넘어 과도한 비중으로 이를 이용하거나, 저작자의 경제적 이익을 부당하게 해치는 방향으로 이를 이용한다면 저작권 침해 행위가 될 수 있습니다.

그리고 저작물 또는 인물이 포함된 원격 수업 화면을 무단 캡처하여 다른 공간에 배포, 전송할 경우 저작권 침해 또는 초상권 침해에 해당할 수 있습니다. 학생들에게도 원격 수업을 무단 공유하지 않도록 주의시키고, 무단 공유 시 저작권 침해는 물론 교사, 학생, 저작물 중 인물의 초상권 침해 문제가 생길 수 있음을 알리고 이에 대한 공지를 하는 것이 좋습니다.

041 수업 목적의 저작물 이용 분량은 어느 정도가 적절한가요?

원격 수업 시간에 논문, 영상, 음악 등 다양한 저작물을 활용하려고 합니다. 저작물 유형별로 어느 정도 이용이 가능한지 정해진 가이드라인이 있나요?

교육부 자료와 저작권법 규정을 따라야

 국내 저작권법은 학교 수업 목적(제25조의3) 이외에 공표된 저작물의 인용(제28조), 저작물의 공정한 이용(제35조의5) 등의 방법도 제시하고 있습니다. '공정한 이용' 등의 방법으로 사용한다면 학생 이외의 동료 교사나 불특정 다수에게도 공유가 가능합니다. 다만 이러한 방법은 학교 수업 목적의 허용 범위보다 이용 분량이 적어 한계가 있습니다.

▶ 저작물이 포함된 수업 자료라도 수업 지원 보상금을 부담하는 교육청 등의 관리·감독하(교육청 홈페이지, 학교 홈페이지 등)에서는 공유를 허용하고 있습니다. 학교 교육을 위한 수업 자료 공유의 필요성과 중요성을 감안한 예외적 조치입니다.

아래 표의 공정이용 저작물 허용 범위를 참고하시기 바랍니다.

이용 형태	저작물의 이용 분량				이용 요건	
	시·단문	논설·소설	음원	영상	배포 대상	보호조치
공정이용 (제35조의 5)	-	1%까지 사용 가능	5%까지 사용 가능 (최대 30초)	5%까지 사용 가능 (최대 1분)	제한 없음	출처 표기

출처 : 교육부·문화체육관광부, 〈코로나19로 인해 원격 수업을 실시하는 기간 중 수업 목적(고등학교 이하) 저작물 이용 FAQ(ver.2)〉, 2020. 8.

참고로, 교육부 자료의 FAQ 내용에 의하면 EBS 영상 콘텐츠는 기본적으로 EBS의 온라인 클래스에서만 활용할 수 있습니다. e학습터 등 온라인 클래스 외 원격 교육 플랫폼에서는 20%(최대 15분 이내)만 허용하고 있으니 활용에 주의가 필요합니다.

그리고 인터넷을 통한 저작물 제공 시 ① 접근 제한 조치 및 복제 방지 조치(수업 주체인 교사·학생만 로그인 활용), ② 저작권 관련 경고 문구 표시, ③ 출처 표시를 반드시 준수해야 합니다.

042 학생들의 흥미 유발을 위한 저작물 이용도 수업 목적 저작물 이용이 될 수 있나요?

학생들의 흥미를 유발하기 위해 메타버스 플랫폼에 가상 교실 공간을 꾸며놓고 토론 수업을 해보려고 합니다. 좀 더 재미있게 수업을 하기 위해서 인터넷에서 내려받은 사진이나 음원을 메타버스 교실의 배경 사진 혹은 배경음악으로 이용해도 되나요?

흥미 유발을 위한 이용은 수업 목적의 저작물 이용에 해당하지 않아

 학교(교사)가 학습 내용이 아닌 학생들의 집중과 흥미 등을 높이기 위한 목적으로 저작물을 사용하는 것은, 수업 목적의 저작물 이용으로 보기 어렵습니다. 따라서 저작재산권 보호 기간이 만료된 저작물이나 저작권자가 자유롭게 이용할 수 있도록 정한 공유저작물 이용을 권장합니다.

공유저작물 제공 사이트
- **공유마당** https://gongu.copyright.or.kr
- **유튜브 오디오 라이브러리** https://www.youtube.com/audiolibrary
- **자멘도** https://www.jamendo.com
- **프리뮤직아카이브** https://freemusicarchive.org/static
- **프리사운드** http://freesound.org
- **씨씨믹스터** http://ccmixter.org
- **플래티콘** https://www.flaticon.com
- **픽사베이** https://pixabay.com/ko

출처 : 교육부·문화체육관광부, 〈코로나19로 인해 원격 수업을 실시하는 기간 중 수업 목적(고등학교 이하) 저작물 이용 FAQ(ver.2)〉, 2020. 8.

043 아바타를 활용해서 메타버스 수업에 참여하게 한다면?

교사나 학생 개인의 실제 모습 대신 직접 꾸민 아바타로 수업 참여 모습을 대신한다면 초상권이나 저작권 침해 문제는 생기지 않을까요?

아바타에 타인의 저작물, 상표, 유명인의 이름·초상·성명 등이 포함되어 있지 않다면 별문제 없어

 사용자의 실제 모습 대신 아바타를 사용하는 것 자체만으로는 실제 사용자의 모습에 대한 초상권 및 사용자 사진에 대한 저작권 침해를 인정하기 어려울 것으로 생각

됩니다. 다만, 아바타를 꾸미는 옷이나 액세서리 등에 타인의 저작물이나 상표가 포함되어 있거나 유명인의 이름·초상·성명 등이 포함된 경우 상황별로 저작권 침해, 상표권 침해, 초상권 침해가 될 수 있습니다. 이에 따라 저작권법, 상표법, 부정경쟁방지법 등을 위반한 행위가 될 수 있습니다.

'ZEPETO x Gucci' 콜라보레이션 홍보 이미지.
출처 : 제페토

▶ 위 자료 사진은 질문 내용의 이해를 돕기 위한 예시이며, 답변 내용의 저작권 침해 여부 판단과는 무관합니다.

044 섬네일 이미지로 게임 인테리어를 꾸민다면?

유명 사진, 그림 등의 이미지를 도트화하거나 블러 처리하여 섬네일 크기로 가공하여 게임 이용자들이 내부 공간을 꾸밀 수 있는 게임 내 인테리어용 아이템으로 제공, 판매하려고 합니다. 이렇게 가공 처리한 이미지도 저작권법상 문제가 될까요?

저작권법 제28조에 부합할 수 있어

 저작권법 제28조(공표된 저작물 인용)는 공표된 저작물은 보도·비평·교육·연구 등을 위한 정당한 범위 안에서는 공정한 관행에 합치되게 이를 인용할 수 있다고 규정하고 있습니다. 이에 따라 질문의 내용 역시 공표된 저작물 인용에 부합할 수 있는 여지가 있습니다.

법원은 "정당한 범위 안에서 공정한 관행에 합치되게 인용한 것인지 여부는 인용의 목적, 저작물의 성질, 인용된 내용과 분량, 피인용 저작물을 수록한 방법과 형태, 독자의 일반적 관념, 원저작물에 대한 수요를 대체하는지 여부 등을 종합적으로 고려해 판단해야 한다"는 법리에 의해 섬네일 이미지 사용에 대해 제28조의 '공표된 저작물 인용'을 인정한 바 있습니다(대법원 2006. 2. 9. 선고 2005도7793 판결).

법원의 상세 판단 내용 중 질문의 내용에도 적용될 만한 제28조에 의한 허용 인정 근거를 찾아보자면, 원저작물은 심미적이고 예술적인 목적을 가지고 있다고 할 수 있는 반면 질문의 섬네일 이미지는 게임 내에서 아이템 이미지를 원활하게 구현하기 위해서 데이터 용량을 경

출처 : '게티 미술관(@GettyMuseum)' 트위터.

▶ 위 자료 사진은 질문 내용의 이해를 돕기 위한 예시이며, 답변 내용의 저작권 침해 여부 판단과는 무관합니다.

량화해 원본에 비해 훨씬 작은 크기이며, 원본 사진과 같은 크기로 확대한 후 보정 작업을 거친다 하더라도 작품으로서 감상하기는 어렵기 때문에 원저작물을 본질적인 면에서 사용한 것으로는 보기 어렵다고 생각됩니다.

또한 원저작물을 도트화하거나 블러 처리한 점 역시 원저작물에 대한 수요를 대체한다거나 원저작물에 대한 저작권 침해의 가능성을 높이는 것으로 보기 어렵습니다. 이와 마찬가지로, 게임 이용자들도 섬네일 이미지를 원저작물의 목적(작품으로 감상)과 같은 목적으로 이용한다고는 보기 어렵기 때문에, 공정한 관행에 합치된 사용이라고 볼 수 있는 근거들이 상당하다고 생각됩니다.

045 메타버스 맵에 실제 상품 진열 모습을 구현한다면?

메타버스에 편의점 공간을 구현한 맵을 만들려고 하는데, 실제 편의점에서 팔고 있는 상품들을 섬네일화시켜서 구현하려고 합니다. 상품 섬네일 이미지는 실제 상품에 비해 매우 간소화되지만 게임 이용자들이 상품 섬네일의 색상 조합이나 형태 등을 보고 대충 어떤 상품인지 유추할 수 있습니다. 상표법상 문제가 될까요?

상표나 상품이 실제 모습과 같거나 유사하지 않도록 주의해야

 상표나 상품 모양을 실제 모습에 비해 매우 간소화(섬네일 화, 도트화 등)했을 때, 상표법 및 부정경쟁방지법 침해를 예방하려면 다음과 같은 점들에 유의해야 합니다.

먼저, 메타버스에 구현한 상표가 타인의 등록 상표와 동일·유사하면서 실제 상품과 동일하거나 유사한 상품에 사용하면 문제가 될 수 있습니다. 우리 상표법은 다음과 같은 행위를 상표권 침해 행위로 봅니다.

상표법

제108조(침해로 보는 행위) ① 다음 각 호의 어느 하나에 해당하는 행위는 상표권(지리적 표시 단체표장권은 제외한다) 또는 전용사용권을 침해한 것으로 본다.

1. 타인의 등록상표와 동일한 상표를 그 지정상품과 유사한 상품에 사용하거나 타인의 등록상표와 유사한 상표를 그 지정상품과 동일·유사한 상품에 사용하는 행위
2. 타인의 등록상표와 동일·유사한 상표를 그 지정상품과 동일·유사한 상품에 사용하거나 사용하게 할 목적으로 교부·판매·위조·모조 또는 소지하는 행위
3. 타인의 등록상표를 위조·모조하거나 위조 또는 모조하게 할 목적으로 그 용구를 제작·교부·판매 또는 소지하는 행위
4. 타인의 등록상표 또는 이와 유사한 상표가 표시된 지정상품과 동일·유사한 상품을 양도 또는 인도하기 위하여 소지하는 행위

(…)

제페토 'GS25 맛있성 삼김이 왕자' 맵의 내부 모습. 출처 : 'GS25(@funGS25)' 트위터

▶ 위 자료 사진은 질문 내용의 이해를 돕기 위한 예시이며, 답변 내용의 저작권 침해 여부 판단과는 무관합니다.

그리고 메타버스에 구현한 상표나 상품 모양이 부정경쟁방지법상 타인의 상호, 상표, 상품 모습 등과 혼동을 일으키지 않도록 유의해야 합니다.

부정경쟁방지법은 상표 외에도 상호, 상품의 용기·포장, 그 밖에 타인의 상품임을 표시한 표지 역시도 고려하여 타인의 상품과 혼동을 일으킬 여지가 없어야 한다고 규정합니다. 관련 내용은 다음과 같습니다.

부정경쟁방지 및 영업비밀보호에 관한 법률

제2조(정의) 이 법에서 사용하는 용어의 뜻은 다음과 같다.

1. "부정경쟁행위"란 다음 각 목의 어느 하나에 해당하는 행위를 말한다.

　가. 국내에 널리 인식된 타인의 성명, 상호, 상표, 상품의 용기·포장, 그 밖에 타인의 상품임을 표시한 표지(標識)와 동일하거나 유사한 것을 사용하거나 이러한 것을 사용한 상품을 판매·반포(頒布) 또는 수입·수출하여 타인의 상품과 혼동하게 하는 행위

　나. 국내에 널리 인식된 타인의 성명, 상호, 표장(標章), 그 밖에 타인의 영업임을 표시하는 표지(상품 판매·서비스 제공방법 또는 간판·외관·실내장식 등 영업 제공 장소의 전체적인 외관을 포함한다)와 동일하거나 유사한 것을 사용하여 타인의 영업상의 시설 또는 활동과 혼동하게 하는 행위

　다. 가목 또는 나목의 혼동하게 하는 행위 외에 비상업적 사용 등 대통령령으로 정하는 정당한 사유 없이 국내에 널리 인식된 타인의 성명, 상호, 상표, 상품의 용기·포장, 그 밖에 타인의 상품 또는 영업임을 표시한 표지(타인의 영업임을 표시하는 표지에 관하여는 상품 판매·서비스 제공방법 또는 간판·외관·실내장식 등 영업제공 장소의 전체적인 외관을 포함한다)와 동일하거나 유사한 것을 사용하거나 이러한 것을 사용한 상품을 판매·반포 또는 수입·수출하여 타인의 표지의 식별력이나 명성을 손상하는 행위

(…)

　타. 국내에 널리 인식되고 경제적 가치를 가지는 타인의 성명, 초상, 음성, 서명 등 그 타인을 식별할 수 있는 표지를 공정한 상거래 관행이나 경쟁질서에 반하는 방법으로 자신의 영업을 위하여 무단으로 사용함으로써 타인의 경제적 이익을 침해하는 행위

　파. 그 밖에 타인의 상당한 투자나 노력으로 만들어진 성과 등을 공정한 상거래 관행이나 경쟁질서에 반하는 방법으로 자신의 영업을 위하여 무단으로 사용함으로써 타인의 경제적 이익을 침해하는 행위

위의 다목에서 "대통령령으로 정하는 정당한 사유"란 다음과 같은 경우를 말합니다.

> **부정경쟁방지 및 영업비밀보호에 관한 법률 시행령**
>
> **제1조의2(정당한 사유)** 「부정경쟁방지 및 영업비밀보호에 관한 법률」(이하 "법"이라 한다) 제2조 제1호 다목에서 "비상업적 사용 등 대통령령으로 정하는 정당한 사유" 란 다음 각 호의 어느 하나에 해당하는 경우를 말한다.
>
> 1. 비상업적으로 사용하는 경우
>
> 2. 뉴스보도 및 뉴스논평에 사용하는 경우
>
> 3. 타인의 성명, 상호, 상표, 상품의 용기·포장, 그 밖에 타인의 상품 또는 영업임을 표시한 표지(이하 "표지"라 한다)가 국내에 널리 인식되기 전에 그 표지와 동일하거나 유사한 표지를 사용해온 자(그 승계인을 포함한다)가 이를 부정한 목적 없이 사용하는 경우
>
> 4. 그 밖에 해당 표지의 사용이 공정한 상거래 관행에 어긋나지 아니한다고 인정되는 경우

추가적으로, 질문 내용과 같은 제작 및 이용 과정에서 부정경쟁방지법 제2조 제1호의 타목 혹은 파목에 규정된 부정경쟁행위를 하지 않도록 조심할 필요가 있습니다.

046 섬네일 이미지 뉴스 링크는 저작권 문제가 없나요?

커뮤니티, 채팅 서비스용 메타버스를 운영하고 있는 사업자입니다. 이용자들에게 정보 제공 목적으로 뉴스 기사나 사진이 게시된 웹페이지 주소를 메타버스나 숏폼 콘텐츠에 섬네일 이미지로 표시하고 싶습니다. 이용자들이 축소된 섬네일을 클릭하면 웹페이지로 직접 연결되어 원본 뉴스 사진을 볼 수 있도록 하려고 합니다. 저작권법상 문제가 없을까요?

공정한 관행에 합치된 인용이 되도록 해야

 우리 판례는 웹사이트에 저작권이 있는 사진을 허락 없이 작은 크기로 축소하여 게시하고, 이를 클릭할 시 해당 웹페이지의 원래 사진을 볼 수 있는 사안에 대하여 공정한 관행에 합치된 인용을 인정한 사례가 있습니다. 하지만 위와 같은 이용을 제공하기 위해서는 몇 가지 유의할 점이 있습니다.

첫째, 섬네일 제공의 성격이 상업적인 이용이 아니며 공익성이 있다면 공표된 저작물 이용으로 인정되는 데 유리하게 작용할 수 있습니다. 둘째, 인터넷을 통해 제공되는 방대한 양의 정보 중 이용자가 많은 관심을 갖는 정보에 대해 쉽고 빠른 접근을 제공한다면 공익성이 인정될 수 있습니다. 셋째, 이러한 서비스로 인해 오히려 원래 사진이 게시된 웹페이지들 또는 이들로부터 기사를 제공받는 제3자의 웹페이지를 찾는 방문자가 늘어난 경우에도 유리한 판단에 기여할 수 있습니다.

이러한 점에 근거해 우리 법원은 웹사이트에 타인의 사진을 작은 크기로 축소하여 게재한 것이 "사진저작물에 대한 복제, 전시 행위에 해당하더라도, 이는 공표된 저작물을 정당한 범위 안에서 공정한 관행에 합치되게 인용하는 것으로 볼 수 있다"고 판시한 바 있습니다(서울중앙지방법원 2006. 7. 21. 선고 2004가합76058 판결).

047 섬네일 이미지 이용은 항상 허용되는 행위인가요?

원저작물을 축소하거나 견본 이미지로 제공하면 저작권 침해 걱정을 할 필요가 없나요?

원저작물과 동일한 원본 이미지를 제공하면 저작권 침해일 수 있어

 섬네일 이미지 사용이 원저작물과 동일한 원본 이미지를 제공함으로써 원저작물에 대한 수요를 대체할 경우, 법원이 저작권법 제28조의 저작물의 정당한 인용 성립을 부정한 사례도 있습니다.

대표적인 예로, 견본 이미지를 클릭했을 때 홈페이지에 게시된 원본 이미지와 동일한 이미지 파일이 그대로 떠 마우스 클릭만으로 간단히 원본 이미지를 저장·복사·전송할 수 있는 경우가 그렇습니다. 우리 법원은 위와 같은 사실에 대해 피고인이 영리의 목적을 가지고 원고의 사진저작물을 복제한 것으로 보인다고 판단하였습니다.

법원은 "홈페이지에 게시된 사진의 원본 이미지 파일을 이용하여 견본을 만든 다음, 그 견본은 물론 원본 이미지도 그대로 복제하여 사용"하였다고 보았습니다. 또한 "홈페이지에 게시된 원저작물과 동일한 원본 이미지를 제공함으로써 원저작물에 대한 수요를 대체하는 점 등"을 종합하여, 피고인의 사진 이용이 저작권법 제25조 소정의 저작물의 정당한 인용에 해당한다고 볼 수 없다고 판시하였습니다(대법원 2004.5.13. 선고 2004도1075판결).

048 남의 SNS 게시물을 캡처해 댓글을 추가한 후 제 작품으로 공표하는 것은 공정이용이 될 수 있나요?

인스타그램에 타인이 올린 사진 포스팅 화면(사진과 첨부된 글, 댓글과 좋아요 등)을 캡처하고, 여기에 제 참신한 댓글을 보태어 이를 일종의 현대 예술의 하나이자 MZ세대의 소통을 보여주는 작품으로 공표하고자 합니다. 원저작물의 목적·성격과 다르기 때문에 공정이용에 해당한다고 인정받을 수 있겠지요?

공정이용이라고 보기 어려워

 해외 판례에 의하면, 아무리 원작과 다른 의도를 포함한다고 주장하더라도 이용한 저작물의 심미적 요인이 원작과 동일한 경우 단순히 소셜미디어 프레임 캡처 및 댓글 추가만으로는 피고의 이용 행위가 변형적이라고 평가할 수 없습니다.

원저작물의 '구성, 표현, 비중, 채색 등의 요소'를 실질적으로 바꾸지 않고 이를 전체적으로 재활용한 것에 불과해 원저작물의 심미적인 느낌이 충분히 유지된다면 공정이용 요소를 충족했다고 보기 어렵습니다. 이러한 경우, 이용된 저작물은 원저작물의 대체재 역할을 하여 원저작물의 현재 시장 또는 잠재적 시장 가치에 영향을 줄 수 있기 때문에 공정이용으로 허용되기 어렵습니다(Graham v. Prince, 265 F. Supp. 3d 366 (S.D.N.Y. 2017)).

049 다른 사람의 '틱톡' 영상에 제 저작물이 다른 대상물에 가려져 짧게 등장했는데, 저작권 침해 아닌가요?

유명 틱톡커의 60초 분량의 상황극 영상에 제가 촬영한 사진들이 등장했습니다. 워낙 짧은 시간이었고 사람이나 사물에 사진이 가려지는 바람에 제 작품인 것을 알아보지 못한 네티즌들이 대다수지만, 저도 사진작가이자 SNS 계정을 운영하는 크리에이터로서 심기가 불편합니다. 저작권 침해 책임을 물을 수 있을까요?

매우 짧은 시간 등장했고, 그마저도 다른 대상에 가려 잘 안 보였다면 저작권 침해 부정될 수 있어

 유사 사례로, 해외 판례 중 모 사진작가의 사진 10점이 영화에 총 35초간 노출된 데 대하여 저작권 침해를 제기한 사건을 살펴볼 수 있습니다. 판례의 사진은 식별하기 어려운 상태로 배경에 등장하였으며, 사진 일부만 노출되거나 배우나 받침대에 의해 가려진 경우도 많았습니다. 이에 대해 법원은 영화 장면에 저작물이 짧은 시간 등장하는 점, 장애물에 가려진 점 등을 고려해 일반인이 사진을 인지하기 매우 어렵다고 판단하여 저작권 침해를 부정했습니다(Ringgold v. Black Entm't Television, Inc., No. 96 CIV 0290, 1996 WL 535547 (S.D.N.Y. Sept. 19, 1996)).

영미권에서는 이를 극소성(de minimis)의 항변이라고 하는데, 이용된 저작물의 비중이 극히 미미한 점을 근거로 저작권 침해를 부정하는 항변입니다.

050 메타버스에서 이용자가 아이템의 색상이나 부가적인 꾸밈새를 조금 바꾸는 것도 변형적 이용이 될 수 있나요?

로블록스나 제페토, VR챗 등의 메타버스 플랫폼에서는 사용자가 직접 자신만의 게임 요소를 창작, 수정, 변형해 제작할 수 있다고 들었습니다. 그렇다면 게임 아이템을 만들 때 이미 실존하는 저작물의 색깔을 바꾸고 CG 효과(눈이 내리거나 하트가 쏟아지는 등)를 추가한다면, 제가 창작한 저작물로서 저작권을 주장하거나 혹은 원저작물에 대한 변형적 이용이 인정되어 공정이용에 의한 저작물 이용이 허용될 수 있을지요?

단순한 수정·증감만으로는 창작성이 인정될 수 없고, 변형적 이용이라고 보기도 어려워

 단순히 색깔을 바꾸거나 부수적 효과를 추가하는 등의 수정·증감은 원저작물에 대한 2차적 저작물 혹은 원저작물과 별개인 독립적인 저작물로 보기 어렵습니다. 그렇다면 저작물로 인정받지는 못하더라도, 남의 저작물을 허락 없이 이용할 수 있는 유형 중 하나인 공정이용에 해당하여 합법적인 이용이 될 수 있는지 여부를 고민해 볼 수 있습니다. 보통 단순 수정·증감 행위만으로는 공정이용에서 인정하는 변형적 이용의 정도로 보기 어려워 공정이용이 인정될 수 없습니다.

참조할 수 있는 해외 판례 중 미국 연방우체국의 한국참전용사 조각상 우표 발행 사건을 살펴볼 수 있습니다. 비록 우표에서는 조각상의 색을 바꾸고 눈을 추가하였지만, 법원은 한국전쟁 참전용사들을 기리는 원저작물과 동일한 목적으로 이용되었기 때문에 이 우표가 변형된 것이라고 판단하지 않았습니다. 또한 피고의 우표에 표현된 초현실적인 분위기 역시 원고의 사진에서도 공통적으로 찾아볼 수 있는 특징일 뿐 본질적으로 다른 특색이라고 보기 어렵다는 등의 이유로 피고의 우표는 변형적 이용에 해당하지 않는다고 판단하였습니다. 따라서 법원은 한국참전용사 조각상 우표 발행이 공정이용에 해당하지 않는다고 판시하였습니다(Gaylord v. United States, 595 F.3d 1364(Fed. Cir. 2010)).

051 메타버스에서 타인의 저작물을 이용해 아이템을 제작해서 공익 목적으로 판매하거나 나눔해도 될까요?

메타버스에서 공익을 위해 수익금을 기부할 목적으로 타인의 저작물을 변형해 제작한 아이템을 판매하려고 합니다. 이러한 경우 공정이용이 허락하는 범위 내의 이용이 될 수 있겠지요? 만약 아닐 경우 아이템을 무료로 배포한다면 문제가 없을까요?

공익 목적이나 비영리적 이용이라고 무조건 공정이용으로 인정되는 건 아냐

 공정이용은 저작권법 제35조의5에 규정된 여러 가지 기준 충족 여부를 종합적으로 검토해 인정 여부를 판단합니다. 허락 없이 타인의 저작물을 이용해 이익을 취한 경우, 아무리 이용자가 공익 목적으로 이용했더라도 원저작물 시장에 영향을 줄 수 있어 원저작물 저작자의 이익을 침해한 것으로 볼 수 있습니다. 비영리 목적으로 타인의 저작물을 무단 이용해 아이템을 제작하고 이를 무료로 배포하는 경우 역시 마찬가지로 원저작물 시장에 영향을 줄 수 있는 행위입니다. 원저작물 저작자의 잠재적 사업 기회 및 원저작물로 인해 얻을 수 있는 이익을 아이템 제작자가 멋대로 빼앗고 대신 가로챈 셈이 될 수 있으니까요.

따라서 비영리 목적이라는 것만으로는 타인의 저작물을 무단 이용하고 제공하는 행위를 공정이용으로 보기는 어렵습니다. 영리 목적이라고 무조건 공정이용이 부정되는 것도 아니며, 어디까지나 여러 공정이용 요소들의 부합 여부를 종합적으로 살펴 판단이 이루어집니다.

052 좋아하는 인형 컬렉션을 알리기 위해 인형 사진들을 넣은 책자를 발행해도 될까요?

곰인형 컬렉션 시리즈를 사랑하는 마니아로서 인스타그램과 틱톡에서 '00베어즈' 팬 계정을 운영하고 있는 크리에이터입니다. 다양한 00곰인형 컬렉션 시리즈를 더 자세히 더 많이 알리기 위해 '00베어즈'에 대한 안내 책자를 발행하려고 합니다. 상품 정보 제공용 책자로 00베어즈 사진 자료도 풍부하게 곁들여서, 구독자 규모를 감안하여 책자 부수는 여유 있게 뽑으려고 하는데 괜찮겠지요?

안내용 책자라도 무단 이용, 무단 복제는 저작권 침해일 수 있어

 해외 판례 중에 장난감 인형 안내용 책자라도 장난감 사진을 무단 이용하고, 통상적인 여유 분량이라고 해도 여유분의 복제물을 발행한 경우에 대해 공정이용을 부정한 사례가 있습니다(Ty, Inc. v. Publ'ns Int'l, Ltd., 333 F. Supp. 2d 705(N.D. Ill. 2004)).

해당 판례는 안내용 책자에 실린 장난감 사진은 원저작물인 장난감과 동일한 장식적·미적 목적을 가지고 있기 때문에 변형적이지 않다고 판단했습니다. 또한 책자 사진 이용의 주된 성격이 상업적이며, 장난감 사진 이용허락에 대한 통상적인 비용(customary price) 지급을 회피할 목적 외에는 다른 공익적 목적으로 볼 만한 사항이 없다고 판단하였습니다.

그리고 안내용 책자의 설명, 비평 목적 달성을 위해 필요한 복제 수량보다 더 많은 수량을 복제해 이용한 것은 아무리 여유분 복제라고 하더라도, 안내용 책자가 원고의 저작물 혹은 이용 허가를 받은 2차적

저작물의 시장 대체물로 기능함으로써 장난감 저작권자들에 대한 시장 가치를 저해했다고 판단했습니다.

이에 비추어볼 때 저작물에 대한 안내나 정보 제공 용도의 책자를 발행한다고 하더라도, 저작권자의 허락 없이 저작물의 사진, 그림, 영상 등을 책자에 이용하는 행위는 삼가는 게 바람직합니다.

메타버스 개발자, 사업자, 이용자의
지적재산권 관련 유의점

이번 장에서는 메타버스 개발자, 사업자, 이용자로 나누어 메타버스 생태계를 구성하는 핵심 주체별로 유의점을 살펴보겠습니다.

08-1 • 메타버스 개발자가 유의할 점

08-2 • 메타버스 사업자가 유의할 점

08-3 • 메타버스 이용자가 유의할 점

스페셜 04 더욱 중요해진 개인정보 보호

스페셜 05 인앱 결제 강제 방지법 및 기타 입법 동향

스페셜 06 메타버스, NFT, 블록체인 산업 진흥에 관한 법률안과 정책 추진 동향

08-1 메타버스 개발자가 유의할 점

···

현실 공간에 실존하는 저작물의 디지털 이미지 제작 시 유의점

가상의 2D 혹은 3D 이미지 작성의 복제권 침해 혹은 2차적저작물작
성권 침해 여부는 어느 정도의 변형과 수정을 창작성 부가 행위로 인
정하는지와 관련됩니다. 전시, 공연을 온라인 콘텐츠로 제작하는 과
정에서는 현장의 모습을 단순 촬영하는 데 그치지 않고 특정 장면이
나 구도별로 추가 촬영과 편집, 영상 나열의 재구성 작업이 수반되는
경우가 많습니다.

이러한 경우 창작성과 실질적 유사성, 개변(改變) 정도에 따라 2차적
저작물로 인정받을 수도 있습니다. 창작성 부가 관련 사례로, 미국 법
원은 자동차의 3D 디지털 모델링에 대하여 "자동차 회사의 디자이너
들이 형상화한 디자인을 그대로 옮긴 것일 뿐"이라고 하며, 기존의 것
과 별개인 창작물로 볼 수 없다고 판시한 적이 있습니다(Meshwerks,
Inc. v. Toyota Motor Sales U.S.A. Inc., 528 F.3d 1258. 10th Cir. 2008).

360도 촬영 시 불가피하게 포함되는 저작물에 대한 유의점

5G 통신의 빠른 상용화에 따라 드론, 로드뷰 촬영과 같은 대량 복제
도 활발해지고 있습니다. 특히 VR 콘텐츠의 360도 촬영의 경우 일반
적인 2D 콘텐츠 영상보다 더 넓은 면적을 촬영하고 렌더링해야 합니

다. 만약 저작물에 대한 촬영이 엄격하게 금지된다면, 저작권 침해를 하지 않도록 해당 저작물의 모습을 삭제하거나, 식별이 안 되게끔 원거리 촬영을 하거나, 열람 기능을 금지하는 등의 조치를 취하는 것이 원칙입니다. 예를 들면 저작권자의 이용허락을 받지 못한 저작물을 이용자가 마스킹, 모자이크 등의 방법으로 일일이 수정, 삭제하는 방법이 있습니다. 하지만 이는 저작물을 촬영하는 개발자나 일반 대중에게 큰 부담이 될 수 있습니다. 이에 우리 저작권법은 2019년 법 개정을 통해 '부수적 복제 등' 규정을 마련하여 "사진촬영, 녹음 또는 녹화(이하 '촬영 등'이라 한다)를 하는 과정에서 보이거나 들리는 저작물이 촬영 등의 주된 대상에 부수적으로 포함되는 경우에는 이를 복제·배포·공연·전시 또는 공중송신할 수 있다. 다만, 그 이용된 저작물의 종류 및 용도, 이용의 목적 및 성격 등에 비추어 저작재산권자의 이익을 부당하게 해치는 경우에는 그러하지 아니하다"라고 규정하고 있습니다.

AR 인식 혹은 AR 영상 구현을 위한 저작물 이미지 등록 시 유의점

현실 공간에 실존하는 저작물이 증강현실 기반 어플에서 활용되는 방식은 크게 두 가지 유형으로 나눌 수 있습니다. 첫째, 오버레이의 배경 저작물로 이용되는 경우입니다. 이는 다시 ① 배경 저작물이 오버레이 효과 구현을 위한 단순 인식 대상(저작물에 설정된 마커나 저작물의 입체도 혹은 평면도를 인식)으로만 활용되는 유형과 ② 서비스 제공자의 서버 등에 저작물의 복제물(사진, 영상)을 미리 저장하였다가 이용자의 기기에 복제(일시적 복제 포함)되도록 하는 경우로 나눌 수 있습니다. 둘째, 실존 저작물의 사진, 영상을 기기 화면에 오버레이하는 저작물로서 이용하는 경우입니다.

이미지 및 정보의 오버레이를 위한 QR코드나 저작물의 입체도 등을 활용한 저작물 인식 행위 자체는 복제 행위라고 보기 어렵습니다. 그러나 데이터베이스에 오버레이용 저작물을 등록하여 사용하는 경우라면 복제 행위가 될 수 있습니다. 복제 행위에 해당하는 경우, 저작권자의 허락 없이 저작물을 복제하기 위해서는 저작권법상 복제와 관련된 저작재산권 제한 규정의 내용을 충족해야 합니다. 타인의 저작물을 허락 없이 고화질로 생생하게 복제하여 오버레이하는 것은 저작권법상 침해가 될 수 있습니다. 또한 오버레이하는 불법 저작물의 경로를 링크로 제공하는 경우, 일정한 경우(불법 저작물임을 알면서도 영리적 목적으로 계속 링크를 게시하는 등)에는 공중송신권 침해 방조 책임을 질 수도 있습니다. 다만 저작인격권과 관련된 사항(저작자의 인격적 이익과 관련된 사항)의 경우, 이미지 및 정보의 오버레이가 배경 저작물의 본질을 실질적으로 변경하는 것이 아니기 때문에 오버레이된 배경 저작물의 저작자가 이를 주장하기가 쉽지 않습니다.

해외 서비스 제공 시 침해지법 적용에 대한 유의점

저작권 침해에 대한 해외 분쟁이 발생한 경우, 법원은 저작권 침해가 일어난 국가, 즉 저작권 보호가 요구되는 국가의 법(침해지법)에 따라 판단합니다. 베른협약 제5조 제2항 제2문은 "저작자의 권리에 대한 보호의 범위와 이를 보호하기 위하여 주어지는 구제의 수단은 오로지 보호가 요구된 국가의 법률에 의해 규율된다"고 규정하고 있습니다. 이에 따르면 '보호가 요구된 국가'(the country where protection is claimed)는 '그 영토 내에서의 보호가 요구되고 있는 국가', 즉 '보호국'을 의미하며, 특히 저작재산권 침해 문제와 관련해서는 '그 영토 내에서의 침해 행위에 대하여 보호가 요구되고 있는 국가', 즉 '침해지국'을 의미합니다(서울고등법원 2013. 1. 23. 선고 2012나24622 판결).

또한 유럽사법재판소(ECJ) 측은 인터넷 웹사이트를 통해 발생한 저작권 침해의 준거법에 대하여, 침해가 제기된 인터넷 사이트 내 불법 저작물에 대한 이용자들의 접근이 가능한 국가라면 어디든 해당 국가의 법을 준거법으로 적용할 수 있다는 판단을 하기도 했습니다. 특히 국가마다 허용 요건과 범위가 매우 상이한 '파노라마의 자유'와 관련된 이용 문제, 즉 공공장소에 설치된 예술 작품을 메타버스에 2차 창작하거나 복제하여 전 세계 이용자들에게 제공하는 경우에는 문제 양상이 더욱 복잡해질 수 있습니다.

디자인보호법으로 메타버스 화면 및 화면 구성 인터페이스 보호

개정된 디자인보호법에 의해 가상·증강현실 화상디자인도 보호를 받을 수 있게 되었습니다. 다만 대부분의 가상·증강현실 디자인이 동적 화상디자인이란 점에서 디자인 등록을 하기 위해서는 동적 화상디자인의 요건을 충족해야 합니다.

▶ 동적 화상디자인 보호에 대한 상세 내용은 264쪽의 'VR/AR 화상디자인도 보호받을 수 있나요?' 부분을 참조하시기 바랍니다.

08-2 메타버스 사업자가 유의할 점

저작(권)자 혹은 저작인접권자가 주장할 수 있는 권리 내용에 따른 유의점

메타버스에서는 가상세계와 현실세계를 넘나드는 다양한 문화 활동이 가능합니다. 현실 공간에 설치된 저작물과 연계한 실감형 콘텐츠 감상 서비스부터 다양한 아티스트들의 공연, 실시간 온라인 강연에 이르기까지 메타버스 서비스와 활동의 종류는 무궁무진합니다.

앞에서 메타버스를 활용한 저작물의 여러 가지 이용 제공 방식이 저작권법상 다양한 저작재산권 개념(공연, 방송, 전송, 디지털음성송신 등)으로 분류될 수 있음을 살펴보았습니다.

저작자는 저작재산권과 저작인격권 모두 주장할 수 있다

저작물을 창작한 저작자는 자신이 창작한 저작물 유형에 해당하는 모든 종류의 저작재산권과 저작인격권을 보유하고 행사할 수 있습니다. 그리고 저작자에게 저작권을 양도받은 저작권자는 저작자로부터 양도받은 저작재산권의 종류와 양도 내용에 따라서 해당 권리를 보유하고 행사할 수 있습니다(저작권을 양도해도 저작인격권은 여전히 저작자에게 남아 있습니다).

저작인접권은 주체에 따라 주장할 수 있는 권리가 다르다

그런데 저작인접권자(실연자, 음반제작자, 방송사업자)는 그 주체에 따라 보유하는 저작권법상의 권리 종류와 권리의 내용이 다릅니다. 따라서 메타버스 서비스를 운영하거나 메타버스 플랫폼을 활용한 온라인 공연, 강연 등을 기획하는 사업자의 경우 저작(권)자에 대한 이용료 지급과 함께 저작인접권자별로 어떤 종류의 저작권에 대한 이용료와 보상금을 지급해야 하는지를 미리 알아둘 필요가 있습니다.

① 실연자

실연자(배우, 가수, 연주자 등)의 경우, 인격권으로서 동일성유지권(저작권법 제66조)과 성명표시권(제67조)을 가지며, 재산권 중에는 복제권(제69조), 배포권(제70조), 대여권(제71조), 공연권(제72조), 방송권(제73조), 전송권(제74조)을 갖습니다. 그리고 실연자는 방송사업자(실연이 녹음된 상업용 음반을 사용하여 방송하는 방송사업자)와 디지털음성송신사업자(실연이 녹음된 음반을 사용하여 송신하는 디지털음성송신사업자), 상업용 음반을 사용해 공연한 자(실연이 녹음된 상업용 음반을 사용해 공연을 하는 자)에 대하여 보상금청구권을 갖습니다(각각 제75조 제1항, 제76조 제1항, 제76조의2 제1항).

예를 들어, 메타버스에서 온라인 공연을 개최하고 이를 방송하거나 전송한 사업 주체는 공연에 참여한 배우나 가수, 연주자에게도 방송 혹은 전송에 따른 저작재산권 이용료를 지불해야 합니다. 만약 방송사업자가 메타버스에서 실연이 녹음된 상업용 음반을 사용하여 방송을 하였거나, 디지털음성송신사업자가 메타버스에서 실연이 녹음된 음반을 사용하여 송신했다면 해당 실연자에게 추후 그에 상당한 보상금을 지급해야 합니다.

② 음반제작자

음반제작자는 복제권(제78조), 배포권(제79조), 대여권(제80조), 전송권(제81조)을 가집니다. 또한 방송사업자, 디지털음성송신사업자, 상업용 음반을 사용해 공연하는 자에 대하여 보상금청구권을 가집니다(각각 제82조 제1항, 제83조 제1항, 제83조의2 제1항). 그렇기 때문에 음반제작자가 제작한 음반을 메타버스 강연, 공연, 행사를 위해 복제하거나 전송하는 경우에는 음반제작자에게 저작권 이용료를 지급해야 합니다. 메타버스에서 해당 서비스를 제공하거나 활동을 제휴한 사업 주체가 음반제작자가 보상금 지급을 청구할 수 있는 사업자(방송사업자, 디지털음성송신사업자, 상업용 음반을 사용하여 공연하는 자)에 해당하는 경우, 위 사업 주체는 위 조문들(제82조 제1항, 제83조 제1항, 제83조의2 제1항)에 규정된 사업자 유형별 이용 형태에 따라 보상금을 지급해야 합니다.

③ 방송사업자

방송사업자의 경우, 복제권(제84조), 동시중계방송권(제85조), 공연권(제85조의2)을 가집니다. 방송사업자의 방송물을 위 조문들(제84조, 제85조, 제86조)에 규정된 이용 방식으로 메타버스에서 이용하는 경우 방송사업자에게도 저작권 이용료를 지급해야 합니다.

영상저작물 제작 특례 규정

영상저작물을 제작하는 경우, 위에서 소개한 저작(권)자와 다양한 저작인접권자들이 제작에 참여합니다. 그러다 보니 제작에 참여한 주체별로 각각 이용료 및 보상금을 지급하기가 번거롭습니다. 그래서 우리 저작권법은 특례 규정을 두어 별도의 특약이 없는 한 영상저작물을 제작하는 경우에는 일차적으로 영상저작물 제작 및 이용과 관련된 일정 종류의 권리들을 영상제작자가 갖도록 규정하고 있습니다(제99조, 제100조, 제101조). 이에 따라 메타버스 운영 혹은 제휴 사업자가 다양한 저작(권)자와 저작인접권자들을 메타버스에 동원하여 영상저작물을 제작하는 경우, 영상저작물 특례 규정에 따라 제작 및 이용에 대한 비용 지급이나 협의를 진행하면 됩니다.

메타버스 서비스 운영자의 책임과 책임이 제한되는 경우의 유의점

우리 저작권법상 온라인 서비스 제공자(Online Service Provider, 일명 OSP)는, 이용자들이 인터넷 등 정보통신망에 접속하거나 정보통신망을 통해 저작물 등을 복제·전송할 수 있도록 서비스를 제공하거나 그를 위한 설비를 제공 또는 운영하는 자를 의미합니다(제2조 제30호). 메타버스 서비스 운영자가 온라인 서비스 제공자에 해당될 경우, 서비스 운영에 있어 불법 저작물 등으로 저작권 침해가 일어나지 않도록 온라인 서비스 제공자에게 부여된 책임을 다해야 합니다.

저작권법 제102조는 온라인 서비스 제공자의 책임이 제한되는 행위와 이에 대한 충족 요건들에 대한 내용을 규정하고 있습니다.

> **저작권법**
>
> **제102조(온라인 서비스 제공자의 책임 제한)** ① 온라인 서비스 제공자는 다음 각 호의 행위와 관련하여 저작권, 그 밖에 이 법에 따라 보호되는 권리가 침해되더라도 그 호의 분류에 따라 각 목의 요건을 모두 갖춘 경우에는 그 침해에 대하여 책임을 지지 아니한다.
>
> 1. 내용의 수정 없이 저작물 등을 송신하거나 경로를 지정하거나 연결을 제공하는 행위 또는 그 과정에서 저작물 등을 그 송신을 위하여 합리적으로 필요한 기간 내에서 자동적·중개적·일시적으로 저장하는 행위
>
> (…)
>
> 2. 서비스 이용자의 요청에 따라 송신된 저작물 등을 후속 이용자들이 효율적으로 접근하거나 수신할 수 있게 할 목적으로 그 저작물 등을 자동적·중개적·일시적으로 저장하는 행위
>
> (…)
>
> 3. 복제·전송자의 요청에 따라 저작물 등을 온라인 서비스 제공자의 컴퓨터에 저장하는 행위 또는 정보 검색 도구를 통하여 이용자에게 정보통신망상 저작물 등의 위치를 알 수 있게 하거나 연결하는 행위
>
> (…)

또한 저작권법 제103조는 온라인 서비스 제공자의 불법 저작물의 복제·전송 중단 혹은 재개 조치와 통보에 관련된 내용을 규정하고 있습니다. 제103조 제1항은 온라인 서비스 제공자의 서비스를 이용한 저작물 등의 복제·전송으로 인해 권리가 침해된 자의 복제·전송 중단 요구, 제2항은 온라인 서비스 제공자의 복제·전송의 중단과 통보 의무, 제3항은 온라인 서비스 제공자의 복제·전송의 재개와 통보 의무, 제4항은 온라인 서비스 제공자의 이용자들에 대한 공지 의무, 제5항은 저작물의 복제·전송에 대하여 온라인 서비스 제공자의 책임이 제한되는 경우(제4항의 공지와 제2항, 제3항에 따라 저작물 등의 복제·전송 중단 혹은 재개한 경우)를 규정하고 있습니다.

온라인 서비스 제공자에 대한 저작물 복제·전송 중단 요구나 재개 요청, 그리고 온라인 서비스 제공자의 통보 내용에 필요한 요청서와 첨부 자료에 대한 자세한 내용은 저작권법 시행령 제40조(복제·전송의 중단 요청), 제41조(복제·전송의 중단 통보), 제42조(복제·전송의 재개 요청)에 규정되어 있습니다.

AR 서비스 내 현실 배경 장소의 소유자, 거주자 보호에 대한 유의점

특정 장소에 대한 오버레이 적용 및 서비스 운영 시에는 배경 장소의 부동산 소유자와 거주자의 권리를 침해하지 않도록 조심해야 합니다. 헌법상 표현의 자유와 민법 제214조를 비롯한 민법 규정들에 위배될 수 있습니다.

AR 서비스 이용자의 무분별한 소유물 접근 및 이용이 소음 등의 생활 방해 혹은 소유권 침해를 야기한다면 소유권자는 소유물에 대한 방해 제거, 방해예방청구권 적용(민법 제214조)을 검토할 수 있습니다. 증강현실 내 오버레이 생성 행위를 소유물에 대한 직접적·물리적 방해라고 단정할 수는 없지만, 현실적으로 수인 한도를 넘어선 침해가 인정된다면 소유권에 근거한 방해배제청구권이 인정될 수도 있습니다.

만약 서비스 이용자들의 소유물 및 관리물 침해 행위를 근거로 가상·증강현실 서비스 제공자에게 물권 침해 책임을 물으려면, 서비스 이용자의 권리 침해 행위와 손해 발생 결과 간의 인과관계 및 손해 규모에 대한 구체적인 입증이 필요합니다.

보호가 필요한 문제 지역에 대한 조치 — 위치 정보 삭제, 서비스 지역 및 서비스 빈도 제한

'포켓몬GO' 유행 사례와 같이 현실 객체에 대한 오버레이 기능을 제공해 현장 방문을 빈번히 유도하는 유형의 AR 서비스의 경우, 현장에서 서비스 이용자들이 일으키는 각종 문제(인파 혼잡, 소음, 시설 관리 문제, 안전 사고 등)가 발생할 수 있습니다. 이에 따라 피해 장소의 주민, 소유자, 관리자(개인 관리자, 지방자치단체, 정부기관 등)가 해당 장소를 서비스 운영 지역에서 배제하거나 서비스 운영을 제한해 달라고 요청할 수 있습니다. 이런 경우 서비스 운영자는 일차적으로 문제 장소나 위치에 대해 서비스 운영 정도와 범위를 제한(아이템 등장 빈도 낮추기, 일부 서비스 기능 제공 제한 등)하는 방법을 생각해 볼 수 있습니다. 만약 서비스 운영을 제한하는 정도로는 문제 해결이 불가능하다면 해당 장소나 지역의 위치 정보를 서비스 운영 지역에서 삭제하여 서비스 운영에서 배제하는 방법도 있습니다.

만약 정부 혹은 지자체가 나서서 서비스 운영에 대한 심사나 규제를 한다면, 헌법상 표현의 자유를 침해하지 않도록 '광범위한 재량권에 의한 사전 허가 심사'는 지양해야 합니다. 그리고 서비스 이용자들의 위법 행위 단속이나 쓰레기 처리 등에 드는 비용 징수 부담 및 부과에 대해 명백하고 구체적인 요건을 제시해야 합니다. 또한 가급적 사전 규제보다는 이용자들의 법 위반 행위를 개별적으로 규제하거나 이용 제한구역을 설정하는 등의 사후적 규제 방안을 모색하는 것이 적절합니다.

08-3 메타버스 이용자가 유의할 점

변형적 이용 시 유의점

개작으로 새로운 정보, 미적 가치, 통찰, 원저작물과 구별되는 이해를 전달한다면 공정이용 요소 중 하나인 변형적 이용으로 인정받을 수 있습니다. 반면 구성, 표현, 비중, 채색 등을 실질적으로 바꾸지 않아 심미적 차이가 발생하지 않은 경우에는 변형적 이용으로 인정받기 어렵습니다. 이에 따라 원저작물과 동일한 장식적, 미적 목적을 가지는 경우엔 변형적 이용이 부정될 수도 있습니다.

부수적 이용 시 유의점

저작물의 성질, 내용, 전체적인 구도 등에 비추어볼 때 원저작물이 새로운 저작물 속에서 중심이 되는 대상물의 촬영이나 녹화 등에 종속적으로 수반되거나 우연히 배경으로 포함되는 경우 등과 같이 부수적으로 이용되어 그 양적·질적 비중이나 중요성이 경미한 정도여야 부수적 이용이 인정될 수 있습니다(저작권법 제35조의3). 반면 새로운 저작물에서 원저작물의 창작적인 표현 형식이 그대로 느껴진다면 이들 사이에 실질적 유사성이 있다고 보아 부수적 이용이 부정됩니다.

부수적 이용은 반드시 우연히 이용되지 않아도 됩니다. 그 저작물을 제외하고는 전체 공간의 모습을 촬영할 수 있는 방법이 없어 공간의 일부로서 어쩔 수 없이 부수적으로 포함한 경우 역시 부수적 이용이 될 수 있습니다. 부수적 이용은 저작권법상 출처 명시 의무(제37조) 대상이 아니기 때문에, 부수적 이용에 해당하는 경우에는 출처를 명시하지 않아도 됩니다.

 **더욱 중요해진 개인정보 보호**

개인정보란 무엇인가요?

개인정보란 "성명, 주민등록번호 및 영상 등을 통해 개인을 알아볼 수 있는 정보" 혹은 "해당 정보만으로는 특정 개인을 알아볼 수 없더라도 다른 정보와 쉽게 결합하여 알아볼 수 있는 정보"를 의미합니다(개인정보보호법 제2조 제1호). 살아 있는 개인에 대한 정보로서, 사망한 자나 법인·단체에 대한 정보는 개인정보가 아닙니다. 우리가 개인정보로 흔히 알고 있는 주민등록번호, 이름, 주소, 전화번호 외에도 통신·위치 정보(IP주소, GPS 등), 사회적 정보(교육, 근로, 자격 정보 등), 정신적 정보(기호, 성향, 신념, 사상 등), 신체 정보(의료, 건강 정보 등), 재산적 정보(개인 신용 정보, 부동산, 주식 등)도 개인정보에 해당됩니다. 아이디 및 비밀번호 등 식별 부호, 그리고 이메일 주소가 개인정보에 해당한다고 판시한 판례도 있습니다.

개인정보와 구별해야 할 개념으로, 가명 정보와 익명 정보가 있습니다. 가명 정보는 개인정보를 가명 처리함으로써 원래의 상태로 복원하기 위한 추가 정보의 사용·결합 없이는 특정 개인을 알아볼 수 없는 정보를 의미하고(개인정보보호법 제2조 제1호 다목), 익명 정보는 시간·비용·기술 등을 합리적으로 고려할 때 다른 정보를 사용해도 더 이상 개인을 알아볼 수 없는 정보(동법 제58조의2)를 의미합니다. 가명 정보는 개인정보와 마찬가지로 개인정보보호법 적용 대상이지만, 익명 정보는 개인정보보호법 적용 대상이 아닙니다.

늘어가는 개인정보 침해, 메타버스는 괜찮을까?

메타버스에서는 현실과 가상의 교류가 잦아짐에 따라 이용자들의 정보를 수집, 이용, 제공하는 상황들이 많아지고 있습니다.

2020년, 개인정보보호위원회는 글로벌 기업인 페이스북이 개인정보를 본인의 동의 없이 다른 사업자에게 제공한 데 대해 67억원의 과징금을 부과했습니다. 또한 AI 챗봇 '이루다' 개발사에 대해 '이루다' 개발 및 운영 과정에서 자사 앱 이용자들의 카카오톡 대화를 수집하고, 카카오톡 대화 내용에 포함된 이용자들의 개인정보를 삭제하거나 암호화하지 않은 점을 확인하고 과징금과 과태료 1억 330만원을 부과하는 행정처분을 의결했습니다.

행정안전부·한국인터넷진흥원이 발행한 〈2019년 개인정보 보호 상담 사례집〉의 '유형별 개인정보 침해 신고 및 상담 접수 현황'에 따르면, 전체 159,255건의 신고 및 상담 접수 사례 중 주민등록번호 등 타인 정보 훼손·침해·도용이 134,271건으로 가장 많은 침해 유형을 차지해 2013년 129,103건 이래 5년 연속 최다를 기록했으며, 꾸준히 증가하는 추세입니다. 이어 타법 관련 개인정보 사례(8,745건), 목적 외 이용 또는 제3자 제공(6,055건), 개인정보 수집 요건(3,237건), 개인정보 안전성 확보 조치(2,630건) 등의 순으로 침해 유형 비중이 높았습니다. 이 중 개인정보 안전성 확보 조치 관련 침해 유형은 2013년(4,518건), 2014년(7,404건), 2015년(4,006건)에 비해서는 많이 감소하긴 했지만, 여전히 주의가 필요합니다.

현재 개인정보 전송요구권, 자동화된 결정의 대응권, 동의제도 개선 등의 내용을 담은 개인정보보호법 일부 개정안이 2021년 9월 28일 국회에 제출된 상태입니다. 또한 개인정보보호위원회는 이동통신사가 이용자들의 휴대전화 통화 내역 열람 대상 기간을 기존 6개월에서 1년으로 연장하도록 이용약관을 개선할 것을 권고했습니다. 그리고 결합전문기관의 지원 범위와 역할을 확대하고, 가명 정보 결합 과정에서 불필요한 시간과 비용을 최소화하도록 하는 등 관련 고시를 개정하였습니다.

이외에도 개인정보보호위원회는 생체 정보를 안전하게 이용할 수 있는 환경 조성을 위해 개인정보 처리자와 제조사 등이 편리하게 이용할 수 있도록 용어 및 개념 명확화, 처리 단계별 보호 조치 안내 내용을 담은 '생체 정보 보호 가이드라인'을 개정·시행하고 있습니다. 또한 인공지능 기업이 서비스를 개발·운영할 때 올바른 개인정보 처리가 가능하도록 '인공지능(AI) 개인정보 보호 자율점검표'도 제공하고 있습니다. 두 자료 모두 개인정보보호위원회 홈페이지(https://www.pipc.go.kr/)에서 내려받을 수 있습니다('정책·법령→법령정보→지침·가이드라인' 메뉴).

개인정보의 처리 — 수집 단계

개인정보의 처리는, 첫째 수집, 둘째 이용·제공, 셋째 파기 단계로 구성됩니다. 각 단계별로 법 규정을 준수해 개인정보를 처리해야 하며, 이를 위반할 경우 이용자들에게 손해배상을 하거나 형사적 처벌(벌금 납부 혹은 징역 부과)을 받을 수 있습니다.

먼저 수집 단계에서 개인정보 처리자는 정보주체로부터 동의를 받아 수집하는 경우(동의에 기반한 경우, 동의 외 근거에 기반한 경우)와 그렇지 않은 경우(정보주체 이외로부터 수집하는 경우)를 구분하여 정보 수집·제공 기준을 지켜야 합니다.

정보주체로부터 동의를 받은 경우, 다음과 같은 사항들을 정보주체에게 알려야 하고, 다음의 사항들을 변경하는 경우 역시 정보주체에게 그 사실을 알려야 합니다.

제18조(개인정보의 목적 외 이용·제공 제한)

③ 개인정보 처리자는 제2항 제1호에 따른 동의를 받을 때에는 다음 각 호의 사항을 정보주체에게 알려야 한다. 다음 각 호의 어느 하나의 사항을 변경하는 경우에도 이를 알리고 동의를 받아야 한다.

1. 개인정보를 제공받는 자

2. 개인정보의 이용 목적(제공 시에는 제공받는 자의 이용 목적을 말한다)

3. 이용 또는 제공하는 개인정보의 항목

4. 개인정보의 보유 및 이용 기간(제공 시에는 제공받는 자의 보유 및 이용 기간을 말한다)

5. 동의를 거부할 권리가 있다는 사실 및 동의 거부에 따른 불이익이 있는 경우에는 그 불이익의 내용

개인정보의 처리 — 이용·제공 단계

다음으로 이용·제공 단계에서는 개인정보 수집이 당초의 수집 목적에 해당하는지, 그렇지 않으면 법에 규정된 이용·제공 근거에 해당하는지를 살펴야 합니다. 개인정보보호법 제18조 제2항은 개인정보 처리자가 예외적으로 개인정보를 목적 외의 용도로 이용하거나 이를 제3자에게 제공할 수 있는 경우(정보주체 또는 제3자의 이익을 부당하게 침해할 우려가 있을 때를 제외)들을 규정하고 있습니다. 그에 따르면 ① 정보주체로부터 별도의 동의를 받은 경우, ② 다른 법률에 특별한 규정이 있는 경우, ③ 정보주체 또는 그 법정대리인이 의사표시를 할 수 없는 상태에 있거나 주소불명 등으로 사전 동의를 받을 수 없는 경우로서 명백히 정보주체 또는 제3자의 급박한 생명, 신체, 재산의 이익을 위해 필요하다고 인정되는 경우 등 총 9가지 경우입니다. 단, 정보통신서비스 제공자와 공공기관은 모든 경우가 예외로 적용되지는 않고, 일부 경우에 대해서만 예외적으로 적용될 수 있습니다.

개인정보보호법에 따르면, 공공기관은 개인정보를 목적 외의 용도로 이용하

거나 제3자에게 이를 제공하는 경우 인터넷 홈페이지 등에 게재해야 합니다 (제18조 제4항). 그리고 개인정보 처리자가 개인정보를 목적 외의 용도로 제3자에게 제공하는 경우에는 개인정보를 제공받는 자에게 이용 목적, 이용 방법, 그 외에 필요한 사항에 대하여 제한하거나, 개인정보의 안전성 확보를 위해 필요한 조치를 마련하도록 요청해야 합니다. 또한 이러한 요청을 받은 자는 개인정보의 안전성 확보를 위해 필요한 조치를 해야 합니다(제18조 제5항).

개인정보 처리자와 정보통신 제공자는 개인정보보호법 외에도 개인정보 보호와 관련된 다양한 법 제도상의 내용을 숙지하여 준수해야 합니다. '정보통신망 이용촉진 및 정보보호 등에 관한 법률', '정보통신망 이용촉진 및 정보보호 등에 관한 법률 시행령', '개인정보보호법 시행령', '개인정보 처리 방법에 관한 고시', '개인정보의 안전성 확보조치 기준', '개인정보의 기술적·관리적 보호조치 기준' 등이 그 예입니다. 개인정보보호위원회에서 발행한 지침과 가이드라인을 참조하는 것도 매우 중요합니다.

개인정보의 처리 — 파기 단계

개인정보 처리자는 개인정보가 불필요하게 되었을 때(보유 기간 경과, 개인정보 처리 목적 달성 등), 지체 없이 그 개인정보를 파기해야 하고, 파기한 개인정보는 복구 또는 재생되지 않도록 해야 합니다. 개인정보 처리자는 '개인정보의 안전성 확보조치 기준 제13조 제1항'에 규정된 방식(소각·파쇄 등 완전파괴, 전용 소자장비를 이용한 삭제, 데이터가 복원되지 않도록 초기화 또는 덮어쓰기 수행) 중 한 가지에 따라 이를 파기해야 합니다.

만약 개인정보 처리자가 개인정보의 일부만을 파기하는 경우, 제1항의 방법으로 파기하는 것이 어려울 때에는 위의 기준 제13조 제2항에 따라 전자적 파일 형태인 경우 개인정보를 삭제한 후 복구 및 재생되지 않도록 관리 및 감독해야 합니다. 전자적 파일 형태 외의 기록물, 인쇄물, 서면, 그 밖의 기록매체인 경우 해당 부분을 마스킹, 천공 등의 방법으로 삭제해야 합니다.

개인정보의 안전성 확보조치 기준

제13조(개인정보의 파기)

① 개인정보 처리자는 개인정보를 파기할 경우 다음 각 호 중 어느 하나의 조치를 하여야 한다.

　1. 완전파괴(소각 · 파쇄 등)

　2. 전용 소자장비를 이용하여 삭제

　3. 데이터가 복원되지 않도록 초기화 또는 덮어쓰기 수행

② 개인정보 처리자가 개인정보의 일부만을 파기하는 경우, 제1항의 방법으로 파기하는 것이 어려울 때에는 다음 각 호의 조치를 하여야 한다.

　1. 전자적 파일 형태인 경우 : 개인정보를 삭제한 후 복구 및 재생되지 않도록 관리 및 감독

　2. 제1호 외의 기록물, 인쇄물, 서면, 그 밖의 기록매체인 경우 : 해당 부분을 마스킹, 천공 등으로 삭제

개인정보 유출 자가 점검 및 신고 방법

'털린 내 정보 찾기' 서비스

2021년 11월 16일부터 개인정보보호위원회와 한국인터넷진흥원은 '털린 내 정보 찾기' 서비스(https://kidc.eprivacy.go.kr)를 시행하고 있습니다. 명칭 그대로 온라인 아이디나 비밀번호 등의 정보 유출 이력을 알려주는 서비스입니다. 이메일 계정 하나로 하루에 총 5개의 정보 조회가 가능하고, 사용자가 입력한 정보는 일방향 암호화(HASH) 및 조회 후에 즉시 파기됩니다. 본인 인증용 이메일 주소는 익일 0시까지 보관 후 파기되고요. 비교·대조하기 위한 데이터 역시 HASH로 안전하게 처리 및 보관해 사용자들이 안전하게 사이트를 사용할 수 있습니다.

'털린 내 정보 찾기' 서비스(https://kidc.eprivacy.go.kr) 홈페이지 화면

이를 통해, 불법 유통되는 계정 정보가 명의 도용 및 보이스피싱 등 각종 범죄에 악용돼 2차 피해로 이어지는 것을 방지할 수 있습니다.

'클린서비스' 사이트

'e프라이버시 클린서비스'(https://www.eprivacy.go.kr)를 통해 사용하지 않는 웹사이트에 남아 있는 회원 정보를 삭제할 수도 있습니다.

개인정보 침해 신고 방법

개인정보 침해를 당한 경우 누구든지 개인정보 침해 신고센터에 신고할 수 있으며, 개인정보 보호와 관련해 궁금한 사항이나 나의 권익에 관한 상담도 받을 수 있습니다.

- **전화** : 118(국번없이)
- **팩스** : 061-820-2619
- **전자우편** : privacyclean@kisa.or.kr
- **우편** : (58324) 전라남도 나주시 진흥길 9 한국인터넷진흥원 3층 개인정보침해 신고센터
- **인터넷개인정보침해신고센터** : http://privacy.kisa.or.kr
- **방문** : 평일(09:00~18:00) 전라남도 나주시 진흥길 9 한국인터넷진흥원 3층

메타버스에서 개인정보, 이렇게 지켜보아요!

☐ SNS에 게시물을 올릴 때, 게시글뿐만 아니라 영상과 사진 속에 개인정보(GPS 위치 태그, 거주 주소, 차량 번호 등)가 포함되진 않았는지 확인합니다.

☐ 원격 수업 시 수업 활동 관련 URL, 수업 링크 접속 비밀번호 등의 정보를 외부에 공유하지 않습니다.

☐ 원격 수업 시간에 참여한 교사·강사 또는 학우들의 모습을 촬영하여 외부에 공유, 유포하지 않습니다.

☐ 정보주체로부터 이용약관 동의, 개인정보 수집·이용 동의, 제3자 제공 동의, 마케팅 활용 동의를 받는 경우, 동의 사항을 구분하여 각각 받아야 합니다(개인정보보호법 제22조, 개인정보보호법 시행령 제17조).

☐ 광고 목적 개인정보 수집·이용에 대한 동의를 받을 경우 정보주체가 이를 명확하게 인지할 수 있도록 알리고, 광고 목적 개인정보 처리에 동의하지 않는다는 이유로 정보주체에게 재화 또는 서비스의 제공을 거부하지 않아야 합니다(개인정보보호법 제22조 제4항, 제5항).

☐ 개인정보의 처리 목적에 필요한 범위 안에서 적법하게 개인정보를 처리하는 경우에도 정보주체의 사생활 침해를 최소화하는 방법으로 개인정보를 처리합니다(개인정보보호법 제3조).

☐ 열람 권한이 없는 자에게 웹사이트가 취급하는 개인정보가 공개되거나 유출되지 않도록 개인정보 처리자는 개인정보처리 시스템, 업무용 컴퓨터, 모바일 기기 및 관리용 단말기에 접근 통제 등에 관한 조치를 합니다(개인정보의 안전성 확보조치 기준 제6조).

☐ 출처가 확인되지 않은 인터넷 주소(URL)는 클릭하지 않습니다. 만약 링크를 클릭하여 스미싱으로 인한 금전 피해를 입은 경우, 증빙자료를 지참하여 경찰에 신고하고 아래 기관에 연락하여 대처법을 파악하고 경찰 제출 자료와 정보를 확보합니다.

- 휴대폰/ARS 결제 중재센터(www.spayment.org) ☎ 1644-2367
- 한국인터넷진흥원(www.kisa.or.kr) ☎ 118
- 이동통신사(SKT, KT, LG U+ 등) 고객센터

인앱 결제 강제 방지법 및 기타 입법 동향

인앱 결제란 무엇이고, 왜 문제가 되었나요?

인앱 결제란 앱 마켓 사업자가 자체 개발한 내부 결제 시스템에서만 유료 콘텐츠 구매가 이루어지도록 하는 것을 말합니다. 앱 마켓은 우리가 잘 아는 구글 플레이, 애플 스토어, 원스토어 등 이용자들이 애플리케이션을 다운받거나 구매할 수 있는 플랫폼입니다.

기존에 시행되던 구글 플레이 인앱 결제 화면.
출처 : Google Developers 국문 블로그

구글 플레이를 예시로 살펴보면, 기존의 구글 플레이 인앱 결제 화면 모습은 위와 같습니다. 구글 플레이에서 유료 앱과 콘텐츠를 구매하거나 혹은 구글 플레이에서 내려받은 앱 내에서 콘텐츠나 서비스 구매에 대한 결제가 이루어지는 경우, '구글 페이' 결제 시스템을 통해서만 결제 수단 선택과 금액 지불이 가능했습니다.

구글과 애플은 이용자들의 인앱 결제가 이루어질 때마다 앱 개발사로부터 15~30% 가량의 수수료를 챙겨왔습니다. 앱 개발사들은 그 수수료만큼 수익이 줄어들 수밖에 없는 구조였지요. 앱 개발사들은 높은 수수료를 피하기 위해 외부 결제 및 우회 결제 방식을 도입하고 싶어했지만, 애플 스토어의 경우 앱 개발사가 다른 결제 수단을 도입할 시 앱 마켓 입점 심사에서 큰 불이익을 주었습니다. 이는 곧 소비자에게 부담으로 전가되거나, 공공이익을 저해할 수 있는 행위였습니다.

개정된 전기통신사업법의 인앱 결제 강제 방지 내용

우리나라는 세계 최초로 앱 마켓 사업자의 의무를 법률로 명확히 규정했습니다. 2021년 8월 31일, 이른바 '구글 갑질 방지법'이란 명칭으로 전기통신사업법 개정안이 국회 본회의를 통과했습니다. 그리고 마켓 사업자가 특정한 결제 방식을 강제하는 행위를 금지하는 법안 내용을 담은 개정된 '전기통신사업법'이 2021년 9월 14일에 개정되었습니다.

관련된 개정 내용은 다음과 같습니다.

- 앱 마켓 사업자의 이용자 피해 예방 및 권익 보호 의무 부과(제22조의9 제1항)
- 앱 마켓 운영에 관한 실태조사를 실시할 수 있는 근거 마련(제22조의9 제2항)
- 이용요금 결제, 환급에 관한 분쟁이 통신분쟁 조정 대상에 포함(제45조의2 제1항 제6호)
- 특정한 결제 방식을 강제하는 행위, 심사를 지연하거나 삭제하는 행위 등 앱 마켓 사업자의 금지행위 신설(제50조 제1항 제9호~11호)

전기통신사업법이 개정됨에 따라, 앱 마켓 사업자에게 부과된 이용자 피해 예방 및 권익보호의 의무이행과 앱 마켓 운영 실태조사를 위한 시행령을 마련하고, 신설된 금지행위에 대한 과징금 부과기준 등 시행령 필요사항과 금지행위 위반 여부를 판단하기 위한 심사기준도 제정하였습니다.

'전기통신사업법' 시행령의 주요 개정 내용은 다음과 같습니다.

전기통신사업법 시행령 [별표 4]

금지행위의 유형 및 기준(제42조제1항 관련)

(…)

8. 앱 마켓 사업자가 거래상의 지위를 부당하게 이용하여 모바일 콘텐츠 등 제공 사업자에게 특정한 결제 방식을 강제하는 행위

   법 제50조 제1항 제9호에 따른 금지행위는 앱 마켓 사업자가 거래상의 지위를 부당하게 이용한 다음 각 목의 어느 하나에 해당하는 행위로 한다. 이 경우 부당한 행위에 대한 세부 기준은 방송통신위원회가 정하여 고시한다.

   (…)

9. 앱 마켓 사업자가 모바일 콘텐츠 등의 심사를 부당하게 지연하는 행위

   (…)

10. 앱 마켓 사업자가 모바일 콘텐츠 등을 부당하게 삭제하는 행위

   (…)

2021년, 애플의 인앱 결제 강제 방식에 반대해 미국에서 치열한 소송을 진행했던 에픽게임즈의 CEO 팀 스위니는 같은 해 8월 31일 우리나라의 인앱 결제 강제 방지 법안의 국회 통과 소식을 매우 반기며, 트위터에 한국은 '오픈 플랫폼에 있어서 일류 국가'라는 내용의 트윗과 함께 '나는 한국인이다!'라는 외침을 적기도 했습니다.

해외 국가들에서도 우리나라의 인앱 결제 강제 방지법과 비슷한 법안을 추진하려는 움직임이 있습니다. 미국에서는 오픈 앱 마켓 법(The Open App

Markets Act)이 2021년 8월에 발의되어 입법 추진 중이고, 네덜란드는 아직 인앱 결제 강제 방지 법안은 없지만 2021년 12월에 네덜란드 소비자·시장 당국(ACM)이 애플사에 대해 반독점법 위반을 근거로 인앱 결제 강제 방침을 시정하도록 명령한 사례가 있습니다. 현재 인앱 결제 강제를 규제하기 위한 움직임은 전 세계적으로 확대되고 있습니다.

인앱 결제 강제 방지, 뭐가 달라지나요?

앞으로 앱 마켓 사업자들이 자사 인앱 결제와 같은 특정 결제 방식을 강제할 경우, 전기통신사업법 시행령에 의해 매출액의 최대 2%까지 과징금을 내야 합니다.

개정법에 따라 이제 개발자들은 자신이 선택한 외부 결제 시스템을 앱 내에서 제공할 수 있게 됩니다. 이용자 입장에서는 인앱 결제 이외에도 다른 외부 결제 방식을 선택해 사용할 수 있게 되는 것이지요.

앞으로 변경될 구글 플레이 결제 방법의 예시 화면.
출처 : Google Developers 국문 블로그

이 외에 인앱 결제를 통한 구독 서비스 해지 역시 모바일 앱 내에서 한결 쉬워질 전망입니다. 그동안 애플 등의 앱 마켓에서 인앱 결제를 통해 구독 서비스를 이용하는 경우, 가입·이용 절차는 간편한 반면 해지는 여러 단계를 거쳐야 해 불편했습니다. 방송통신위원회는 애플 앱 마켓 및 주요 구독 서비스를 제공하는 모바일 앱에 대해 앱 내 해지 기능을 마련하도록 개선 권고했습니다. 이에 따라 애플 앱 마켓 외에도 음악 스트리밍 서비스 앱, 동영상 및 OTT 앱 등의 구독 서비스를 제공하는 다양한 앱에서도 간편한 구독 해지가 가능해질 것으로 전망합니다.

다만, 새로운 결제 정책을 앱 마켓들이 원활하게 따를 것인지에 따라 새로운 결제 정책의 도입과 시행 시기는 앱 마켓마다 다소 상이할 수 있습니다. 2021년 11월, 구글은 우리나라 법 개정에 따라 기존 구글 플레이 결제 시스템 외에 앱 개발자가 제공하는 결제 시스템을 추가해 이용자가 자유롭게 선택할 수 있게 하겠다는 방침을 발표한 적이 있습니다. 하지만 구글은 2022년 4월 1일에 구글 측이 최대 26%의 수수료를 받는 제3자 결제 방식은 추가할 수 있도록 했지만, 수수료를 받을 수 없는 외부 결제 웹페이지로 연결되는 아웃링크 결제 방식은 제한하여, 아웃링크를 탑재한 앱의 업데이트를 막고 2022년 6월 1일부터 삭제 조치한다고 하여 다시 문제가 되고 있습니다. 아웃링크 제한 행위가 실질적으로 특정 결제 방식을 강제하여 개정법에 대한 위반 행위가 되는지에 대하여 향후 방송통신위원회의 조사가 이루어질 예정입니다. 만약 위반에 해당한다면 방송통신위원회는 이에 대한 시정명령을 내리거나 과징금을 부과할 수 있습니다.

그 외에도 외부 결제 방식 도입에 대한 앱 업체들의 수수료 납부 손익 계산과 운영 효율에 따른 선택 역시 향후 개정법의 파급력과 효과에 영향을 줄 수 있습니다. 2021년 3월 구글 측은 앱 매출에 따른 차등적 수수료율 부과 정책(앱 매출 100만 달러 이하인 앱 개발사들에 대하여 인앱 결제에 따른 수수료율을 15%로 책정하고, 앱 매출 100만 달러 이상인 앱 개발사들에 대해서는 인앱 결제 발생 시 30%의 수수료율을 부과하는 정책)을 발표하여 시행하고 있는데, 이에 따른 앱 업체들의 전반적인 선택과 운영 방향이 어떻게 될지 앞으로 주목해야 할 것입니다.

메타버스, NFT, 블록체인 산업 진흥에 관한 법률안과 정책 추진 동향

2022년 '메타버스 신산업 선도 전략'

2022년 1월, 과학기술정보통신부는 메타버스가 가져올 경제·사회 변화에 대응하고 미래를 준비하기 위한 '메타버스 신산업 선도 전략'을 발표했습니다. '메타버스 신산업 선도 전략'의 주요 내용은 ① 세계적 수준의 메타버스 플랫폼에 도전, ② 메타버스 시대에 활약할 주인공 육성, ③ 메타버스 산업을 주도하는 전문기업 육성, ④ 국민이 공감하는 모범적 메타버스 환경 조성입니다.

지적재산의 창작 및 이용과 관련된 몇 가지 내용을 살펴보면, 먼저 민간이 서비스 개발에 활용할 수 있도록 데이터를 적극 개방하고, 공공서비스 전달 시에는 민간 플랫폼을 우선 활용하겠다고 발표했습니다. 이와 관련해 건강보험심사평가원에서 마스크 판매 정보를 제공하고 민간 앱은 이를 토대로 서비스를 개발한 사례를 들 수 있습니다.

그리고 국민 누구나 아이디어, 기록물과 같은 무형의 디지털 창작물을 대체불가능 토큰(NFT)으로 생성할 수 있는 바우처를 지원하고, 메타버스 활용 분야에 블록체인 기술을 적용하는 시범사업을 추진하는 등 디지털 창작물의 안전한 생산·유통을 지원할 계획입니다. 기타, 메타버스 플랫폼 내 비윤리·불법적 행위, 디지털 자산, 저작권 등에 관한 법제 정비 연구 및 관련 규제 발굴·개선 검토 등을 위한 범정부 협의체가 구성·운영 중에 있습니다.

기타, 2022년 메타버스, NFT 관련 법률안과 정책 추진 동향

현재(2022년 4월 22일)까지 국회에 공식 상정되어 있는 메타버스, NFT 관련 법안으로는 '메타버스산업 진흥법안(김영식 의원 등 10인), 가상융합경제 발전 및 지원에 관한 법률안(조승래 의원 등 10인)이 있습니다(2022년 3월 30일 국회 상정). 또한 공정거래위원회의 '2022년 부처 업무계획'에 의하면 메타버스, NFT 등을 활용한 새로운 디지털 콘텐츠 거래에서 소비자 정보 제공·청약 철회 제도 등 소비자 보호장치가 제대로 작동하고 있는지 점검할 예정입니다. 아울러, '온라인플랫폼공정화법' 제정, '전자상거래소비자보호법' 전면 개정, 플랫폼의 특성을 반영한 시장 획정, 지배력 평가기준 등을 구체화하고 대표적인 경쟁제한 행위 유형을 예시하는 심사 지침 제정 등 디지털 공정경제의 기본 규범 제도화 역시 이루어질 예정입니다.

블록체인 산업 관련 법률안 동향과 주요 내용

2018년부터 블록체인 산업, 가상화폐업, 가상자산업, 암호통화 거래에 대한 법률안이 여러 차례에 걸쳐 꾸준히 발의되었는데, 향후 이 역시도 중요하게 살펴봐야 할 법안들입니다. 현재 발의된 블록체인 산업 진흥 관련 입법안들의 내용을 참조하면, 해당 법률에는 블록체인 기술에 관한 표준 제정·개정 또는 폐지와 그 표준의 보급, 블록체인 기술과 관련된 지적재산권 보호시책 강구, 블록체인 산업에서의 공정한 거래질서 확립을 위한 법안 등이 마련될 것으로 예견됩니다.

참고문헌

[둘째마당]

75쪽 03-2절
맷 포트나우, 큐해리슨 테리 공저, 《NFT 사용설명서》, 여의도책방, 2021, 25쪽 참조

93쪽 04-1절
Hyatt Corp. v. Hyatt Legal Services, 736 F.2d 1153 (7th Cir. 1984), cert. denied, 469, U.S. 1019 (1984), on remand, 610 F. Supp. 381 (N.D. Ill. 1985)

93쪽 04-1절
Chemical Corp. of America v. Anheuser-Busch, Inc., 306 F.2d 433 (5th Cir. 1962), cert. denied, 372 U.S. 965 (1963)

96쪽 04-1절
중산신홍 저, 윤선희 역, 《저작권법》, 법문사, 2008, 181쪽 참조

99쪽 04-1절
辻正美, 《소유권과 저작권, 재판실무대계, 지적재산권관계소송법》, 청림서원(靑林書院), 1997, 400쪽

104쪽 04-2절
하급심 판결집 1995-1, 323쪽

137쪽 05장
Vanna White v. Samsung Electronics America, Inc., 971 F.2d 1395(9th Cir. 1992), petition for rehearing and rehearing en banc denied, 989 F.2d 1512 (9th Cir.), cert. denied, 113 S.Ct. 2443(1993)

209쪽 05장
맷 포트나우, 큐해리슨 테리 공저, 《NFT 사용설명서》, 여의도책방, 2021, 193~194, 197쪽 참조

213쪽 05장
박성호, 《저작권법》, 박영사, 2014, 342, 343쪽 참조

[셋째마당]

김연수, "가상·증강현실 내 '오버레이(겹쳐 표시하기)' 기술의 법적 쟁점과 규율 법리 연구", 지식재산연구 제16권 제2호, 한국지식재산연구원(2021).

김연수, "파노라마의 자유의 운용과 개정 방안 – 초연결사회의 비대면 문화를 중심으로–", 계간저작권 2020년 겨울호, 한국저작권위원회(2020).

247쪽, 07장
정진근, "가상현실과 증강현실의 저작권법 관련 쟁점에 관한 연구", 《강원법학》 제55권, 강원대학교 비교법학연구소(2018), 154쪽

252쪽, 07장
김병일, "5G 보편화에 따른 가상·증강현실 관련 저작권 이슈", 《문화·미디어·엔터테인먼트 법》 제15권 제1호, 중앙대학교 법학연구원 문화·미디어·엔터테인먼트법연구소(2021), 11쪽 참조

256쪽, 07장
Brian D. Wassom, Augmented Reality Law, Privacy, and Ethics: Law, Society, and Emerging AR Technologies, Syngress (2015), 159쪽 참조

316쪽, 319쪽, 07장
교육부·문화체육관광부, 〈코로나19로 인해 원격 수업을 실시하는 기간 중 수업 목적(고등학교 이하) 저작물 이용 FAQ(ver.2)〉, 2020. 8.

330쪽, 07장
Graham v. Prince, 265 F. Supp. 3d 366 (S.D.N.Y. 2017).

331쪽, 07장
Ringgold v. Black Entm't Television, Inc., No. 96 CIV 0290, 1996 WL 535547 (S.D.N.Y. Sept. 19, 1996)

333쪽, 07장
Gaylord v. United States, 595 F.3d 1364 (Fed. Cir. 2010)

335쪽, 07장
Ty, Inc. v. Publ'ns Int'l, Ltd., 333 F. Supp. 2d 705(N.D. Ill. 2004)

338쪽, 08-1절
Meshwerks, Inc. v. Toyota Motor Sales U.S.A. Inc., 528 F.3d 1258. 10th Cir. 2008

[한글]

가상현실	232
개인정보	351
거울세계	234
게임	236
게임 인테리어	321
결합저작물	38
골프 시뮬레이션 영상	284
공동저작물	38
공동저작자	39
공연	305
공연권	50
공중송신권	51
공표된 저작물	57
구글	359
그림	200
대여권	53
대작	204
대체 불가능	69
대체물	72
대필	204
독점권	83
동일성유지권	47
디자인보호법	64
디지털음성송신	46
라이브 드로잉 퍼포먼스	295
라이선스	83
라이프로깅	234
로블록스	227
로열티	195
링크	256
마커	256
마커리스	256
메타데이터	111, 117
메타버스	227
메타버스 개발자	338
메타버스 맵	255
메타버스 서비스 운영자	342
메타버스 이용자	349
모방	124
모사	140
미디어 아트	305
미술저작물	272
민팅	75
밈(짤)	192
방송	274
방송사업자	344
방해예방청구권	270
배포권	53, 199
변형적 이용	332
복제권	48
부대체물	72
부수적 이용	255
부정경쟁방지법	61

불법 복제	49
뷰파인더	249
블록체인	69
비영리	145, 334
비트코인	69
사적 복제	304
사진저작물	25
상표권	90
상표법	64
상품 진열	323
설치 미술	279
섬네일	321
성과 도용 행위	89
소유권	75
수익 배분	183
스미싱	358
스크린 골프	287
실연자	343
아바타	320
아웃링크	363
애플	359
앱 마켓	359
양도	81
업무상 저작물	41
업비트	30
연극저작물	295
영상저작물	27
영상제작물	27
영상제작자	27
영화	190
오마주	172
오버레이	241
온라인 서비스 제공자(OSP)	45
온라인 전시	272
온체인	78
원격 수업	315
위작	222
음반제작자	344
음악저작물	280
이미지 센서	249
이용허락	55
이프랜드	308
인스타그램	235
인앱 결제	359
인앱 결제 강제 방지	360
인용	58
인터넷 전시	274
인터페이스	341
일시적 복제	249
재판매	195
저작권	44
저작권 등록	44
저작물	21
저작인격권	45
저작인접권자	342

저작자	35
저작재산권	45
전기통신사업법	360
전송	46
전시권	52
제페토	32
증강현실	232
지분권	81
지적재산권	17
짤(밈)	192
창작성	21
초상권	59
최초 판매의 원칙	54
추급권	196
캐릭터	147
코로나19	315
크립토키티	70
크립토펑크	70
클린서비스	357
특전	208
특허권	19
틱톡	331
파노라마의 자유	312
패러디	170
퍼블리시티권	59, 137
포켓몬GO	271
표절	49
표현의 자유	270
플레이팅	131
해시 값	77, 155
현대미술	279
혼동 초래	61
화상디자인	264
확장가상세계	229

[영어, 숫자]

2차적 저작물	28
2차적저작물작성권	49
360도 촬영	253
AR 콘텐츠	243
NFT	69
NFT 거래소	113
NFT 구매자	101
NFT 에디션	110
NFT 이용약관	30
NFT 판매자	80
QR코드	242
SaaS	251
VR/AR 콘서트	300
Vrchat	29

전 세계인이 모이는 메타버스 플랫폼, 게더타운
내 손으로 만드는 가상 교실, 사무실, 전시회까지!

현직 교사 & 유튜버가 콕콕 짚어 주는 '게더타운' 제대로 쓰는 법

윤지, 이현도 지음 | 180쪽 | 16,000원

| 최신 업데이트 반영 | 템플릿 파일 96개 제공! | 체험 공간 & 실습 영상 제공! |